습관에 대하여

Félix Ravaisson

현대철학총서 1

습관에 대하여

라베쏭 지음 | 최화 역주

지유문고

개정판의 역주자 서문

초판이 마음에 들지 않아 금방 절판시켜 버렸다. 그러자 여러 독자
들에게서 새 판이 언제 나오느냐는 연락을 받고 있던 차에 이번에
도서출판 자유문고를 만나 개정판을 내기로 하였다. 워낙 책의 내용
이 어려워서 초판부터 역시 이해를 쉽게 해주어야겠다는 생각이 떠
나지 않았는데, 이번에는 조금 나아졌을지 모르겠다. 역주자 나름으
로는 쉽게 해설한다고 했는데 과연 그렇게 되었는지는 계속 의문으
로 남는다. 그것은 모두 역주자의 능력의 문제이고, 역시 책임질 것
은 책임져야 할 것이 아닌가 하는 생각이다. 아니, 전부 역주자의 책
임임을 분명히 밝힌다. 다만 이 책이 번역의 나라 일본에서도 아직
번역이 안 된 책이라는 사실만으로 약간의 위로를 삼는다. 내용이
어려울 뿐 아니라, 말도 라틴어·희랍어가 뒤섞여 있어서 빤한 고전
어 실력으로 어려움을 겪었다는 것이 변명은 되지 않을 것이다. 그
러나 훨씬 보기 쉬운 활자로 깨끗하게 나왔으니 그것만으로도 한층
좋아지지 않았을까 하는 바람이다. 그러나 역주 부분은 더 손대지
않았고, 아니 더 손댈 수가 없었고, 다만 해설을 좀 더 알기 쉽게 덧
붙였다고 할 수 있다.

하지만 한편으로 믿는 구석이 없지 않다는 말도 해야겠다. 요즈음
유행하는 포스트모더니즘 책들을 보면 횡설수설이어서 여간 어려

운 것이 아님에도 잘도 알아듣는 것을 보면 이 정도의 책쯤이야 주의를 기울여 주기만 한다면 못 알아들을 것이 없는 명확한 책이 아니냐는 생각이다. 형이상학을 공격하려면 형이상학이 뭔지나 알고 해야지, 하고 많은 문학 작품 중의 하나쯤으로 생각해서야 곤란하지 않는가. 형이상학은 수학과 마찬가지로 고도의 추상적 학문이기는 하나 수학만큼이나 분명하고 명확하며 객관적 대상에 관한 학문이다. 이 사실을 잊어버리면 '방황하는 화란인(사실 원래 화란인(네덜란드인)들은 전혀 방황하는 사람들이 아니다)'처럼 온 바다를 방황하게 되는 것이다. 이 방황을 '유목민적'이라 좋아할지도 모르겠다. 방황이란 헛수고일 뿐이라고 말해줘도 헛수고가 좋다는 사람들 하고 무슨 말을 할 것인가? 사는 세계가 다르니 그것은 그것대로 인정하는 수밖에. 하여간 이것은 그런 책이 아니다. 형이상학적 사색이 그대로 눈앞에서 전개되는 책이다. 눈앞에서 사색이 전개되니 얼마나 어려울 것인가. 그러나 이것은 알맹이 없는 방황이 아니라 다만 내용이 어려울 뿐인, '실증적 정신론'의 알맹이를 드러내는 형이상학 책이다. 이해의 달인인 독자들이여, 이런 책을 이해하고 나서 형이상학을 공격하든 구워먹든 하자.

2016년 6월
역주자 최 화

초판의 역주자 서문

프랑스 철학이 유행하고 있다. 많은 전공자들이 배출되고 있으며 많은 독자들도 확보하고 있다. 해방 후 사르트르가 잠시 인기를 끌던 때를 제외하면 주로 독일 철학이나 영·미 분석철학을 중심으로 이루어지던 한국에서의 철학 연구에서 이는 매우 흥미로운 일이 아닐 수 없다. 철학도 사람의 일이라 당대의 정치적 세력에 영향을 받았다가 이제는 거기서 벗어났다고 해야 할 것인가? 글쎄, 그러기에는 조금 찜찜한 느낌이 없지 않다.

그런데 유행한다는 그 프랑스 철학이란 어떤 철학인가? 포스트모더니즘이라는 이름으로 명성을 떨치고 있는 데리다, 들뢰즈, 리오따르가 아니면 푸코, 라깡, 알튀세 유類들이다. 불분명한 들뢰즈를 제외하면 그들은 모두 형이상학을 부인 내지 극복한다고 주장하는 사람들이다. 학회를 가보면 그들을 공부하고 있는 사람들이 주를 이루고 있어서 일일이 반박하려고 나섰다가는 오히려 반박하는 사람이 이상하게 보일 지경이다. 그들 모두에게 묻고 싶다. 형이상학을 극복한다고 하는데, 도대체 형이상학이 뭔지 알고나 하는 얘기냐고. 그들은 아마도 우파 철학 정도로 생각하고 있는 것 같다. 아닌 게 아니라 그들은 모두 좌파라는 공통점을 가지고 있다. 그러니까 그들은 모두 정치적으로 기울어진 어떤 시선으로 철학을 보고 있는 셈이다.

그들은 가령 누군가가 사시斜視는 교정해야 한다거나 똑바른 시선으로 사물을 보아야 한다고 하면 그러니까 너는 우파라 할 것이다. 그러니까 당신들은 사시라고 대답하고 싶다. 그런 사시를 이데올로기라 한다. 이데올로기는 대표적인 독사(doxa)이다. 이데올로기란 사물을 있는 대로 전체적으로 보지 않고 어느 한쪽으로 보는 사람들끼리 편먹고 그렇지 않은 자들을 배타적으로 공격하는 것이기 때문이다. 왜 그렇게 하는가? 추구해야 할 탐욕이 있기 때문이다. 그러면서도 겉으로 내세우는 명분으로는 가난하고 약한 자들을 위한다고 한다. 독사든 아니든 진정으로 가난하고 약한 자들을 위한 것이라면 나름대로 의미가 없지 않을 것이다. 그러나 좌파 정부가 가난을 물리쳤다는 얘기를 들어본 적이 없다. 다만 그런 주장을 하던 자들이 좌파 정부에서 한자리 했다는 얘기는 많이 들었다. 그들의 탐욕이 채워졌다는 이야기이다. 꼭 한자리를 하지 않더라도 책을 팔아먹었으면 벌써 탐욕이 아니라 할 수 없다. 왜 좌파 정부는 가난을 구제하지 못하는가? 사시이기 때문이다. 바른 눈을 가지고도 가난은 참으로 해결하기 어려운 문제이다. 그런데 사시로 한다? 곤란하다. 그래서 독사가 곤란하다는 것이다. 참된 인식, 에피스테메(epistēmē)를 가지고도 문제 해결은 지난至難한데 하물며 비틀어진 인식을 가지고서야 불문가지이다. 형이상학이란 에피스테메의 총체를 에피스테메에 어긋나지 않게 보려는 노력이다. 그렇기 때문에 그것은 좌파도 우파도 심지어 어떤 학파도 아니다. 학파는 어느 관점에서 사태를 보려는 사람들의 모임이기 때문이다. 굳이 파가 되어야 한다면 진실파, 진리파라고나 할까.

형이상학은 그저 하나의 학문이다. 그 점에서 그것은 수학이나 물리학과 다르지 않다. 그런데 수학의 극복이나 물리학의 극복을 이야기하는 사람은 없는데 왜 형이상학의 극복을 이야기하는 사람은 많은가? 개별 에피스테메와 다르게 전체 에피스테메이기 때문이다. 전체를 봐야 하니까 그만큼 어렵다. 그러나 전체 에피스테메가 성립하지 않으면 개별 에피스테메도 성립할 수가 없다. 전체 에피스테메의 가장 대표적인 예가 모순율이다. 모순율이 없다면 어떠한 학문도 불가능하다. 전체 에피스테메는 전체에 관한 것이기 때문에 그중 어느 하나와 어긋나도 안 된다. 그러므로 전체 에피스테메를 수행하기 위해서는 주어진 데이터에 충실하고 거기에 부합하는 말 이외에는 할 수가 없다. 그것이 형이상학에게 남겨진 유일한 방법이다. 이것은 매우 어려운 방법이다. 데이터를 다 섭렵해야 하기 때문이다.

그러므로 이 방법을 고대에서 처음 철학이 생길 때처럼 그대로 고수하고 있는 나라가 드물다. 아니, 지구상에 한 나라밖에 없다. 그것이 프랑스이다. 역주자보고 프랑스를 말하라고 한다면 형이상학의 나라라 할 것이다. 그러나 프랑스라고 다 형이상학을 하는 것은 아니고 아까 언급한 사람들처럼 중구난방 떠드는 사람들이 많다. 형이상학만 해 가지고는 자기의 독창성을 발휘하기(철학자로서 명성을 얻는 법—이것이 아까 말한 탐욕의 실체이다)가 어렵기 때문이다. 그러나 형이상학의 나라에서 그것을 지켜온 사람들이 있다. 대표적으로 꼽으라면 베르크손이 그런 사람이다. 그런데 그도 하늘에서 떨어진 것은 아니고, 그를 가능케 한 그의 스승이 있었으니 그가 바로 라베쏭이다. 프랑스에서 정작 배울 것은, 그 많은 이름난 독사들이 아니라

이들의 형이상학이다. 철학을 배우다 보면 이런 책도 읽고 저런 책도 읽는다. 책이야 많이 볼수록 좋을 것이다. 그러나 요즈음은 읽어야 할 것이 너무 많아 다 읽을 수가 없을 지경이다. 그때는 어떻게 해야 하는가? 가장 좋은 것부터 읽어야 한다. 그것이 아리스토텔레스가 배워 준 길이고 라베쏭이 전해준 방법이다. 안동 가서 병산서원을 보지 않고 오거나 빠리에 가서 루브르를 보지 않고 와서야 곤란하지 않은가?

라베쏭이 어떤 사람인지에 대해서는 권두에 번역한 베르크손의 『라베쏭의 생애와 업적(*Comptes rendues de l'Académie des Sciences morales et politiques*)』(t. I, 1904)을 참조하기 바란다. 우리가 이 책에서 번역한 것은 그의 논문들이다. 베르크손이 말했듯이 의무가 생기기 전에는 별로 쓰기를 즐기지 않았던 그의 철학의 전모를 보는 것은 매우 어렵다. 그의 주저들은 주로 그때그때 취급하는 문제들에 몰두하고 있기 때문이다. 그나마 남아 있는 글들에서 그의 철학을 엿보려면 우리가 이 책에서 번역한 논문들을 참조할 수밖에 없을 것이다.

그중 『습관에 대하여』(1838)는 박사학위 논문으로서 무엇보다도 매우 어렵다. 이렇게 쓰는 것은 라베쏭 자신의 문체에 대한 철학에도 어긋나는 매우 예외적인 일이다. 아직 자신의 문체에 대한 철학이 확립되기 전에 청년 라베쏭(26세)이 쓴 작품으로 이해하며 읽어주기 바란다. 그러나 그 내용은 젊은이의 작품으로 보기 어려울 정도로 매우 심오하며, 그의 철학의 밑바탕이 그려져 있다 할 것이다.

라베쏭을 천재라 하는 것은 그렇게 젊은 나이에 벌써 성숙한 철학의 밑그림을 그리고 있었기 때문이며, 그것은 22살에 쓴『아리스토텔레스의 형이상학에 관한 시론』에서 이미 나타나고 있을 뿐 아니라 오히려 그 작업을 통해 이루어졌다고도 할 수 있다. 이 책은 상당히 두꺼운 것이어서 그것의 번역은 별개의 작업을 필요로 한다.

　『해밀턴, 철학적 단편들』(1840)도 청년 라베쏭의 작품이다. 어떻게 형이상학을 할 것이냐에 대해 당시에 유행하던 스코틀랜드 학파를 비롯한 영국 철학, 칸트를 위시한 독일 철학, 꾸쟁의 절충주의를 비판하며 멘느 드 비랑에 충실한 현대의 형이상학의 방법을 확립한 글이다. 그러면서도 모든 것의 밑바닥에 사랑이 있다는 그의 근본적 직관이 밝혀져 있는 글이다.

　『19세기의 프랑스 철학의 마지막 제36장』(1867)은 베르크손이 밝혔듯이 19세기의 프랑스 철학을 모조리 다 읽고 쓴 책의 마지막 장만 번역한 것이다. 프랑스 철학의 세부까지 다 다루고 있기 때문에 책을 전부 다 번역하기에는 너무나 전문적이어서 그의 철학이 모두 요약되어 담겨 있는 마지막 장만을 번역했다. 그런데 이 책에서 눈여겨봐야 할 것은 논의를 소크라테스서부터 시작하고 있다는 점이다. 그러니까 주로 다룬 것은 19세기의 프랑스 철학이 맞지만 시각은 전체 철학의 관점이고 마지막 장은 그 전체 철학이 나아가고 있는 방향을 이야기하고 있다. 그리하여 내리고 있는 결론은 정신론적 실증주의(positivisme spiritualiste)로 향하고 있다는 것이다. 아닌 게 아니라 그것은 베르크손에서 결정적인 결실을 거두었고, 그것이 프랑스 철학의 주류를 이루고 있다는 것은 사실이다. 그러나 그것은 철학 전체가 올바른 방향으로 갔을 때 거둘 수 있는 결실과도 다르지 않다고 말할 수 있다. 그 점에서 이 책은, 그리고 마지막 장은 철학 자체가 나가야 할 길을 제시했다고 말해도 아무 손색이 없다.

『빠스깔의 철학』(1887)은 철학을 쓸모없는 것이라 비판한 듯이 보이는 빠스깔에게도 체계적은 아니지만 사실은 철학이 있었으며 그것은 지성과는 다른 의지적인 행동의 원천으로서의 심장이 파악하는 제일 원리에서 찾아질 수 있다는 것을 밝힌 글이다. 그냥 읽어서는 이해하기 힘든 빠스깔의 철학을 너무도 명쾌하게 설명한 이 글에서 역주자도 처음으로 심장의 의미를 제대로 이해하게 되었다는 것을 고백한다. 여기서도 역시 사랑이 제일 원리로 밝혀진다.

『형이상학과 도덕』(1893)은 오늘날에는 너무나 유명한 같은 이름의 잡지의 창간사 격인 글이다. 제목에서 벌써 알 수 있는 것과 같이 지성의 최대치(형이상학)와 의지(행동)의 최대치(도덕)는 궁극적으로 사랑에서 만난다는 것을 밝힌 글이다. 라베쏭 생애 전체의 작업과 일치하는 글이다.

독자들이 읽으면서 주의할 점은 주석이다. 이 책의 주석은 원주와 역주 두 가지이다. 원주와 역주를 엄밀히 구별하여 원주는 $*^1$, $*^2$, $*^3$ 등으로 표시되어 원문 바로 다음에 나오며, 역주는 ^{1}, ^{2}, ^{3} 등으로 표시되어 줄로 된 구분선 다음에 나오니 이를 구별하여 읽으시기 바란다. 역주는 주로 이해에 도움이 될 사항들만으로 최소화했다.

오늘날 한국 사회는 좌우의 대립으로 나누어져 있는 것 같다. 전 세계적으로도 베를린 장벽의 붕괴 이후 어떤 길로 가야 할지, 제삼의 길을 찾고 있다. 뾰족한 묘수가 없을까 전 세계의 지성들이 고민하고 있다. 묘수가 나올 리가 없다. 아니, 답은 이미 나와 있었다. 그것은 사실 이미 고대 희랍(그리스) 시대에서부터 고민하던 문제였기 때문이다. 참된 사실에 따라서, 주어진 자료에 따라서 나라를 운영하라. 그리고 사람들은 서로 사랑하라. 즉 남을 위해 자기를 바치라는 것이 답이다. 진리와 사랑, 이 단순한 대답이 답으로 보이지 않는 이유는 무엇인가? 우리가 너무 멀리 떨어져 있기 때문이다. 이 답이 그토록 멀어 보이는 것은 우리가 너무 복잡해져 있기 때문이다. 즉 독사와 이기심으로 똘똘 뭉쳐 있기 때문이다. 다 풀어 헤치자. 옷을 벗어 버리자. 알몸으로 만나자. 태어날 때의 그 모습으로 만나자. 그 심장으로 서로를 껴안자. 그것이 라베쏭이 우리에게 알려준 아주 멀지만 가까운 진실이다. 그것을 당장 실행하기가 어렵다면 서방정토 어딘가에 그런 진실의 땅이 있다고 하더라는 것쯤은 알고 살자.

2010. 7.
잠실의 望江齊에서 역주자 최 화 씀

라베쏭의 생애와 업적[*1]

베르크손

장 가스빠르 펠릭스 라셰 라베쏭(Jean-Gaspard-Félix Laché Ravaisson)[1]은 1813년 10월 23일 나뮈르(Namur)에서 태어났다. 나뮈르는 그때 프랑스의 도시였으며 상브르 에 뫼즈(Sambre-et-

---

[*1] 펠릭스 라베쏭-몰리엥의 생애와 업적에 관한 이 약전은 라베쏭의 후임 자였던 저자에 의해 정치-정신 과학 아카데미에서 읽힌 후 『정치-정 신 과학 아카데미 보고서(*Comptes rendus de l'Académie des Sciences morales et politiques*)』, 1904, I권, 686쪽에 실렸다. 이 글은 1932년 드비베즈(Ch. Devivaise)에 의해 출간된 펠릭스 라베쏭, 『유언과 단편들(*Testament et fragments*)』의 서문으로 재출간되었다. 이 책이 나온 총서의 출판 위원인 자끄 슈발리에(Jacques Chevalier) 씨는 이 약전의 앞에 다음과 같은 글을 달았다. "저자는 우선 이 글의 몇몇 곳을 수정하려고 생각했다. 그리고는 라베쏭을 약간 '베르크손화했다'는 비난을 아직 벗어나지 못했음에도 불 구하고 그냥 그대로 재출간하기로 결정했다고 그는 말한다. 그러나 베르 크손 씨가 덧붙인 바에 따르면 그것은 아마도 라베쏭을 따르면서 주제를 밝히는 유일한 방식이었을 것이다."

---

[1] 보통은 줄여서 '펠릭스 라베쏭(Félix Ravaisson)'이라 부른다.

Meuze)도都의 도청 소재지였다. 그 시의 회계담당관(trésorier-payeur)이었던 그의 아버지는 남프랑스 출신이었다. 라베쏭은 몽또방(Montauban)과 멀지 않은 깔뢰스(Calus) 주변에 위치한 작은 영토의 이름이다. 1814년의 사건들로 인해 그의 가족이 나뮈르를 떠나게 되었을 때 아이는 겨우 한 살이 될까 말까 하는 나이였다. 조금 후 그는 아버지를 잃었다. 그의 첫 교육은 어머니와 외삼촌인 가스빠르 떼오도르 몰리엥(Gaspard- Théodore Mollien)의 감독 하에 이루어졌으며, 아이는 후에 그 외삼촌의 이름을 따른다.[2] 1821년의 편지에서 몰리엥은 당시 여덟 살이던 어린 조카에 대해 "펠릭스는 완벽한 수학자, 골동학자, 역사학자, 그 모두이다."라고 쓴다.[*2] 이미 아이에게서 지적인 자질인 능란함(facilité)이 드러났으며, 거기에 많은 다른 것들이 덧붙여져야 한다.

  그는 롤랭 중·고등학교(Collège Rollin)에서 수학했다. 우리는 그를 한 학년, 한 학년 추적하고 싶었으나 학교 문서실은 그 시대에 대해서는 아무것도 보관하지 않았다. 그러나 수상자 명부에서 우리는 젊은 라베쏭이 1825년에 6학년[3]에 들어갔고 1832년에 중·고등학

---

*2 우리는 다른 것과 더불어 이 사항을 루이 레제(Louis Leger) 씨가 1901
   년 금석문과 문학 아카데미(Académie des Inscriptions et Belles-Lettres)
   에서 읽은 매우 재미있는 약전에서 빌어 왔다. 우리는 그의 생에 관
   한 여러 정보에 대해 라베쏭 씨의 두 아들인 루이 라베쏭-몰리엥(Louis
   Ravaisson-Mollien, 마자린 도서관 사서) 씨와 샤를르 라베쏭-몰리엥(Charles
   Ravaisson-Mollien, 루브르 박물관의 관장 보좌관) 씨께 감사한다.

---

2 라베쏭은 나중에 '라베쏭-몰리엥(Ravaisson-Molien)'이라는 이름도 씀.
3 중학교 1학년.

교를 떠났으며 처음부터 끝까지 뛰어난 학생이었음을 알 수 있다. 그는 학력경시대회에서 여러 상을 탔으며, 특히 1832년에는 철학의 명예상을 탔다. 그의 철학 교수인 뽀레(Poret) 씨는 뛰어난 선생이었으며 스코틀랜드 학파 철학자들의 제자로서 그들의 몇 작품을 번역했고, 그것을 꾸쟁(Cousin) 씨가 높이 평가하여 그를 소르본느 대학의 대리교수로 삼았다. 라베쏭 씨는 항상 그의 옛 스승과 가깝게 지냈다. 우리는 뽀레 씨의 가족이 경건하게 보관하고 있는, 학생 라베쏭이 철학 반에서 쓴 몇몇 논술을 읽을 수 있었다.*3 우리는 소르본느 대학에서 1832년 명예상을 탄 「철학에서의 방법」에 관한 논술에 대해 발표회를 가졌다. 그 논술들은 좋은 강의를 들은 착실하고 지적인 학생의 작업이었다. 거기서 라베쏭 씨의 고유한 표식과 갓 생긴 철학적 소명의 첫 지표를 찾았던 사람들은 약간 실망을 맛볼 것이다. 모든 것은 우리에게 젊은 라베쏭은 철학에 대해 정해진 선호 없이, 자신의 길이 어디에 있는지를 알아차리지 못하고 중학교를 나왔다고 가정케 한다. 그 길을 보여준 것은 여러분들의 아카데미⁴였다.

『아리스토텔레스의 형이상학에 관한 시론』. 1832년 10월 26일 왕명은 도덕 정치학 아카데미를 복구했다. 꾸쟁 씨의 제안으로 아카데미는 아리스토텔레스의 『형이상학』에 대한 연구를 콩쿠르에 부쳤다. 프로그램은 "경쟁자들은 장편의 분석으로 이 작품을 알게 하

---

*3 우리는 그들 역시 뛰어난 대학 교수인 뽀레 씨의 두 손자 앙리 그리고 마르셀 베르네스(Henri et Marcel Bernès) 씨에게 이 보고와 여러 흥미로운 생애의 세부사들을 빚졌다.

---

4 정치-정신 과학 아카데미.

고 그 구도를 결정하며, ─ 그 역사를 기술하고 이후의 체계들에 대한 그것의 영향을 밝히며, ─ 거기서 발견되는 오류의 부분과 진리의 부분, 그리고 거기서 오늘날까지 아직도 존속하는 관념과 우리 세기의 철학에도 유용하게 들어갈 수 있는 관념은 어떠한 것인지를 연구·논의해야 할 것이다."고 말한다. 라베쏭 씨가 경쟁에 참여하겠다고 결정한 것은 아마도 옛 철학 교수의 권고 때문이었을 것이다. 재건된 아카데미가 연 첫 번째 콩쿠르가 어떻게 가장 눈부신 결과들을 가져왔는지, 어떻게 아홉 편의 논문이 제출되어 그중 대부분이 나름의 장점을 가지고 있었고 그중 셋이 탁월하다고 평가 받았는지, 어떻게 아카데미는 라베쏭 씨에게 상을 수여하였으며 장관에게는 베를린의 철학자 미셜레를 위한 보충의 상을 줄 기금을 준비하라고 요청하였는지, 어떻게 라베쏭 씨가 자신의 논문을 다시 손보아서 늘이고 넓히고 심화하여 감탄할 만한 책을 만들었는지는 주지하는 바이다. 『아리스토텔레스의 형이상학에 관한 시론(*Essai sur la métaphysique d'Aristote*)』의 제1권은 1837년에 나왔으며 제2권은 9년 후에야 출판되었다. 다른 두 권이 예고되었지만 더 이상 나오지 않았다. 그러나 우리가 가지고 있는 대로도 작품은 아리스토텔레스의 형이상학과 그것이 희랍(그리스)철학에 미친 영향에 대한 완벽한 해설이다.

무엇보다 체계적인 천재인 아리스토텔레스는 전혀 체계를 세우지 않았다. 그는 종합보다는 개념의 분석으로 진행했다. 그의 방법은 언어에 축적된 관념들을 취해서 그것을 재정립하고 참신하게 하여 정의로 범위를 정하며 그 외연과 내포를 자연적 분절에 따라 자르고 가능한 한 멀리 그 발전을 밀고 가는 데서 성립한다. 그러나 그 발전을 단번에 실현하는 일은 아직 드물다. 그는 여러 번 다른 글에서 동일한 주제로 되돌아오고 다시 동일한 길을 따르면서 항상 조금씩 더 멀리 나아간다. 사유나 존재에 포함된 요소들은 어떠한가? 질료, 형상, 인과성, 시간, 장소, 운동은 무엇인가? 그 모든 점에 대해, 그리고 많은 다른 것들에 대해 그는 밑바닥을 훑었다. 많은 지점들을 동시에 공격하면서 거대한 터널을 뚫는 기술자처럼 그것들 각각에 대해 그가 앞으로 밀고 나간 지하의 회랑을 출발하게 했다. 그리고 분명 우리는 측정이 수행되었으며 계산은 모든 것이 재결합하도록 이루어졌다는 것을 잘 느낄 수 있다. 그러나 결합이 항상 이루어지지는 않았고, 자주 거의 연결된 것으로 보이는 지점들 사이에 우리가 모래 몇 삽만 파면 되겠다는 헛된 희망을 가질 때 바위와 장애물을 만난다. 라베쏭 씨는 어떠한 방해물에도 멈추지 않았다. 그의 첫째 권의 마지막에서 우리에게 설명하는 형이상학은 통일되고 재조직된 아리스토텔레스의 이론이다. 그는 그것을 위해 창조된 언어로 형이상학을 설명한다. 거기서 이미지들의 유동성은 벌거벗은 관념을 투명하게 하며, 추상들이 아리스토텔레스의 사유 속에서 산 것처럼 생기가 있고 살아 있다. 그의 몇몇 번역에 대해 실질적 정확성을 항의할 수 있다. 그의 몇몇 해석에 대해 의문이 제기되기도 했다. 특히 역사가의 역할이 도대체 거장이 하기를 원했던 것보다 더 멀리 이론의 통일성을 밀고 나가는 것인지, 그리고 조각들을 너무나 잘 조정하고 톱니바퀴를 너무나 세게 밀착시키면 그중 몇 개를 왜곡시킬 위험은 없는지에 의문을 가지기도 했다. 그럼에도 불구하고 우리의 정신은 그런 통일성을 요구하고 그런 작업은 시도되어야 하며 라베쏭 씨 이후에는 아무도 감히 그것을 다시 하려고 하지 않았던 것도 사실이다.

『시론』의 제2권은 보다 더 과감하다. 아리스토텔레스의 이론과 희랍 사유 일반 사이에 행한 비교에서 라베쏭 씨가 드러내려고 시도한 것은 아리스토텔레스주의의 영혼 자체이다.

그가 말하기를 희랍 철학은 우선 모든 사물을 물, 공기, 불과 같은 물질적 요소나 어떤 무한정적 물질에 의해 설명했다는 것이다. 인간 지성이 처음에 그러했듯이 감각에 의해 지배되어 감각적 직관 이외의 다른 직관을 알지 못했으며, 물질성 이외의 다른 사물의 측면을 알지 못했다. 그때 피타고라스주의자들과 플라톤주의자들이 와서 오직 물질에만 의존한 설명의 불충분함을 보여주고 수와 이데아를 원리로 삼았다. 그러나 진보는 실제적이라기보다는 외견적이었다. 피타고라스적인 수와 플라톤적인 이데아와 함께 우리는 추상 속에 있게 되긴 했지만, 그 요소들에 가해지는 조작이 아무리 지적이라 하더라도 (결국) 추상 속에 남게 된다. 사물들을 일반 관념 아래에 모음으로써 사물의 탐구에 가져온 단순화에 경이로워 했던 지성이 아마도 관념에 의해, 사물들이 이루어진 실체(substance) 자체까지 뚫고 들어가려고 생각한 것 같다. 일반성의 연쇄에서 더 멀리 나아감에 따라 지성은 실재의 사다리를 더 높이 올라간다고 믿는다. 그러나 지성이 더 높은 정신성으로 생각한 것은 그것이 숨 쉬는 공기의 증가하는 희박화에 불과하다. 한 관념이 더 일반적일수록 더 추상적이며 공허하다는 것, 그리고 추상에서 추상으로, 일반성에서 일반성으로 가면 순수 무를 향해 가고 있다는 것을 지성은 보지 못한다. 우리에게 아마도 실재의 부분만을 넘겨줄 뿐이지만 적어도 실재의 굳은 땅을 남겨주는 감각의 소여에 만족하는 것도 그만큼 값진 것이었을 것이다. 전혀 다른 편에 설 수도 있었을 것이다. 그것은 정신의 시각에 의해 눈의 시각을 연장하는 것일 것이다. 그것은 직관의 영역, 즉 실재적이고 개별적이고 구체적인 사물의 영역을 떠나지 않고 감각적 직관 아래에서 지적인 직관을 찾는 길일 것이다. 그것은 정신적 시각의 강력한 노력으로 사물의 물질적 덮개를 뚫고 물질성이 펼치고 나타내는 눈에 보이지 않는 공식을 읽으러 가는 것일 것이다. 그때 존재자들을 서로 연결하는 통일성, 우리가 집중에 집중을 더하여 자기 자신을 사유함으로써 모든 것을 사유하는 신적인 사유에 도달할 때까지 무기물에서 식물로, 식물에서 동물로, 동물에서 인간으로까지가 자신의 고유한 실체 위에 모이는 것을 보는 사유의 통일성이 나타날 것이다. 그것이 아리스토텔레스의 이론이었다. 그와 같은 것이 그가 규칙과 예를 가져다 준 지적인 학문이었다. 그런 의미에서 아리스토텔레스는 형이상학의 기초를 놓은 사람이며 사유의 어떤 방법, 즉 철학 자체의 창시자였다.

위대하고 중요한 관념이다! 아마도 역사적인 관점에서 저자가 거기에 부여한 몇몇 발전에 반론을 제기할 수도 있을 것이다. 아마도 라베쏭 씨는 때로 알렉산드리아 학파, 게다가 아리스토텔레스주의에 그렇게도 강하게 물든 알렉산드리아 학파를 통해 아리스토텔레스를 바라보았을지도 모른다. 아마도 또한 그것을 근본적인 반대로 전환시키는 데까지, 아리스토텔레스와 플라톤을 구별하는, 언어적이 아니라면 가볍고도 표면적인 차이를 좀 더 멀리 밀고 나아갔을 것이다. 그러나 라베쏭 씨가 그 점들에 대해 철학사가들에게 완벽한 만족을 주었다면, 우리는 그의 이론에서 가장 독창적이고 가장 깊은 것을 잃었을 것이다. 왜냐하면 그가 여기서 플라톤과 아리스토텔레스 사이에 확립한 대립은 그가 결정적이라 생각한 철학적 방법과 그에 따르면 그것의 위조에 불과한 방법 사이에 그가 전 생애 동안 그치지 않고 구별 짓던 차이이기 때문이다. 그가 아리스토텔레스주의의 밑바닥에 놓던 관념은 그의 명상의 대부분에 영감을 부여했던 것 자체이다. 그의 작업 전체를 통해 철학은 사유를 일반성 속에서 묽게 하는 대신에 개별적인 것에 집중해야 한다는 주장이 울린다.

가령 무지개의 모든 빛깔, 보라·파랑·초록·노랑·빨강 들이 있다고 하자. 그 색들이 가진 공통적인 것을 결정하는, 따라서 그것들에 대해 철학하는 두 방식이 있을 것이라 말하는 것은 라베쏭 씨의 주도적인 관념을 배반하는 것이라 생각하지 않는다. 첫 번째는 단지 그것들은 색이라 말하는 데서 성립할 것이다. 색이라는 추상적이고 일반적인 관념은 이처럼 색조들의 다양성이 모이는 통일성이 된다. 그러나 색이라는 그런 일반적인 관념을 우리는 빨강에서 빨강을 빨강이게 하는 것을 지움으로써만, 파랑에서 파랑을 파랑이게 하는 것을, 초록에서 초록을 초록이게 하는 것을 지움으로써만 획득한다. 우리는 그것이 빨강도, 파랑도, 초록도 아니라고 함으로써만 그것을 정의할 수 있다. 그것은 부정으로 이루어진 긍정이며 공허를 한계 짓는 형상이다. 추상 속에 머무는 철학자는 그것으로 만족한다. 증대하는 일반화의 길을 통해 그는 사물들의 통일로 향한다고 믿는다.

그것은 그가 색깔들 사이의 차이를 두드러지게 하는 빛을 점차 끄는 방식으로 진행하기 때문이며, 그것들 모두를 전반적인 어두움 속에서 혼동하기 때문이다. 진정한 통일화의 방법은 전혀 다르다. 여기서 그것은 파랑, 보라, 초록, 노랑, 빨강 등의 수많은 색조를 취해서 그것들을 볼록 렌즈에 통과시켜 한 점으로 모으는 데서 성립할 것이다. 그때 완전한 밝음 속에서 순수한 하얀 빛, 여기 아래에서는 그것을 분산시킨 색조들 속에서 보이지만 저기 위에서는 나눠지지 않은 단일성 속에서 다양한 색채의 광선들의 무한정한 다양성을 포함하고 있는 그 빛이 나타날 것이다. 그때 또한 개별적으로 취한 각 색조 속까지 눈이 우선은 알아차리지 못한 것, 각 색조가 닮은 흰빛, 각 색조가 자신의 고유한 색깔을 끌어내는 공통적인 밝음이 나타날 것이다. 라베쏭 씨에 따를 때 그와 같은 것이 아마도 우리가 형이상학에 요구해야 할 종류의 시각이다. 진정한 철학자의 눈에는 하나의 철학적 논문 전체에서 산란된 상태로 찾아지는 것보다 더한 집중된 진리가 고대 대리석의 관조로부터 솟아날 수 있을 것이다. 형이상학의 목적은 각각의 존재에 그 고유한 색조를 부여하면서 그에 의해 그것을 보편적 빛에 결부시키는 특별한 광선을 개별적 존재에서 다시 파악하고 그것이 나오는 원천에까지 따르는 것이다.

라베쏭 씨의 정신에 우리가 여기서 밑그림을 그린 철학이 어떻게, 어느 순간에, 어떠한 영향 아래 형성되었는가? 여러분의 아카데미[5]가 상을 주고 그 초고가 여러분의 문서실에 저장되어 있는 논문에서

5   정치-정신 과학 아카데미.

는 그 자취를 찾을 수가 없었다. 초고 상태의 그 논문과 출판된 작품 사이에는 게다가 동일한 작자의 것이라고 거의 믿을 수 없을 간격과, 너무도 독특한 근저와 형태의 차이가 있다. 초고에는 아리스토텔레스의 『형이상학』이 단지 권 별로 분석되어 있다. 체계를 재구성하는 것은 문제가 되지 않는다. 출판된 작품에는 게다가 이전의 분석이 손질되어 이번에는 재구성된 아리스토텔레스 철학의 건축의 하부 구조로 봉사하기 위해서만 보존된 것처럼 보인다. 초고에서 아리스토텔레스와 플라톤은 거의 동일한 선에 있다. 저자는 플라톤과 아리스토텔레스를 따로따로 구별해야 하나, 그 둘 모두를 능가하는 하나의 철학으로 녹여야 한다고 평가한다. 출판된 작품에서 아리스토텔레스는 분명히 플라톤과 대립하며 그의 이론은 모든 철학이 영양을 취해야 할 원천으로 나타난다. 결국 초고의 형태는 정확하지만 비개인적인 반면, 책은 이미 매우 강한 색깔과 매우 분명한 윤곽의 추상의 혼합인 독창적 언어를, 동시에 그림도 그리고 조각도 할 줄 아는 철학자의 언어를 말한다. 1835년의 논문은 분명 꾸쟁 씨가 자신의 보고서에서 한 찬사와 아카데미가 그에게 수여한 상을 받을 만한 가치가 있었다. 아무도 그것이 매우 잘된 작업이었다는 데 이의를 달지는 않을 것이다. 그러나 그것은 잘된 작업에 불과하다. 저자는 작품의 바깥에 남아 있었다. 그는 아리스토텔레스를 현명하게 연구하고 분석하고 주석한다. 그러나 거기에 생명을 다시 불어넣지는 않았다. 아마도 그 자신이 아직 충분히 강한 내적 삶을 가지지 못했기 때문일 것이다. 라베쏭 씨가 자신이 무엇인지를 의식하고, 말하자면 자기 자신이 스스로에게 드러나는 것은 1835년에서 1837년까지 논문의 작성과 제1권의 저작 사이에 흐른 2년 동안에, 특히 1837년부터 1846년까지 제1권의 출간과 제2권의 출간 사이였을 것이다.

잠재적 에너지의 발전과 인격의 각성에 기여한 외적 자극은 아마도 여러 가지였을 것이다. 1830년에서 1848년으로 가는 기간은 강력한 지적인 삶의 기간이었다는 것을 잊어서는 안 된다. 소르본느는 아직 기조(Guizot), 꾸쟁, 빌르멩(Villemain), 조프롸 생-띨레르(Geoffroy Saint-Hillaire) 같은 이들의 언어로 울리고 있었다. 끼네(Quinet)와 미셜레(Michelet)는 꼴레즈-드-프랑스에서 가르치고 있었다. 라베쏭 씨는 그들 대부분을 알았으며, 특히 미셜레에게서는 얼마 동안 비서로 일했다. 쥘 끼셔라(Jules Quicherat)에게 보낸 미셜레의 출간되지 않은 편지*⁴에는 다음과 같은 문장이 발견된다. "나는 프랑스에서 네 명의 비판적 정신(이 말이 포함하고 있는 모든 것을 아는 이는 드무오)을 아오. 레트론(Letronne), 뷔르누프(Burnouf), 라베쏭, 그리고 당신이오." 라베쏭 씨는 따라서 고등 교육이 강렬한 섬광으로 빛날 때 저명한 거장들과 관계를 맺고 있었다. 같은 시대는 정치인, 예술가, 문학자, 과학자, 결국 이미 민주적인 경향의 사회에서 지성의 귀족정치를 구성할 수 있었을 모든 이들 사이의 접근이 이루어지는 것을 보았음을 덧붙여야 한다. 몇몇 특권적 살롱은 그런 엘리트들의 만남의 장소였다. 라베쏭 씨는 사교계를 좋아했다. 완전히 젊고 거의 알려지지 않은 그는 전 장관인 몰리엥 씨와 친척 관계인 덕분에 많은 문들이 그 앞에서 열리는 것을 보았다. 우리는 그

---

*4 루이 르제 씨에 의해 인용됨.

가 벨지오조소(Belgiojoso) 공주의 집을 자주 방문했다는 것을 알며, 그는 거기서 미녜(Mignet), 티에르스(Thiers), 특히 알프레드 드 뮈세(Alfred de Misset)를 만났음에 틀림없다. 레까미에(Récamier) 부인 댁에도 들렀는데, 그녀는 그때 이미 늙었으나 여전히 우아했으며 주위에 빌르멩, 앙페르(Ampère), 발작(Balzac), 라마르띤느(Lamartine) 같은 사람들을 모았다. 그가 샤또브리앙(Chateaubriand)과 알게 된 것도 아마 레까미에 부인의 살롱에서일 것이다. 그만큼 많은 월등한 삶들과의 빈번한 접촉은 지성에 자극으로 작동했음에 틀림없다.

라베쏭 씨가 독일 뮌헨의 셸링(Schelling) 곁에서 한 몇 주간의 거주도 또한 고려해야 할 것이다. 라베쏭 씨의 작품에서 사유의 방향이나 문체의 흐름으로 보아 그 독일 철학자에 의해 쓰인 가장 좋은 것에 비교될 수 있을 페이지가 하나 이상 발견된다. 그럼에도 불구하고 셸링의 영향을 과장하지 말아야 할 것이다. 아마도 영향보다는 자연적 친근성, 영감의 공통성이 있었을 것이며, 그리고 이렇게 말할 수 있다면 서로 높이 날았으며 어떤 정상에서는 만났던 두 정신 사이의 예정된 일치가 있었을 것이다. 게다가 한 사람은 불어(프랑스어)를 잘 몰랐고 다른 이도 또한 거의 독일어를 말할 수 없었기 때문에 두 철학자 사이의 대화는 상당히 힘들었다.

여행, 대화, 사교계의 관계, 그 모든 것이 라베쏭 씨의 호기심을 깨웠고 또한 그의 정신으로 하여금 더욱 완전히 밖으로 생산되게 부추겼음에 틀림없다. 그러나 그를 자기 자신에게 집중하도록 이끈 원인들은 더욱 깊었다.

제일선에 아리스토텔레스 철학과의 오랜 접촉을 놓아야 한다. 상을 받은 논문이 이미 문헌에 대한 치밀하고 통찰력 있는 연구를 증언했다. 그러나 출판된 작품에서는 문헌의 인지 이상의 것, 이론의 이해보다 더 이상의 것, 즉 정신과 함께 가슴으로부터의 귀의(adhésion), 영혼 전체의 침투와 같은 무엇을 발견한다. 월등한 인간들이 선호하는 스승의 내부로 점점 더 침투해 듦에 따라 점점 더 잘 그들 스스로를 발견하는 일이 일어난다. 쇠 줄밥의 흩어진 조각들이 막대자석의 영향 아래 양극으로 방향을 잡아 조화로운 곡선으로 배열되는 것처럼, 그가 사랑하는 천재의 부름에 영혼의 여기저기서 잠들어 있던 잠재성들이 공통의 행동을 위해 깨어나고, 재결합하고, 집중된다. 그런데 인격이 구성되는 것은 정신과 가슴의 모든 힘이 한 점으로 집중됨에 의해서이다.

레오나르도 다 빈치의 영향. 그러나 아리스토텔레스와 나란히 다른 한 영향이 라베쏭 씨에게 힘쓰기를 그치지 않았다. 그것은 친근한 정령처럼 그를 평생 따라다녔다.

어릴 때부터 라베쏭 씨는 예술 일반에 대한, 특히 회화에 대한 소질을 드러냈다. 재능 있는 예술가였던 그의 어머니는 아마 그를 예술가로 만들려고 꿈꾸었던 것 같다. 그녀는 그를 화가 브록(Broc)과 또한 집에 드나들던 도안가 샤쎄리오(Chassériau)의 손에 맡겼다. 둘은 모두 다비드(David)의 제자였다. 라베쏭 씨가 대가의 큰 목소리는 듣지 않았지만 적어도 그 메아리는 들을 수 있었다. 그가 그림을 배운 것은 단순한 즐거움을 위해서가 아니었다. 여러 차례 그는 라셰(Laché)라는 이름으로 초상화들을 전람회에 전시했으며 그것들은 주목을 받았다. 그는 특히 데생을 그렸으며, 그의 데생은 고귀한 우아함을 지닌 것이었다. 앵그르는 그에게 "당신 그림은 매력이 있어요(Vous avez le charme)." 하고 말했다. 어느 때 이탈리아 회화에 대한 그의 선호가 나타났는가? 아마 매우 이른 시기부터였을 것이다. 왜냐하면 16세나 17세경부터 그는 티티엥(Titien)의 임화를 그렸기 때문이다. 그러나 1835년에서 1845년 사이의 시기에 그가 르네상스시대의 이탈리아 예술에 대한 더 깊은 연구를 했었다는 것은 의심의 여지가 없는 것으로 보인다. 그리고 그의 눈에는 예술의 인격화 자체임을 결코 멈추지 않은 거장 레오나르도 다 빈치가 그에게 영향을 끼쳤고 또 계속 지녔던 영향을 거슬러 올라가게 해야 할 시기도 같은 시기이다.

레오나르도 다 빈치의 『회화론(Traité de peinture)』에 라베쏭 씨가 인용하기 좋아하는 한 페이지가 있다. 그것은 살아 있는 존재는 구불구불하거나 뱀 같은 모양의 선에 의해 특징지어지고 각 존재는 자신의 고유한 뒤틀리는 방식을 가지며 예술의 목적은 그러한 개별적 융틀임을 되돌려주는 것이라 말해진 페이지이다. "데생 기술의 비밀은 각 대상에서 그것을 나타나게 하는 축과 같은 구불구불한 어떤 선이 표면적 파도로 전개되는 중심 파도처럼 그 대상의 전 연장을 통해서 향해 가는 특별한 방식을 발견하는 것이다."*5 그런 선은 게다가 도형의 보이는 선 중 어느 것도 아닐 수가 있다. 그것은 여기도 저기도 없지만 모든 것의 열쇠를 제공한다. 그것은 눈으로 지각된다기보다는 정신으로 사유된다. 레오나르도 다 빈치는 "회화는 정

---

*5 라베쏭, 『교육사전』의 그림(Dessin) 항목.

그림 1 모나리자　　　　　　　그림 2 루크레지아 크리벨리

신적인 사물"이라고 말하곤 했다. 그리고 그는 신체를 자신의 이미지로 만드는 것은 영혼이라고 덧붙였다. 거장의 작품 전체는 그 말에 대한 주석으로 이용될 수 있을 것이다. 모나리자의 초상(그림 1)이나 심지어 루크레지아 크리벨리(그림 2)의 초상 앞에 서 보자. 도형의 보이는 선들은 화폭 뒤에 놓인 잠재적 중심으로 거슬러 올라가는 것처럼 보이지 않는가? 거기서 수수께끼의 모습에서 문장 문장으로 읽어도 끝나지 않을 비밀이 갑자기 한 마디 말로 모여 발견된다. 화가가 위치한 곳은 거기이다. 화가가 자연이 발생시킬 때의 노력을 자신의 방식으로 재생하면서 눈앞에 있는 모델을 한 선 한 선 재발견하는 것은 그 점에 집중된 단순한 정신적 시각을 전개시키면서이다.

　회화의 예술은 따라서 레오나르도 다 빈치에게는 모델의 윤곽선들 각각을 캔버스에 옮겨서 부분 부분의 물질성을 재생하기 위해 그

선들을 상세히 잡는 것에서 성립하지 않는다. 보이고 만져지는 모델이 막연한 관념성으로 해체되는 뭔지 모를 비인격적이고 추상적인 전형을 그리는 데서 성립하는 것도 아니다. 진정한 예술은 모델의 개인성을 되돌려주고 그를 위해 보이는 선들 뒤에서 눈이 보지 못하는 운동을, 운동 자체 뒤에서 더 비밀스러운 무언가, 본래의 의도, 인격의 근본적 열망, 형태와 색깔들의 무한한 풍부함과 맞먹는 단순한 사유를 찾으러 간다.

레오나르도 다 빈치의 그런 미학과 라베쏭 씨가 해석한 대로의 아리스토텔레스의 형이상학 사이의 유사성에 어떻게 주목하지 않을 수 있겠는가? 라베쏭 씨가 아리스토텔레스를, 사물에 대해 그들의 물질적 역학 관계만을 본 물리학자나 모든 실재성을 일반적 유형으로 흡수시킨 플라톤주의자와 대립시킬 때, 그가 아리스토텔레스에게서 개별적 존재자들의 근저에서 정신의 직관으로 그것들에 생기를 불어넣는 특징적 사유를 찾는 거장을 보여줄 때, 그는 아리스토텔레스의 철학을 레오나르도 다 빈치가 생각하고 실행한 그 예술, 모델의 물질적 윤곽을 강조하는 것이 아니요, 추상적 관념을 위해 그것을 흐리게 하는 것도 아니고 단지 그것들을 잠재적 사유와 (사물을) 발생케 하는 영혼의 주변에 집중시키는 예술의 철학 자체로 만드는 것이 아닌가? 라베쏭 씨의 모든 철학은 예술은 그려진 형이상학이며 형이상학은 예술에 대한 반성이고, 심오한 철학자와 위대한 예술가를 만드는 것은 다양하게 사용된 동일한 직관이라는 관념이다. 그런 동일성이 그의 정신에 분명히 드러나던 날 라베쏭 씨는 스스로를 소유하게 되었으며 자신의 사유와 펜의 주인이 되었다.

철학과 예술로 그를 옮겨가던 구별되는 두 흐름이 그 속에서 결합되었던 순간에 동일화는 이루어졌다. 그리고 그 결합이 이루어진 것은 그의 눈에 그것이 가진 가장 깊은 것에서의 철학과 또 그것이 가진 가장 고양된 것에서의 예술을 대표하던 두 천재, 즉 아리스토텔레스와 레오나르도 다 빈치가 서로 간에 상호 침투하고 동일한 생명으로 활기를 지니는 것으로 그에게 보였을 때였다.

라베쏭과 꾸쟁. 라베쏭 씨가 그 시대 무렵(1836)에 제출한 박사학위 논문은 그 방법의 첫 번째 적용이다. 그것은 『습관에 대하여(De l'habitude)』[6]라는 소박한 제목을 가진다. 그러나 저자가 거기서 논의하고 있는 것은 전체 자연 철학이다. 자연(본성)이란 무엇인가? 어떻게 그 내부를 표상할 것인가? 그것은 원인과 결과의 규칙적 연속 아래에 무엇을 숨기고 있는가? 무엇을 숨기고나 있는 것인가, 아니면 서로 기계적으로 맞물리는 운동들의 완전히 표면적인 전개로 환원될 것인가? 자신의 원리에 따라 라베쏭 씨는 매우 일반적인 그 문제의 해결을 매우 구체적인 직관에, 즉 우리가 습관을 형성할 때 우리 자신의 존재방식에 대해 갖는 직관에 요구한다. 왜냐하면 운동 습관은 일단 형성되면 하나의 기계장치, 즉 서로를 결정하는 일련의 운동들이기 때문이다. 즉 습관은 자연에 삽입된, 자연과 일치하는 우리의 부분이다. 그것은 자연(본성) 자체이다. 그런데 우리의 내적 경험은 습관에서 알지 못할 정도차를 가지고 의식에서 무의식으로, 의지에서 자동성으로 지나간 행동을 보여준다. 그때 우리가 자연을

---

6   우리가 번역한 라베쏭의 첫 번째 논문.

표상하는 것은 흐려진 의식이나 잠든 의지처럼 그런 형태로가 아닌 가? 이처럼 습관은 우리에게 기계론은 자기 충족적이 아니라는 그 진리의 생생한 증명을 제공한다. 그것은 말하자면 정신적 활동의 화석화된 잔여물에 불과하다.

이러한 관념들은 우리가 라베쏭 씨에게 빚진 많은 관념들처럼 고전적이 되었다. 그것들은 너무도 잘 우리의 철학에 침투하고 한 세대 전체가 거기에 젖어 있어 오늘날 우리는 그 독창성을 되돌려주기에 약간의 어려움을 느낄 정도이다. 그것들은 동시대인들에게 충격을 주었다. 『습관』에 관한 논문이나 『아리스토텔레스의 형이상학에 대한 시론』은 철학계에 점점 더 깊은 반향을 일으켰다. 아직 완전히 젊은 저자는 이미 거장이었다. 그는 그가 원했고 주프롸의 보충일 뻔했던 꼴레즈 드 프랑스든 소르본느든 고등교육에서 한자리에 지명될 것으로 보였다. 거기서 그의 경력은 완전히 그려져 있었다. 그는 아직도 약간 불확정적이던 그의 철학의 원리들을 정확한 용어로 정해진 점들에 대해 발전시켰을 것이었다. 그의 이론을 말로 설명하고 다양한 문제들에 대해 시험하며 그것을 학문과 삶이 제기하는 문제들에 구체적으로 적용하는 의무는 그가 유지하기를 원했던 높이에서 가끔 그를 내려오게 했을 것이다. 그의 주변에 우리의 젊은 엘리트들이 항상 아름다운 언어로 표현된 고귀한 관념들로 불타오를 작정을 하고 달려갔었을 것이다. 아마도 곧 여러분들의 아카데미도 그에게 문을 열었을 터이다. 예술에 대한 공감이 실증과학과 멀게 하지 않은 것처럼 그의 아리스토텔레스적 원천이 매우 현대적임을 방해하지 않았을 한 학파가 이루어졌을 것이다. 그러나 운명은 그와 달리 결정했다. 라베쏭 씨는 정치-정신과학 아카데미에 40년 후에나 들어왔으며, 철학의 교수 자리에 결코 앉지 않았다.

왜냐하면 그때는 꾸쟁 씨가 왕립자문회의(Conseil royal) 자리에 높이 앉아 철학의 교육에 아무도 넘보지 않는 권위를 발휘하던 때였다. 아닌 게 아니라 그는 가장 먼저 라베쏭 씨의 출발을 후원했었다. 그의 평상대로의 눈길로 아카데미에 제출된 논문이 약속을 내포하고 있다는 것을 보았다. 그는 젊은 철학자에 대한 높은 평가로 가득 차서 그를 얼마 동안 뤽상부르 공원에서의 긴 산책으로 시작하여 저녁에는 주변의 레스토랑에서의 저녁식사로 끝나는 철학적 대화에 받아 들였다. 그것은 소유학파의 토론을 플라톤적 향연으로 연장했던 정겨운 절충주의였다. 게다가 밖에서 보면 모든 것은 라베쏭 씨와 꾸쟁 씨를 접근시키는 것이 틀림없는 것으로 보였다. 두 철학자는 고대철학에 대한 동일한 사랑도, 18세기의 감각주의에 대한 동일한 혐오도, 위대한 거장들의 전통에 대한 동일한 존경도, 그 전통적 철학을 다시 젊게 하는 데 대한 동일한 염려도, 내적 관찰에 대한 동일한 믿음도, 참된 것과 아름다운 것, 철학과 예술의 유사성에 대한 동일한 일반적인 관점도 가지지 않았는가? 아마 그럴 것이다. 그러나 두 정신을 일치하게 한 것은 지적 기질의 어떤 친밀성보다는 의견의 유사성이었다.

꾸쟁 씨에게 사유는 완전히 전체가 말을 향해 긴장해 있고, 말은 행동을 향해 그러했다. 그는 지배하고, 정복하고, 조직할 필요가 있었다. 그의 철학에 대해 그는 기꺼이 "나의 깃발"이라 말했고, 철학 교수들에 대해 "나의 군대"라 말했다. 그리고 그는 선두에서 행진했으며, 기회가 되면 진군나팔을 불기를 소홀히 하지 않았다. 그는 더구나 허영이나 야망에 의해 나아간 것이 아니라 철학에 대한 진실한 사랑에 의해 그러했다. 다만 그는 그의 방식으로, 행동인으로서 그것을 사랑했다. 그는 철학이 세계에서 소란을 피울 순간이 왔다고 판단했다. 중학교에서 아이들을 사로잡고, 인간을 그 생애에 걸쳐 지도하며, 그에게 도덕적·사회적·정치적 난제들에 대해 오로지 이성의 봉인만을 받은 행동의 규칙을 확보해 주면서 그는 그것이 강력하기를 원했다. 그는 우리의 대학에 규율된 철학을 굳건히 세움으로써 그러한 꿈에 실현의 시작을 제공했다. 능란한 조직가, 사려 깊은 정치가, 비견할 데 없는 대화 상대, 흥미로운 교수였던 그에게 결여된 것은 아마도 철학자라는 이름에 더 충족하게 어울리기 위해 자기 자신의 사유와의 대면을 가끔은 견딜 줄 아는 것밖에 없었다.

라베쏭 씨가 애착을 가진 것은 순수 관념들이다. 그가 그것들을 침묵의 사랑으로 감쌌던 보이지 않는 사원에서 그는 그것들을 위해 그것들과 함께 살았다. 사람들은 그가 삶의 현실에 관심을 두지 않는 것처럼 그 이외의 것으로부터는 떨어져 있는 것을 느꼈다. 그의 모든 인격은 최상의 탁월함인 그런 극단적 신중함을 숨 쉬고 있었다. 몸짓은 온전하고, 말을 거의 낭비하지 않으며, 관념의 표현에 원활하고, 낮게 말하며, 방금 그의 주위에 앉은 날개 달린 사유를 지나친 소음으로 놀라게 하기를 두려워하기나 하는 것처럼 결코 힘주어 말하지 않으면서 그는 아마도 멀리까지 들리게 하기 위해서는 매우 순수한 소리만 내면 목소리를 아주 크게 할 필요가 없다고 생각한 것 같다. 아무도 그만큼 다른 사람들에게 영향을 주려고 하지 않은 이는 없었다. 그러나 (그의) 정신은 결코 다른 이의 권위에 더 자연스럽게, 더 조용하게, 더 꺾을 수 없게 반항적일 수 없었다. 그는 싸움의 빌미를 주지 않았다. 그는 그의 비물질성에 의해 (거기서) 벗어났다. 그는 양보하는 것을 봄으로써 기분 좋아질 수 있을 정도의 충분한 저항마저도 제공하지 않는 사람들 중의 하나였다. 꾸쟁 씨가 그 쪽으로 어떤 시도를 했다면 곧바로 자신의 시간과 힘을 낭비하고 있음을 알아차렸을 것이다.

그러므로 그 두 정신은 서로의 양립불가능성이 드러난 접촉 후 자연스럽게 서로로부터 멀어졌다. 40년 후, 나이가 들고 심하게 병이 들었으며 그가 곧 죽을 깐느(Cannes)로 떠나려 할 때, 꾸쟁 씨는 가까워지고픈 욕망을 표했다. 리용(Lyon)역,[7] 움직이려는 기차 앞에서 라베쏭 씨에게 손을 내밀었다. 감동에 찬 말들이 오갔다. 그럼에도 불구하고 그에 대한 꾸쟁 씨의 태도가 라베쏭 씨에게 말하자면 직업적인 철학자가 되지 못하게 하고 다른 경력을 이루도록 결정한 것은 사실이다.

그때 공교육부 장관이었던 드 살방디(de Salvandy) 씨는 라베쏭 씨를 개인적으로 알았다. 그는 그를 비서실장으로 뽑았다. 얼마 후 그를 렌느 대학의 강사(형식 상, 왜냐하면 라베쏭 씨는 결코 그 자리에 앉지 않았기 때문에)로 임명했다. 1839년에는 도서관 감독관(inspecteur des bibliothèques)이라는 신설된 자리를 맡겼다. 라베쏭 씨는 이렇게 하여 그가 생각했던 것과는 상당히 다른 길로 접어

---

7   남프랑스행 기차를 타는 빠리의 역.

들었다. 그는 공교육 총감독관(inspecteur général de l'Enseignement supérieur)이 되는 날까지, 즉 약 15년간 도서관 감독관으로 남아 있었다. 여러 번에 걸쳐 그는 그가 맡았던 직에 대한 중요한 작업을 출판했다. 1841년에 『서부도들의 도서관에 관한 보고(*Rapport sur les bibliothèques des départements de l'Ouest*)』를, 1846년에 『랑 도서관의 수고 목록(*Catalogue des manuscrits de la Bibliothèque de Laon*)』을, 1862년에 『제국 기록실과 제국 도서관의 조직에 관한 보고(*Rapport sur les archives de l'Empire et sur l'Organisation de la bibliothèque impériale*)』를 출판했다. 고증학적 탐구는 항상 그에게 매력적이었으며, 다른 한편 『아리스토텔레스의 형이상학에 관한 시론』이 드러냈던 고대에 관한 깊은 지식은 충분히 자연스럽게 금석문 아카데미의 선택에 그를 지명하도록 했음에 틀림이 없다. 그는 1849년에 레트론의 후임으로 이 아카데미의 회원으로 선출되었다.

프랑스 철학에 관한 보고서. 그렇게 젊은 나이, 그렇게 적은 시간에 두 대가적 작품을 생산해낸 철학자가 그 다음 20년간 철학에 중요한 아무것도 내지 않은 채 있었다는 것을 생각할 때 아까운 마음을 금할 수가 없다. 1849년 금석문 아카데미에서 읽혔고, 1857년에 출판된 스토아학파에 대한 아름다운 논문은 『아리스토텔레스의 형이상학에 대한 시론』을 위해 모은 자료들에서 구성된 것이 틀림없다. 그 긴 기간 동안 라베쏭 씨는 철학하기를 멈추었는가? 틀림없이 아니다. 그러나 그는 외부의 간청이나 직업적 업무에 의해 결정되었을 때 이외에는 쓰려고 마음먹지 않는 사람 중 하나였다. 그가 『시론』을 쓴 것도 아카데미의 콩쿠르 때문이었고, 『습관』에 관한 논문도 박사학위의 시험을 위한 것이었다. 그의 새로운 직업에서는 아무 것도 그에게 쓰라고 자극하지 않았다. 그리고 그는 새로운 20년의 반성이 이끈 결론도 공식적으로 초대되지 않았다면 전혀 쓰지 않았을지도 모른다.

제국정부는 1867년의 박람회를 위해 19세기 프랑스에서의 학문, 문학, 예술의 진보에 관한 총체적 보고서를 작성하게 할 것을 결정했다. 뒤뤼(Duruy) 씨는 그때 공교육 장관이었다. 그는 롤랭 중·고등학교 동기였던 라베쏭 씨를 잘 알았다. 이미 1863년 철학 아그레가숑의 재개 때 라베쏭 씨에게 심사위원장을 맡겼다. 그에게 철학의 진보에 관한 보고서를 요청할 것인가? 대학에 자리 잡고 있던 한 명 이상의 유명 철학자가 그런 명예를 주장할 수 있었을 것이다. 뒤뤼 씨는 틀 밖의 철학자였던 라베쏭 씨에게 부탁하는 것을 선호했다. 그리고 그의 너무나 짧은 국사참여기간 동안 그토록 좋은 영감을 많이 가졌던 이 장관은 이날보다 더 좋은 영감을 받은 날은 없었다.

라베쏭 씨는 세기의 가장 이름난 철학자들의 작업을 검토하는 것으로 만족할 수도 있었을 것이다. 아마도 사람들이 그에게 더 이상을 요구하지도 않았을 것이다. 그러나 그는 그의 일을 다르게 이해했다. 몇몇 사상가는 주의할 만하고 다른 사람들은 무시해도 좋다는 의견에 머물지 않고, 심각한 반성이 무엇일 수 있으며 그 유일한 도구의 힘만으로 가장 미천한 노동자가 가장 열악한 광물로부터 어떻게 몇몇 금 조각을 뽑아내는지를 아는 사람으로서, 그는 모조리 읽었다. 모두를 읽은 후 그는 다음으로 모든 것을 지배하기 위해 도약했다. 그가 찾던 것은 원하는 것도 하고 있는 것도 항상 의식하지는 못했던 사유의 망설임과 우회를 건너 아마도 미래에 멀리 위치한, 우리의 철학이 향하고 있는 점이었다.

　그의 『시론』의 주도적 관념을 다시 취하고 확장하여 그는 철학하는 두 방식을 구별했다. 첫 번째는 분석에 의해 진행한다. 그것은 사물을 죽어 있는 요소들로 해체한다. 단순화에 단순화를 거듭하여 가장 추상적이고 가장 빈 것으로 나아간다. 게다가 그런 추상의 작업이 기계론자라 불릴 물리학자에 의해 수행되건 스스로 관념론자라 말하는 논리학자에 의해서 수행되건 중요치 않다. 두 경우 모두 유물론적이다. 다른 방법은 요소들뿐 아니라 그들의 질서와 그들 사이의 화해, 그들의 공통 방향을 고려한다. 그것은 더 이상 생명체를 죽음에 의해 설명하지는 않으며 도처에서 생명을 보면서 더 높은 생명의 형태에 대한 열망에 의해 가장 기초적인 형태들을 정의한다. 그것은 더 이상 상위의 것을 하위의 것으로 환원하지는 않지만 반대로 하위의 것을 상위의 것으로 환원한다. 그것은 고유한 의미에서의 정신론(spiritualisme)이다.

　이제 19세기의 프랑스 철학을 형이상학자들뿐만 아니라 그들 과학의 철학을 한 과학자들에게서 살펴보면, 라베쏭 씨에 따라 다음과 같은 것이 발견된다. 정신이 우선 유물론의 방향으로 향하고 심지어 거기서 계속 있으려고 생각하는 것은 드문 일이 아니다. 매우 자연스럽게 정신은 그것이 보는 것의 기계론적 또는 기하학적 설명을 찾는다. 그러나 거기서 만족하려는 습관은 이전 세기의 잔존에 불과하다. 그것은 과학이 거의 전적으로 기하학이었던 시대의 것이다. 19세기의 과학을 특징짓는 것, 그것이 시도한 새로운 사업은 생명적 존재의 깊은 탐구이다. 그런데 일단 그 영역에 들어서서도 원한다면 아직 순수기계론에 대해 말할 수 있다. 그러나 그것은 다른 것을 생각하는 것이다.

오귀스뜨 꽁뜨의 『실증철학강의(*Cours de philosophie positive*)』의 제1권을 열어 보자. 우리는 거기서 생명존재에서 관찰 가능한 현상들은 무기물적 사실과 동일한 본성이라고 읽는다. 8년 후 제2권에서 그는 식물에 대해 마찬가지로 이야기하는데, 오직 식물에 대해서만이다. 이미 동물의 생명은 따로 제쳐놓는다. 결국 마지막 권에서는 생명의 현상 전체를 물리학적·화학적 사실과 분명하게 구별한다. 그가 생명 현상을 생각하면 할수록 다양한 질서의 사실들 사이에 단지 복잡성만이 아니라 서열과 가치의 구별을 확립하는 경향을 가진다. 그런데 그런 방향을 따를 때 도달하는 것은 정신론이다.

끌로드 베르나르는 우선 기계론적 힘의 놀이는 보편적 설명의 모든 요소를 우리에게 제공하는 것처럼 이야기한다. 그러나 일반성으로부터 나와서 그의 작업들이 그토록 큰 빛을 던져 주었던 생명의 현상들을 더 특별하게 묘사하려고 애쓸 때, 그는 유기화의 진정한 원인일 '지도적' 심지어 '창조적 이념'의 가설에 도달한다.

라베쏭 씨에 따르면 동일한 경향, 동일한 진보가 철학자건 과학자건 생명의 본성을 천착한 모든 이에게서 관찰된다. 생명 과학이 발전될수록 사유를 자연 가운데로 재통합할 필연성을 느낄 것이라고 예견할 수 있다.

어떤 형태로, 어떤 종류의 작업과 함께? 생명이 창조라면 우리에게 관찰하라고 주어진 창조, 즉 우리 자신이 수행하는 창조와의 유사성에 의해 그것을 표상해야 한다. 그런데 가령 예술적 창조에서 작품의 재료들, 즉 시인에게는 말과 이미지, 화가에게는 형태와 색, 음악가에게는 리듬과 화음이 예술가가 표현해야 할 관념 아래에 자발적으로, 말하자면 상위의 관념성의 매력에 이끌려서 배열되러 오는 것처럼 보인다. 물질적 요소들이 생명체로 유기화될 때 우리가 그 요소들에 부여해야 할 것은 하나의 유사한 운동이 아닌가? 또한 매혹의 상태가 아닌가? 라베쏭 씨의 눈에 생명의 유기적 힘은 설득의 힘과 같은 본성의 것이었다.

그러나 그런 매혹을 겪은 물질들은 어디서 오는가? 모든 물음 중에 가장 높은 그 물음에 라베쏭 씨는 우리에게 물질의 원초적 생산에서 물질이 유기화될 때 이루어지는 것과는 반대의 운동을 보여줌으로써 대답한다. 유기화가 물질의 각성과 같은 것이라면 물질은 정신의 마비일 수밖에 없다. 그것은 약화되고, 말하자면 스스로 자신의 내용을 비운 존재의 그림자이며, 최후의 단계이다. 물질이 '그 토대 위에서 정도에서 정도로, 계에서 계로 모든 것이 정신의 통일성으로 되돌아오는 자연적 존재의 토대'라면, 역으로 우리는 시초에 물질성을 구성하는 시간과 공간에서의 확산, 정신의 이완(distension)을 표상해야 한다. 무한한 사유가 '일종의 각성과 부활에 의해 거기서 존재하는 모든 것을 끌어내기 위해 그 존재의 어떤 충만성을 소멸'시켰다.

그와 같은 것이 『보고서』[8]의 마지막 부분에서 개진된 이론이다.

---

8   우리가 번역한 라베쏭의 세 번째 글은 이 보고서의 마지막 제36장이다.

거기서 보이는 우주는 안에서 보고 그 자체로서 파악되면 우리에게 자유로움과 사랑의 거대한 행위, 즉 대가 없는 선물로 보일 실재의 외적 측면으로 나타났다. 어떤 분석도 그 감탄스러운 페이지들을 짐작케 할 수 없을 것이다. 스무 기의 학생들이 그 페이지들을 암기했다. 그중 많은 이들은 『보고서』가 우리의 대학 철학에 끼친 영향하에 있었다. 그 영향은 정확한 한계를 결정할 수도, 깊이를 측정할 수도, 심지어는 성질을 정확하게 묘사할 수도 없으며, 그것은 마치 아주 어린 시절의 커다란 열광이 때때로 사람의 인생 전체에 퍼뜨리는 표현할 수 없는 색조를 표현할 수 없는 것과 같다. 그것이 이 책의 가장 독창적인 관념을 그 눈부신 빛에 의해 약간 가렸다고 덧붙이는 것이 허용될까? 생명 현상들에 대한 깊은 연구는 실증과학이 그 틀을 넓히고 3세기 이래로 그것이 갇혀 있던 순수 기계론을 넘어서게 이끈다는 것은 우리가 오늘날에야 생각하기 시작한—비록 대부분이 인정하기를 거부하고 있을지라도—가능성(éventualité)이다. 그러나 라베쏭 씨가 썼던 때는 반대로 가는 것으로 보이는 관념의 운동에 대해 그렇게 말하려면 진정 점쟁이 같은 예견의 노력이 필요했다.

그림 교육에 대하여. 라베쏭 씨가 생명 현상이 물리적·화학적 힘에 의해 전면적으로 설명되는 대신에 반대로 그런 힘에 어떤 빛을 던질 수 있을 것이라 판단하게 한 사실과 이유는 어떠한 것인가? 이론의 모든 요소는 이미 『아리스토텔레스의 형이상학에 관한 시론』과 『습관』에 대한 논문에서 발견된다. 그러나 『보고서』에서 취하는 좀 더 정확한 형태로는 라베쏭 씨가 그 기간 동안 예술에 대해, 특히 그가 동시에 이론과 실행력을 가졌던 예술, 즉 그리기(dessin)의 예술에 대해 했던 매우 특별한 어떤 반성에 결부되어 있다고 우리는 믿는다.

공교육부는 1852년 고등학교에서의 그림 교육의 문제를 연구하게 했다. 1852년 6월 21일의 법령이 한 위원회에 그 교육의 조직안을 부처에 제출하도록 위임했다. 위원회의 위원으로는 들라크루아(Delacroix), 앵그르(Ingre), 플랑드랭(Flandrin)이 있었다. 그리고 라베쏭 씨가 위원장이었다. 라베쏭 씨가 보고서를 작성했다. 그는 자신의 견해가 우세하도록 했고 1853년 12월 29일의 법령이 국가 기관에서 집행되도록 하는 규칙을 만들었다. 그것은 그림 교육을 위해 그때까지 사용되었던 방법의 근본적인 개혁이었다. 개혁에 영감을 준 이론적 고찰들은 장관에게 제출된 보고서에서는 작은 자리를 차지할 뿐이었다. 그러나 라베쏭 씨는 나중에 『교육 사전(*Dictionnaire pédagogique*)』에 제출한 '예술'과 '그림'의 두 항목에서 그것을 재개하여 길게 설명한다. 저자가 그의 철학을 완전히 소유하고 있던 1882년에 쓰인 그 항목들은 처음에는 가지지 않았던(1853년의 보고서를 읽으면 쉽게 납득할 것처럼) 형이상학적인 형태로 그리기에 관련된 라베쏭 씨의 생각을 우리에게 보여준다. 적어도 그것은 그의 견해가 처음부터 내포하고 있던 잠재적 형이상학을 정확하게 드러낸다. 그의 견해는 우리가 방금 요약한 철학의 지도적 이념들이 어떻게 라베쏭 씨의 생각 속에서 그가 결코 실행하기를 멈추지 않았던 예술과 결부되어 있었는지를 보여준다. 그리고 그것은 또한 우리가 일반적이라고 간주하는 법칙, 즉 철학에서 진정으로 살아남을 수 있는 관념들은 우선 그 저자가 산 것 ─ 살았다는 것은 즉 그가 좋아하는 작업에서 매일 그가 적용했고 결국에는 그 특수한 기술에 대해 그가 본보기로 삼았다는 것이다—이라는 점을 인정하러 온다.

당시 그리기의 교육을 위해 사용되던 방법은 페스탈로치의 생각에서 영감을 받은 것이었다. 사람들이 말하기를 그림의 예술에서나 다른 곳 어디에서나 단순한 것으로부터 복잡한 것으로 가야 한다는 것이다. 따라서 학생들은 우선 직선 그리기를 연습하고 다음으로 삼각형, 사각형, 정사각형을 그릴 것이다. 나중에 그들은 살아 있는 형태들의 윤곽을 그리기에 이를 것이다. 그러고도 가능한 한 그의 그림의 하부구조로 직선과 기하학적 곡선을 부여해야 할 것이다. 그의 모델(평평하다고 가정된)에 준거점들을 확보할 가상적 직선 도형을 윤곽으로 그리거나, 모델의 곡선을 잠정적으로 그 위에 필요한 손질을 하기 위해 나중에 되돌아올 기하학적 곡선으로 대체함으로써.

그런 방법은 라베쏭 씨에 따르면 어떤 결과도 가져올 수 없다. 왜냐하면 단지 기하학적 도형을 그리는 법을 배우고 싶다면 적합한 도구를 사용하고 기하학이 제공하는 규칙들을 적용하는 것이 더 나을 것이기 때문이며, 그렇지 않고 교육하고 싶은 것이 고유한 의미에서의 예술이라면 살아 있는 형태의 모방에 기계적 과정을 적용하는 것은 그것을 잘못 이해하고 잘못 재생하는 데 이른다는 것을 경험이 보여주기 때문이다. 여기서 중요한 것은 무엇보다도 '잘된 눈의 판단(bon jugement de l'oeil)'이기 때문이다. 준거점들을 확보하는 것으로 시작하는 학생은 다음으로 가능한 한 기하학적 곡선에 영감을 받은 연속적 선으로 그 점들을 연결하는데 그들은 잘못 보기를 배울 뿐이다. 그는 그려야 할 형태의 고유한 운동을 파악하지 못한다. '형

그림 3 벨베데르의 아폴론

태의 정신'은 항상 그를 벗어난다. 생명의 특징적 선으로 시작할 때 결과는 완전히 다르다. 여기서 가장 단순한 것은 기하학에 가장 근접할 것이 아니라 지성에 가장 잘 말할 것, 즉 가장 표현적인 것일 것이다. 동물은 식물보다, 인간은 동물보다, 벨베데르의 아폴론(그림 3)이 길거리에서 골라잡은 보행자보다 이해하기 더 쉬울 것이다. 그러므로 아이들에게 인간의 형태 중에 가장 완전한 것들, 즉 희랍의 석상들이 제공하는 모델들을 그리게 하는 것으로부터 시작하자. 그가 원근법의 어려움을 걱정한다면 모델들 대신에 우선 사진 복제품으로 대체하자. 나머지는 덧붙어 온다는 것을 볼 것이다. 기하학적인 것으로부터 출발함으로써 생명이 표현되는 곡선들에는 결코 접근하지 못하면서 복잡성의 방향으로는 원하는 만큼 멀리 갈 수 있다. 반대로 그 곡선들로부터 출발하면 기하학의 곡선들에 접하는 날 이미 그것들을 손에 쥐고 있음을 알아차린다.

이리하여 우리는 『프랑스에서의 철학에 관한 보고서』에서 발전된

두 주장 가운데 첫 번째 것 앞에 서게 된다. 즉 기계적인 것에서 구성의 길을 통해 살아 있는 것으로 이행할 수 없다는 것이다. 오히려 분명히 생명이 비유기적 세계의 열쇠를 줄 것이다. 그런 형이상학은 손이 형태들의 특징적 운동들을 재생하려고 연습하는 구체적 노력 속에 내포, 예감되어 있으며 심지어는 감지되기까지 한다.

이번에는 그런 운동들과 그것들이 그리는 형태에 그것들을 연결시키는 관계에 대한 고찰은 라베쏭 씨의 두 번째 주장에, 즉 우주가 그 나타남인 그가 말하는 '관용(condescendence)'의 행위와 사물의 원천에 대해 그가 발전시킨 견해에 특별한 의미를 준다.

우리가 우리의 관점에서 자연의 사물들을 고찰하면 그것들에서 발견하는 가장 두드러진 것은 그것들의 아름다움이다. 그 아름다움은 게다가 자연이 무기적인 것에서 유기적인 것으로, 식물에서 동물로, 동물에서 인간으로 올라감에 따라 더 강해진다. 그러므로 자연의 작업이 더 강할수록 생산된 작품은 더 아름답다. 그것은 아름다움이 우리에게 그 비밀을 넘겨준다면 우리는 아름다움에 의해 자연의 작업의 내밀성 속으로 스며들어 갈 것이라는 것을 말한다. 그러나 아름다움은 그 비밀을 우리에게 넘겨줄 것인가? 우리가 아름다움은 그 자체 결과에 불과하다고 생각하고 원인으로 거슬러 올라가면 아마 그럴 것이다. 아름다움은 형태에 속하며 모든 형태는 그것을 그린 운동 속에 그 근원을 가진다. 형태는 기록된 운동적인 것에 불과하다. 그런데 우리가 아름다운 형태를 묘사한 운동은 어떠한가를 자문해보면 우리는 그것이 우아한 운동이었다는 것을 발견한다. 레오나르도 다 빈치는 아름다움은 고정된 우아함[9]이라고 말했다. 문제는 이제 우아함은 어디서 성립하는가를 아는 것이다. 그러나 문제는 풀기가 더 쉬워졌는데, 모든 우아한 것에서 우리는 일종의 포기를, 그리고 관용 같은 것을 보고, 느끼고, 추측하기 때문이다. 이처럼 예술가의 눈으로 우주를 관조하는 사람에게는 아름다움을 가로질러 읽히는 것은 우아함이며 우아함 아래에서 비치는 것은 선이다. 모든 사물은 그 형태가 기록하는 운동 속에서 스스로를 주는 원리의 무한한 관대함을 드러낸다. 신적인 선의 특징적인 자유로움의 운동과 행위에서 보이는 매력을 동일한 이름[10]으로 부르는 것은 잘못된 일이 아니다. 'grâce'라는 단어의 두 의미[11]는 라베쏭 씨에게는 하나일 뿐이었다.

대학 철학에 대한 영향. 가장 높은 형이상학적 진리들을 사물에 대한 구체적 시각에서 찾고, 알아차릴 수 없는 이행에 의해 미학에서 형이상학으로, 심지어는 신학으로 옮겨가면서 그는 자신의 방법에 충실한 채로 남았다. 그 점에서 그가 1887년 르뷔 데 되 몽드(*Revue des deux mondes*)에 빠스깔의 철학에 대해 출판한 연구[12]보다 더 교훈적인 것은 아무것도 없다. 여기서는 기독교를 철학과 고대 예술에 연결시키면서도 더하여 기독교가 세계에 가져온 새로운 것을 무시하지 않으려고 전념했음이 보인다. 이러한 전념이 라베쏭 씨의 생의 마지막 부분 전체를 채운다.

---

9   이때 우아함은 'grâce'를 번역한 말인데 그것은 은총도 의미한다.

10   즉 'grâce', 즉 은총.

11   즉 우아함과 은총.

12   우리가 번역한 라베쏭의 네 번째 논문.

이 마지막 시기에 라베쏭 씨는 그의 생각이 퍼지고 그의 철학이 교육에 스며들어가며, 정신적 활동을 실재의 근저 자체로 만든 이론에 편드는 한 운동 전체가 그려지는 것을 보는 만족을 맛본다. 1867년의 『보고서』는 대학 철학에서 방향의 변화를 결정했다. 꾸쟁의 영향에 뒤이어 라베쏭의 영향이 나타났다. 부트루 씨가 그를 기념하여 헌정한 아름다운 글에서 말했듯이*6 "라베쏭 씨는 결코 영향을 추구하지 않았으나 고대의 우화에서처럼 온순한 재료들이 벽이나 탑으로 스스로 배열되도록 이끈 신적인 노래와 같은 방식으로 끝내는 영향력을 행사했다." 아그레가숑 심사위원장으로서의 그는 오직 재능과 노력을 만나는 곳이면 어디든 그것들을 구별해내는 것에만 몰두하여 그 자리에 호의적인 공평성을 가져왔다. 1880년 여러분들의 아카데미는 그를 뻬쓰 씨의 후임으로 회원의 자리에 앉도록 불렀다. 여러분들[13]을 동료로 두고 그가 행한 첫 번째 독회 중 하나는 차후 여러분들의 동료가 된 브로샤르(Brochard) 씨가 그토록 명석하게 상을 받은 콩쿠르를 기회로 행한 회의주의에 대한 중요한 보고였다. 1899년 금석문과 문학 아카데미는 그의 선출 50주년을 기념했다. 항상 젊고 항상 미소 짓던 그는 한 아카데미에서 다른 아카데미로 다니면서 여기서는 희랍고고학의 어떤 점에 관한 논문을, 저기서는 도덕과 교육에 관한 견해를 발표했으며, 친숙한 어조로 가장 추상적인 진리를 가장 다정한 형태로 표현하곤 했던 수상식들을 주제

---

*6   *Revue de métaphysique et de morale*, 1900. 11.

---

13   정치-정신 과학 아카데미 회원들.

했다. 그의 생애의 마지막 30년간 라베쏭 씨는 『아리스토텔레스의 형이상학에 관한 시론』, 『습관』에 대한 논문, 1867년의 『보고서』가 주요 단계를 표시한 사유의 발전을 계속하기를 결코 멈추지 않았다. 그러나 그 새로운 노력은 완성된 작품에 도달하지 못하여 덜 알려졌다. 거기에 대해 그가 출판한 결과들은 그를 매우 주의 깊게 따르던 제자들 자신을 약간 놀라게 하는, 나는 심지어 당황하게 했다고 말하고 싶은 성질의 것이었다. 그것은 우선 밀로 섬의 비너스에 관한 일련의 논문들과 기사들이었다. 많은 이들은 그처럼 특수한 주제로 되돌아오는 집요함에 놀랐다. 그것은 또한 고대의 장례비석에 대한 작업들이었다. 그것은 마지막으로 당시에 제기된 도덕적·교육적 문제들에 대한 고찰들이었다. 그토록 상이한 문제들 사이의 연관을 알아차리지 않을 수도 있다. 희랍 조각의 명작에 대한 가설들, 밀로 섬의 조각 무리의 재건의 노력, 장례부조에 대한 해석, 도덕과 교육에 관한 견해들, 그 모든 것은 라베쏭 씨의 사유 속에서 그의 형이상학적 이론의 새로운 발전에 결부되어 있었다. 그 마지막 철학에 대해 우리는 1893년 같은 이름의 잡지의 창간사 격으로 출간된 「도덕과 형이상학(Métaphysique et Morale)」[14]이라는 제목의 논문에서 그 예비적 소묘를 발견한다. 죽음이 갑자기 찾아왔을 때 라베쏭 씨가 쓰고 있던 책이 있었다면 우리는 그 결정판을 가지게 될 것이었다. 그 작품의 단편들이 경건한 손들에 의해 수습되어 『철학적 유언집(Testament philosophique)』이라는 제목으로 출판되었다. 그것은 아마

---

14 우리가 번역한 라베쏭의 다섯 번째 논문.

도 우리에게 책이 그랬으리라는 것에 대해 충분히 알게 하는 것 같다. 그러나 우리가 라베쏭 씨의 사유를 마지막 단계에까지 추적하기를 원한다면 1870년 이전까지, 심지어 1867년의 『보고서』 이전까지 거슬러 올라가서 라베쏭 씨가 고대 조각 작품들에 주의를 정하도록 소명 받던 시기로 옮겨가야 한다.

고대의 조각상. 그는 그림 교육에 관한 고찰 자체에 의해 이끌렸다. 그림 공부가 인간 형태의 모방과 또한 그것이 가진 가장 완전한 것의 아름다움으로부터 시작해야 한다면 모델을 요청해야 할 것은 고대의 조각상에서이다. 그것이 인간의 형태를 가장 높은 정도의 완벽성으로 이끌고 갔기 때문이다. 게다가 어린이에게 원근법의 어려움을 피하게 하기 위해서는 석상 자체를 사진적인 복제품으로 대체해야 할 것이라고 우리는 말했다. 라베쏭 씨는 그리하여 사진의 수집을 완성하는 데로 이끌렸으며, 다음으로는 다르게 중요한 것으로 희랍 예술의 명작들의 주형을 뜨게 하는 것에 끌리게 되었다. 이 마지막 수집품들은 우선 깡빠나 수집품들(collection Campana)[15]과 함께 있다가 샤를르 라베쏭-몰리엥 씨가 루브르 박물관에 통합한 고대 석고상들의 수집의 출발점이 되었다. 자연적 진보에 의해 라베쏭 씨는 그때 조형 예술을 새로운 측면에서 생각하기에 이르렀다. 그때까지는 특히 현대 회화에 몰두해 있던 그는 이제 고대의 조각에 주의를 고정했다. 한 예술의 정신에 스며들기 위해서는 그것의 기술을 알아야 한다는 관념에 충실하여 그는 끌을 잡고 조각하기를 연습하

---

15 주로 고대의 보석들을 중심으로 한 루브르 박물관의 수집품.

그림 4 밀로 섬의 비너스

여 노력의 결과 실제로 능숙한 경지에 도달했다. 예술이, 그리고 심지어 감지할 수 없는 전이에 의해 철학이 거기에 덕을 볼 기회가 곧바로 찾아왔다.

여러 번, 그리고 특히 깡빠나 박물관의 개관식 때 직접 라베쏭 씨의 가치를 알아 볼 수 있었던 황제 나폴레옹 3세가 1870년 6월 루브르 박물관의 현대 조각과 고대 유물 관리관(conservateur)의 직에 그를 불렀다. 몇 주 후 전쟁[16]이 일어나 적은 빠리의 벽 아래에 도달하여 공습이 임박했고, 라베쏭 씨는 예술의 보물들을 위협하는 폭력에 대한 문화세계의 저항을 표할 것을 금석문 아카데미에 제안한 후 고대 유물 박물관의 가장 귀한 작품들을 가능한 화재의 피난처에 놓기 위해 지하의 바닥으로 옮기는 데 몰두했다. 밀로 섬의 비너스(그림 4)를 옮기면서 그는 석상을 이루는 두 블록이 처음 설치할 때 잘못 조립되었고 그것들

---

16 보불전쟁.

사이에 놓인 나무로 된 괸목이 원래의 자세를 잘못되게 했음을 알아차렸다. 그 자신이 두 블록의 상대적 위치를 새로 결정했고 그 자신이 몸소 재설치를 지휘했다. 몇 년 후 이번에는 사모트라스 섬의 승리(그림 5)에 대하여 동일한 종류이지만 보다 더 중요한 작업을 수행했다. 이 석상의 애초의 복구에서는 우리가 지금 그렇게 강력한 효과를 발견하는 것

그림 5 사모트라스 섬의 승리

과 같이 날개를 조립하는 것이 불가능했다. 라베쏭 씨가 오른쪽의 소실된 조각과 가슴의 왼쪽 부분 전체를 석고로 다시 만들었다. 그 때부터 날개는 접합점을 되찾았으며 여신은 오늘날 우리가 루브르의 계단에서 보는 것과 같은 모습을 갖게 되었다. 옷 주름의 유일한 부풀림과 펼쳐진 날개가 영혼을 지나가는 열광의 숨을 눈으로 보여주는 머리 없는 팔 안쪽의 신체이다.

그런데 라베쏭 씨가 고대 석상에 더 친숙해짐에 따라 한 생각이 그의 정신 속에 그려졌다. 그것은 희랍 조각 전체에 적용되었으며 상황이 더 특수하게 그의 주의를 향하게 한 작품인 밀로 섬의 비너

스에서 가장 구체적인 의미를 가졌다.

그에게는 피디아스 시대의 석상은 더 크고 더 고귀한 형태를 취했고 그 전형이 나중에 쇠퇴해 갔으며 그런 축소는 통속화되면서 신에 대한 고전적 사고방식이 겪은 변형에 기인한 것이 틀림없는 것으로 보였다. "희랍은 그 첫 번째 시기에 비너스에서 우라니아라 불렸던 여신을 찬미했다. …… 그때의 비너스는 세계의 여지배자였다. …… 그것은 동시에 섭리이자 전능이자 완전한 호의였고 그것의 일상적 부속물은 비둘기였는데 그것은 그녀가 지배하는 것은 사랑과 부드러움에 의한 것이었음을 의미했다…… 그 오래된 사고방식이 변했다. 아테네의 입법자는 대중에 영합하면서 대중을 위해 천상의 비너스의 숭배와 나란히 대중적이라 명명된 낮은 차원의 비너스의 숭배를 확립했다. 고대의 고상한 시는 점차 경박한 모험으로 짜인 소설로 변했다."[*7]

고대의 그 시로 밀로 섬의 비너스는 우리를 다시 이끈다. 리시포스나 그의 제자 중 1인의 작품인 그 비너스는 라베쏭 씨에 따르면 피디아스의 어떤 비너스의 변양에 불과하다. 원래 그 상은 혼자 있는 것이 아니라 한 무리의 부분이었다. 그 무리를 복원하려고 라베쏭 씨는 그렇게 꾸준히 작업했다. 여신의 팔을 만들고 또 만드는 그를 본 몇몇은 웃었다. 라베쏭 씨가 저항하는 물질 위에 다시 정복하고 싶었던 것은 희랍의 영혼 자체였고 그 철학자가 단지 철학의 추상적이고 일반적인 정형 속에서가 아니라, 예술가 중 가장 위대한

[*7] 1890년 10월 25일 다섯 아카데미의 공통 회의에서 읽힌 논문.

자가 아름다움의 가능한 가장 높은 표현을 노리면서 아테네의 가장 왕성한 때에 조각했던 형태 자체라는 구체적 형태 속에서 예수를 모르던 고대의 근본적인 열망을 찾으면서 자신의 이론의 정신에 충실한 채로 남았다는 것을 그들이 알까?

고고학의 관점에서 라베쏭 씨가 도달한 결과들을 평가하는 것은 우리에게 속한 일이 아니다. 우리는 그가 원래의 비너스 옆에 마르스일 것이 틀림없는 신 또는 테세우스일 수 있는 영웅을 놓았다고 말하는 것으로 충분하기를 바란다. 귀납에서 귀납으로 진행하여 그는 그 무리에서 난폭한 힘에 대한 설득의 승리를 보는 데 이르렀다. 그런 승리에 대해서 희랍 신화가 우리에게 서사시를 노래할 것이었다. 영웅의 찬미는 가장 강했기 때문에 가장 선하기를 원했고 그들의 힘을 고통 받는 인류에 도움을 주기 위해서만 사용했던 자들에게 희랍이 바친 감사의 의식에 불과했을 것이다. 고대인들의 종교는 이처럼 자비(pitié)에 바친 헌정이었을 것이다. 그것은 모든 것의 위에, 모든 것의 근원 자체에 관대함, 아량, 그리고 그 말의 가장 높은 의미에서의 사랑을 놓았다.

이처럼 독특한 우회를 통해 희랍 조각은 라베쏭 씨를 그의 철학의 중심적 관념으로 다시 데리고 왔다. 그의 『보고서』에서 우주는 자유로움과 관용, 사랑에 의해 스스로를 주는 원리의 현상이라고 말하지 않았던가? 그러나 고대인들에게서 재발견되고 희랍 조각을 통해 보인 그런 관념은 이제 그의 정신 속에서 더 풍부하고 더 단순한 형태로 그려졌다. 그런 새로운 형태에 대해 라베쏭 씨는 우리에게 미완성의 소묘만을 그려줄 수밖에 없었다. 그러나 그의 『철학적 유언집』

은 그것의 대체적인 선線은 충분히 나타낸다.

『철학적 유언집』. 그는 이제 위대한 철학은 인류 사유의 여명으로부터 나타났으며 역사의 사악함을 넘어 유지되었다고 말했다. 그것은 영웅적 철학, 즉 아량이 넓은 자들과 강한 자들, 관대한 자들의 철학이다. 그런 철학을 우월한 지성들이 사유하기도 전에 엘리트들이 가슴에 품고 살았다. 그것은 모든 시기에 진정으로 제왕적인 영혼들의 자신이 아니라 세계 전체를 위해 태어났고, 본래의 충력에 충실한 채 남았으며, 관대함과 사랑의 음표인 우주의 근본적인 음표의 제창에 일치하는 영혼들의 철학이었다. 그것을 우선 실행한 자들은 희랍이 찬미하던 영웅들이었다. 그것을 후에 가르친 자들은 탈레스에서 소크라테스까지, 소크라테스에서 플라톤과 아리스토텔레스까지, 아리스토텔레스에서 데카르트와 라이프니츠까지 유일한 대大혈통으로 계속된 사상가들이었다. 이들 모두는 기독교를 예감하고 발전시키면서 전체가 어떤 심정(état d'âme) 속에서 유지되는 철학을 사유하고 실행했다. 그런 심정은 우리의 데카르트가 '관대함(générosité)'이라는 아름다운 이름으로 부른 것이다.

그런 새로운 관점에서 라베쏭 씨는 그의 『철학적 유언집』에서 그의 『보고서』의 주요 주장들을 다시 취했다. 그는 모든 시대에서 가장 위대한 철학자에게서 그것들을 다시 찾았다. 그는 그것들을 예를 통해 입증했다. 참된 것을 연구하는 데에서의 감정과 아름다운 것을 창조하는 것에서의 열광에 더욱더 큰 부분을 할당함으로써 그것들을 새로운 정신으로 생기를 불어넣었다. 그는 모든 것 중에 가장 높은 예술, 생명의 기술 자체, 즉 영혼을 만드는 기술을 강조했다. 그는 그것을 성 아우구스티누스의 계명으로 요약했다. "사랑하라. 그리고 원할 대로 하라(Aimez, et faites ce que vous voudrez)." 그리고 그는 이렇게 이해된 사랑은 우리들 각자의 밑바닥에 있으며 그것은 자연스럽고 창조할 필요가 없으며 우리의 의지가 그것에 대립시키는 장애물, 즉 우리 자신에 대한 애착을 멀리할 때 혼자서도 피워 오른다고 덧붙였다.

그는 우리의 모든 교육 체계는 관대함의 느낌에 자유로운 약동을 남겨두려는 경향을 가지기를 원했을 것이다. "우리가 고통 받는 악은 때로는 과도하기는 하지만 조건의 불평등에 있는 것이라기보다는 거기에 결합된 못마땅한 감정에 있다."고 그는 이미 1887년에 썼다. "그 악에 대한 치유는 주로 계층 사이에 상호 조화와 공감을 확립하는 도덕적 개혁, 특히 교육의 문제인 개혁에서 찾아져야 한다. ……" 책에서의 과학에 대해 그는 별로 중요시하지 않았다. 몇 마디로 그는 진정으로 자유로운, 즉 자유로움을 발전시키고 영혼을 모든 노예성, 특히 그중 가장 나쁜 이기주의로부터 벗어나게 하는 교육 프로그램을 그렸다. 즉 "사회는 관대함 위에, 즉 스스로를 위대한 종족, 영웅적이고 심지어는 신적인 종족으로 생각하는 기질 위에 놓여야 한다."[8]는 것이다. "사회의 분할은 한쪽으로는 스스로를 위한 것이지 공공을 위한 것이 아닌 부자가 있고, 다른 쪽으로는 스스로밖에는 의지할 곳이 없어서 부를 선망의 대상으로밖에는 생각지 않는 가난한 자들이 있다는 데서 태어난다."[17] 노동자 계층의 심정을

---

[8] *Revue bleue*, 1887. 4. 23.

[17] 이상의 인용문은 모두 "교육"(*Revue bleue*, 1887. 4. 23.)에서 인용된 것임.

변화시키는 것이 달려 있는 것은 부자들, 즉 상위의 계층이다. "민중들은 기꺼이 도와줄 줄 아는 자들로서 빈곤함과 결핍 속에서도 태초 시대의 성질이었던 이기심 없음과 관대함의 많은 것을 보존하고 있었다. …… 옛 제국 속에 넓은 아량을 확립하기 위해 따라야 할 길을 우리의 어둠 가운데 가리켜 주기 위한 신호가 높은 지역으로부터 발해진다면 민중보다 더 빨리 거기에 대답하는 곳은 아무데도 없을 것이다. 아담 스미스가 말하기를 "근엄함만큼 그것을 유혹할 수 있는 것이 없을 정도로 민중은 덕을 사랑한다."[18]라고 했다.

관대함을 우리가 우리의 원천의 고귀함을 의식하게 되는 자연적 감정으로 제시하는 동시에 라베쏭 씨는 불멸성에 대한 우리의 믿음에서 우리의 미래 운명의 그만큼 자연스러운 예감을 보여준다. 왜냐하면 그는 고대의 고전시대를 통해 그런 믿음을 재발견했기 때문이다. 그는 그것을 희랍인들의 장례 묘석에서 읽었다. 거기에는 그림들이 있었는데, 그 그림에 따르면 죽은 자가 살아 있는 가족의 구성원들에게 행복한 자들의 거처에서 순수한 기쁨을 맛본다는 것을 알려 주기 위해 다시 온다. 그는 고대인들의 감정은 그 점에서 그들을 속이지 않았고 우리는 여기서 우리가 사랑하던 자들을 다른 데서 다시 찾을 것이며 한 번 사랑하던 자는 영원히 사랑할 것이라고 말했다. 그는 종교에 의해 약속된 불멸성은 행복의 영원이며 그것을 다르게 생각할 수도, 생각해서도 안 되고, 그렇지 않다면 마지막 말은 관대함에 있지 않을 것이라고 덧붙였다. 그가 쓴 바에 따르면 "정의

---

18 근엄함은 덕을 가장하는 것인데 민중은 덕을 사랑하기 때문에 거기에 잘 속아서 유혹된다.

의 이름으로 기독교의 정신 자체인 긍휼(miséricorde)의 정신에 낯선 신학은 자주 긴 시간을 의미할 뿐인 영원을 남용하면서 회개하지 않고 죽은 죄인들, 즉 인류 거의 전체를 끝없는 악에 처단한다. 그때에는 영원 동안 그렇게 많은 고통 받는 목소리들을 들을 신의 축복이 무엇이 될지를 어떻게 이해할 것인가?…… 기독교가 탄생한 나라에서 완전히 다른 사유에 영감을 받은 우의적인 우화, 사랑과 프쉬케, 즉 영혼의 우화를 발견한다. 사랑은 프쉬케에 매혹된다. 프쉬케는 성경의 이브처럼 신에 의해서와 달리 선과 악을 구별할 줄 아는 불경한 호기심에 의해, 마치 그렇게 하여 신적인 은총을 부정하는 것처럼 스스로를 죄인으로 만든다. 사랑은 그녀에게 속죄의 고통을 부과하나 다시 스스로 선택할 자격이 있게 만들기 위해서이지만, 그것에 후회를 가지면서 부과한다. 한 부조는 한 손으로 나비를 잡은(영혼과 부활의 상징인 나비는 항상 동의어였다) 사랑을 표현한다. 다른 손으로는 횃불로 그것을 태운다. 그러나 그는 동정에 가득 찬 것처럼 머리를 돌린다."*9라고 했다.

그와 같은 것이 라베쏭 씨가 그의 『철학적 유언집』의 마지막 쪽들에서 죽기 며칠 전에 기록한 이론이고 우의이기도 하다. 그 높은 사유와 우아한 이미지들 사이를, 멋진 나무들과 향기 나는 꽃들로 장식된 길을 따라서 오듯 다가오는 밤은 걱정하지 않고 수평선 가까이에서 그 빛이 여려지면서 형태가 더 잘 보이는 태양을 정면으로 잘 보는 데에만 정신이 팔려서 그는 마지막 순간까지 나아갔다. 그가

---

*9 『철학적 유언집』, (Revue métaphysique et de morale) 29쪽, 1901. 1.

돌보기에 신경 쓰지 않던 짧은 병이 며칠 만에 그를 데려갔다. 그는 1900년 5월 18일 가족들에 둘러싸여 그 위대한 지성의 모든 명석함을 끝까지 지키면서 숨을 거두었다.

철학사는 우리에게 난점을 약화시키고 모순을 풀며 우리 사유와 통약 불가능한 실재를 점증하는 근사치로 측정하려고 작업하는 반성의 끊임없이 다시 시작하는 노력을 보게 해준다. 그러나 가끔 가다가 그런 복잡성을 단순성의 힘으로 극복하는 것으로 보이는 영혼, 가슴에 느껴지는 조화 속에서 지성에게는 아마도 화해할 수 없는 항들을 화해시키며 그 근원에 가까이 있는 예술가 혹은 시인의 영혼이 나타난다. 그 영혼이 말하는 언어는 철학의 목소리를 빌릴 때 모든 사람에게 마찬가지로 이해되지는 않는다. 어떤 이들은 그것을 모호하다고 판단하고 그것이 표현하는 것에서 그렇기도 하다. 다른 이들은 그것이 정확하다고 느끼는데 그들은 그것이 암시하는 모든 것을 체험하기 때문이다. 많은 귀들에게 그것은 사라진 과거의 반향을 가져올 뿐이다. 그러나 다른 귀들은 거기서 벌써 꿈에서처럼 미래의 즐거운 노래를 듣는다. 라베쏭 씨의 업적은 뒤에 그런 매우 다양한 인상을 남길 것이다. 그 형태가 약간 모호하다는 것을 아무도 부정하지 않을 것이다. 그것이 숨결의 형태이다. 그러나 숨결은 위에서부터 오며 그 방향은 분명하다. 그 여러 부분에서 특히 아리스토텔레스 철학에 의해 제공된 고대의 재료를 사용한다는 것을 라베쏭 씨는 반복하기를 좋아했다. 그러나 그것에 생기를 불어넣는 정신은 새로운 정신이며 미래는 아마도 그것이 우리 학문과 활동에 제안한 이상(l'idéal)은 하나 이상에서 우리를 앞서 있었다고 말할 것이다. 물리학자들에게 타성적인 것은 산 것에 의해 설명될 것이라고, 생물학자들에게 생명은 사유에 의해서만 이해될 것이라고, 철학자들에게 일반성은 철학적이지 않다고, 선생들에게 전체를 요소들에 앞서 가르쳐야 한다고, 학생들에게 완전한 것부터 시작해야 한다고, 어떤 때보다 이기심과 증오심에 넘어가 있는 인간에게 인간의 자연적 동기는 관대함이라고 알려주러 오는 것보다 더 과감하고 더 새로운 것이 무엇인가?

습관에 대하여

역자 해제

라베쏭의 다른 글도 그렇겠지만 특히 이 글은 빨리 읽으면 안 된다. 이 글의 최근판을 출판한 비야르(Jacques Billard)는 이 책이 "읽는 것이 아니라 명상하는 것"이라 말한 바 있다.[1] 불어본으로 35쪽밖에 되지 않는 이 짧은 글이 한 편의 박사학위 논문임을 상기하시라. 한 줄이 다른 책의 한 장은 될 정도로 너무나 밀도 있게 쓴 글이므로, 천천히 한 줄 한 줄 음미하면서, 주註도 꼼꼼히 챙겨 가면서 읽어야 한다. 그렇지 않으면 이해하기 어려운 글이다.

논문은 전체적으로 두 개의 장으로 이루어져 있다. 첫째 장은 습관이 일어나는 존재자들의 범위를 밝히고 있고, 둘째 장은 습관의 존재방식과 본질을 밝히고 있다. 그 전체의 내용도 파악하기 어려우므로 우선 위에서 번역한 「라베쏭의 생애와 업적」에서 베르크손이 이 글에 대해 어떻게 말했는지부터 들어보자. "저자가 거기서 논의하고 있는 것은 전체 자연 철학이다. 자연(본성)이란 무엇인가? 어떻게 그 내부를 표상할 것인가? 그것은 원인과 결과의 규칙적 연속 아래에 무엇을 숨기고 있는가? 무엇을 숨기고나 있는 것인가, 아니

---

1 *De l'habiyude, Métaphysique et morale,* PUF(*Quadrige*), 1999,
   "Introduction", 67쪽. *"De l'habitude* ne se lit pas, mais se médite."

면 서로 기계적으로 맞물리는 운동들의 완전히 표면적인 전개로 환
원될 것인가? 자신의 원리에 따라 라베쏭 씨는 매우 일반적인 그 문
제의 해결을 매우 구체적인 직관에, 즉 우리가 습관을 형성할 때 우
리 자신의 존재방식에 대해 갖는 직관에 요구한다. 왜냐하면 운동
습관은 일단 형성되면 하나의 기계장치, 즉 서로를 결정하는 일련의
운동들이기 때문이다. 즉 습관은 자연에 삽입된, 자연과 일치하는
우리의 부분이다. 그것은 자연(본성) 자체이다. 그런데 우리의 내적
경험은 습관에서 알지 못할 정도차를 가지고 의식에서 무의식으로,
의지에서 자동성으로 지나간 행동을 보여준다. 그때 우리가 자연을
표상하는 것은 흐려진 의식이나 잠든 의지처럼 그런 형태로가 아닌
가? 이처럼 습관은 우리에게 기계론은 자기 충족적이 아니라는 그
진리의 생생한 증명을 제공한다. 그것은 말하자면 정신적 활동의 화
석화된 잔여물에 불과하다.”

베르크손이 파악한 『습관에 대하여』는 그러므로 다음과 같이
여섯 개 항으로 요약할 수 있다.

1. 이것은 전체 자연 철학이다.

2. 그러한 자연 철학을 ‘우리가 습관을 형성할 때 우리 자신의 존
재방식에 대해 갖는 직관’이라는 구체적인 직관에서 찾는다.

3. 그런데 그 습관은 ‘자연에 삽입된, 자연과 일치하는 우리의 부
분이다.’ 즉 그것은 ‘자연(본성) 자체’이다.

4. 그리고 우리의 내적 경험은 습관이 의식에서 무의식으로, 의지
에서 자동성으로 지나가는 행동임을 보여준다.

5. 이때 자연은 흐려진 의식이나 잠든 의지처럼 보이며, 따라서 자

연을 기계론으로 설명하는 것은 불충분하다는 것을 보여준다.

6. 그러므로 자연은 '정신적 활동의 화석화된 잔여물'이라 해야 한다.

결국 습관이라는 현상이 우리에게 보여주는 것은 자연이 기계론적으로 설명되지 않고 오히려 물질과 다른 정신적 활동이 화석화된 것으로 봐야 한다는 것이다. 그러니까 청년 라베쏭은 이 어린 나이에 벌써 정신론적 전통에 자리 잡고 있었음을 확실히 알 수 있다.

이 어려운 글을 읽고 이 정도라도 파악할 수 있었다면 그것은 대성공일 것이다. 그러나 이 정도의 파악도 사실 어려운 일이다. 하여간 그 내용은 본문 뒤에 요약되어 있다. 워낙 본문 자체가 축약적인 글이므로 이를 다시 요약하기가 쉽지 않았다. 대체로 요약된 것과 같은 내용이 나온다는 정도로만 생각해 주기를 바란다. 그러므로 본문을 읽기 전에 우선 바로 다음의 목차만 봐두었다가 본문을 읽은 후에 요약을 읽는 편이 더 나을 것이다. 그래서 요약을 뒤로 뺐다. 전체적인 내용을 목차로 만들면 다음과 같다.

II. 습관의 법칙의 설명원리인 불분명한 능동성

III. 습관과 자연(본성)

IV. 습관과 사랑(신)

V. 습관의 원천, 자연적 자발성

VI. 요약과 결론

이 논문의 판본들은 다음과 같다.

(I) 1838, 박사학위 논문.

(II) 1894, *Revue de métaphysique et de morale*, t. II에 재수록.

(III) 1933, Baruzi의 PUF판.

(IV) 1981, Vrin, (II)의 사진본.

(V) 1988, Serres의 Fayard판의 Corpus des oeuvres de philosophie en langue française에 *La philosophie en France au XIXe Siècle*과 함께 출판.

(VI) 1999, PUF, Quadrige판으로 Jaques Billard의 주석과 함께 출판.

우리는 주로 (III)과 (VI)을 사용했다.

습관에 대하여

"Ὥσπερ γὰρ φύσις ἤδη τὸ ἔθος."[2]

(아리스토텔레스, 『기억론』)

1

가장 넓은 의미에서 습관이란 일반적이고 영속적으로 존재하는(être) 방식이다. 즉, 그 요소들의 총체에서 생각되었건, 그 시기들(époques) 의 계속성에서 생각되었건 어떤 존재(existence)의 상태이다.[3]

획득된 습관(habitude acquise)은 어떤 변화의 결과로서의 습관

---

2   왜냐하면 습관은 이미 어떤 본성이기 때문에…….(『기억론』, 452a 27).

3   습관이 우선 존재방식으로 생각되고 있다는 점에 주의하자. 그것은 단지 어느 한 존재자의 어느 한 요소(가령 생리적 요소)로 취급되지 않고 존재방 식 일반에서 사유되고 있다는 것을 의미한다. 본문에서 '일반적'이란 '그 요소들의 총체에서' 생각된 것으로 공간적 성격을 말하며, '영속적'이란 '그 시기들의 계속성에서' 생각된 것으로서 시간적 성격을 말한다. 따라 서 이 문장은 습관이란 공간적으로도 널리 퍼지고 시간적으로도 계속되려 는 존재방식임을 천명하고 있다. 한편 이 문장에서 존재를 의미하는 말로

이다.

그러나 습관이란 말로 특별히 사람들이 의미하는 것, 우리 작업의 주제를 이루는 바로 그것은 단지 얻어진 것만이 아니라, 어떤 변화의 결과 그것을 생기게 한 그 변화 자체에 대하여 형성되는 습관 (habitude contractée)이다.[4]

그런데 습관이란 일단 형성된 후에는 일반적이고 영속적으로 존

'être'와 'existence'가 같이 쓰이고 있는데, 'être'의 일상적인 쓰임을 제외하면 라베쏭에게 양자는 동일한 의미이다.

4   앞으로 차차 논의되겠지만 '획득된 습관'과 '형성된 습관'의 차이는 수용성(réceptivité)과 자발성(spontanéité), 수동(passion)과 능동(action), 또는 감각과 지각의 차이이다. '획득된 습관'이란 수동적으로 받아들이게 된 습관을 말하고, '형성된 습관'이란 적극적으로 자발성이 개입되어 노력한 결과 이루어지는 습관을 말한다. 이러한 구별은 물론 이전의 여러 심리·생리학자들에 의해 파악되었지만 특히 멘느 드 비랑의 '수동적 습관'과 '능동적 습관'의 구별에서 영감 받았을 가능성이 크다. 전자는 단지 수동적으로 얻어지는 것으로서 그것이 형성될수록 그 대상에 대해 무뎌진다. 가령 매일 지나다니는 풍경이나 익숙한 냄새를 우리는 거의 보거나 맡지 못하고 지나칠 경우와 같다. 그것은 단지 '어떤 변화의 결과'일 뿐이다. 후자는 능동적 훈련을 거쳐야 형성되는 것으로 익숙해질수록 지각은 더 예민해진다. 포도주 감별사나 병아리 감별사 등이 이 경우이다. 이 경우 습관은 단지 '어떤 변화의 결과'일 뿐 아니라, '그것을 생기게 한 그 변화 자체에 대해 형성'되어 그것을 잘할 수 있게 되는 어떤 것이다. 그러나 멘느 드 비랑과는 달리 라베쏭에게는 이 양자의 차이가 건널 수 없는 근본적인 차이가 아니라 어떤 공통의 지역(생명의 밑바닥)을 지니며, 능동성과 수동성이 불가분적으로 결합되어 성립한다('일종의 어두운 능동성', 89~90쪽; 이 점에 대해서는 D. Janicaud, *Une généalogie du spiritualisme français*, 24~30쪽 참조). 한편 'contracté'란 말은 습관이 생기는 것을 의미하는 동시에 병이 '걸린다'

재하는 방식이고, 변화란 지나가 버리는 것이라면, 습관은 그것의 원인인 변화를 넘어서 존속하는 것이다. 게다가 습관은 그것이 습관인 한에서 그리고 그 본질 자체에 의해 그것을 낳은 변화에만 관계될 뿐이라고 했을 때, 그것은 더 이상 존재하지 않는 변화에 대해 존속하는 것이며, 그리고 가능적 변화를 위해서는 아직 존재하지 않는 변화에 대해 존속하는 것이다.[5] 바로 그것이 습관이냐 아니냐가 가려져야 할 표지 자체이다. 습관은 따라서 단지 어떤 상태인 것만이 아니라 어떤 소질(disposition), 어떤 능력(vertu)이다.[6]

마지막으로 무로부터 실재로, 또는 실재로부터 무로 존재를 이행하게 하는 변화를 제외하면[7], 모든 변화는 시간 속에서 이루어진다. 그런데 존재에 습관을 낳게 하는 것은 단지 존재에 변화를 가하는 한에서의 변화가 아니라, 시간 속에서 이루어지는 한에서의 변화

는 의미도 가지고 있다. 나중에 논의되는 바와 같이 병도 적극적으로 형성되는 습관의 일종이다.

5 습관은 그것을 낳은 변화의 결과물일 뿐임에도 불구하고, 그 변화가 사라진 뒤에도 계속 남아 있으므로 '더 이상 존재하지 않는 변화에 대해 존속하는 것'이며, 그리고 남아서 앞으로의 변화에 영향을 미치므로 '아직 존재하지 않는 변화에 대해 존속하는 것'이다.

6 소질이나 능력은 가능한 것에 관여된다. 'vertu'는 단순한 도덕적 덕목이 아니라 능력을 의미한다.

7 완전한 무에서 존재로, 존재에서 완전한 무로의 이행은 존재와 무 사이의 완전한 단절을 뚫고 이루어지는 비약이므로, 과정 속에서 이루어지는 것이 아니라 단번에 이루어진다. 그런 변화는 따라서 시간 속에서 이루어지지 않는다.

이다.[8] 습관은 그것을 산출하는 변화가 더욱더 연장되고 반복되면 될수록, 그만큼 더 강력해진다. 습관은 따라서 어느 한 변화의 연속(continuité)과 반복(répétition)에 의해 한 존재에 생긴, 바로 그 변화에 대한 소질이다.

따라서 어떠한 것도 변화할 수 있는 것이 아니면 습관을 가질 수 없다. 그러나 변화할 수 있는 모든 것이 바로 그 사실만으로 습관을 가질 수 있는 것은 아니다. 물체는 공간을 이동한다. 그러나 물체를 동일한 방향, 동일한 속도로 연달아 백 번을 던져봐야 소용없다. 그렇다고 그 물체가 그 운동에 대한 습관을 형성하지는 않는다. 그 물체에게 그 운동을 백 번이나 새긴 후에도 그 운동에 대한 관계는 이전 그대로 항상 동일하게 남는다.[*1] 습관은 단지 변이가능성(mutabilité)만을 내포하는 것이 아니다. (또) 변하지 않고 지속하는 어떤 것 속에서의 변이가능성만을 내포하는 것도 아니다. 그것은 그 속에서 변화가 일어나지만 그 자신은 전혀 변하지 않는 것의 소질

---

*1 아리스토텔레스, 『유데모스 윤리학』, II, 2: "Ἐθίζεται δὲ ὑπ' ἀγωγῆς τὸ μὴ ἐμφύτου τῷ πολλάκις κινεῖςθαί πως, οὕτως ἤδη ἐνεργητικόν. ὃ ἐν τοῖς ἀψύχοις-οὐχ ὁρῶμεν, οὐδὲ γὰρ ἂν μυριάκις ῥίψῃς ἄνω τὸν λίθον οὐδέποτε ποιήσει τοῦτο μὴ βίᾳ(어떤 방식으로 여러 번 운동함으로써 본성 속에 있지 않은 것이 이끌림에 의해 습관으로 형성되고, 그렇게 하여 이제 그것이 고유한 행동방식이 된다. 그런 것을 무생물에게서는 볼 수 없다. 왜냐하면 돌을 천 번 위로 던져 올려도 강제가 아니라면 그것을 위로 올라가게 만들 수는 없을 것이기 때문이다)."

---

8 아무리 큰 것이라도 단번에 이루어지는 변화는 단지 변화일 뿐 습관은 아니다. 따라서 습관을 낳는 변화는 '시간 속에서 이루어지는 한에서의 변화'이다.

(disposition)과 힘(puissance), 내적 능력(vertu intérieure)에서의 변화를 전제한다.[9]

I. 보편적인 법칙, 즉 존재의 근본적 성격은 자신의 존재방식 속에서 한사코 남아 있으려는(persister) 경향이다.

존재가 세계의 무대에서 우리에게 나타나는 조건은 공간과 시간이다.[10]

공간은 안정성 또는 영속성의 가장 명백하며 가장 기초적인 조건이자 형식이다. 시간은 변화의 보편적 조건이다. 가장 일반적일 뿐 아니라 가장 단순한 변화 역시 공간 자체에 관계된 변화, 즉 (공간) 운동(mouvement)이다.[11]

존재의 가장 기초적인 형태는 따라서 움직이는 연장성(l'étendue

---

9 즉, 습관은 변화가능성, 변화하는 것의 불변성, 그리고 그 불변적인 것이 능력을 가져야 한다는 삼대 요소가 있어야 이루어진다. 이때 능력이란 박홍규의 표현대로 "불가능한 것을 뚫고 가능하게 할 수 있는" 어떤 것이다. 라베쏭이 거기까지 생각하고 있는지는 불분명하지만, 생명의 존재방식을 예감하고 있었던 것은 분명하다. 아니, 그야말로 베르크손 이전에 이러한 생명의 존재방식을 철학적 주제로 삼았던 최초의 근대 서양철학자이다. 생명은 변화하지만 변하지 않는 모순적 존재자이다. 그 모순을 뚫고 나가는 것이 능력이다.

10 시공에서만 존재가 나타난다는 이 생각은 라베쏭의 아리스토텔레스적 측면이다.

11 공간은 안정성, 시간은 변화의 조건이므로 변화 중에 가장 단순한 것, 가장 안정적인 것은 공간 운동이다.

mobile)이다. 그것이 물체(corps)의 일반적 성격을 이룬다.[12]

모든 존재가 자신의 존재 속에 머물려는 경향이 있다면 모든 움직이는 연장성, 즉 모든 운동체(연장적이지 않은 운동체는 없으므로)는 그 운동 속에서 머문다. 그것이 거기에 머무는 힘은 그 운동 자체와 정확히 동일하다. 운동 속에 한사코 머물러 있으려는 그러한 경향이 관성(inertie)이다.[*2]

따라서 존재의 첫 단계에서부터 영속성(permanence)과 변화(changement)가 통합되어 있으며, 변화 자체 속에도 영속성으로의 경향이 발견된다.[13]

그러나 관성은 일정한 소질로 전환될 수 있는 어떤 결정된 능력(puissance)이 아니다. 그것은 운동 자체와 같이 무한히 변할 수 있고, 무한대의 물질 속에 한없이 퍼져 있는 능력이다. 습관이 뿌리를 내릴 수 있는 실재적 존재를 구성하기 위해서는 실재적인 단일성(unité réelle)이 필요하다. 따라서 무한대의 물질 속에서 이런 형태로

---

*2 라이프니츠, 도처에서, 특히 『신정론(*Théodicée*)』을 보라.

---

12 모든 존재는 시공에서 나타난다는 방금 전의 생각과 같이 사물을 움직이는 연장성으로서 정의 내린 것도 아리스토텔레스적 사유이다. 아리스토텔레스에게 모든 존재는 연장성을 가지고 일정한 형태로 끊어지는 실체이며, 그것은 반드시 시공이라는 범주 속에서 존재한다.

13 이 문장만 보면 라베쏭이 물질에도 영속성과 변화, 즉 정지와 운동이라는 대립되는 성격의 통합을 인정한 것 같지만, 바로 이어지는 설명에서 명백히 한 것처럼 물질은 습관형성에 필요한 '실재적인 단일성'은 없고 다만 동질성과 제일성을 가질 뿐이다.

든 저런 형태로든 단일성, 즉 동일성(identité)을 구성하는 무언가가 필요하다. 그러한 것이 공간 속에서의 외적 결합으로부터 가장 내밀한 결합까지, 무게와 분자적 인력의 기계적 종합으로부터 화학적 친화(affinités)의 가장 깊은 종합까지, 점점 더 복잡하고 점점 더 특수한 형태로 요소들의 종합을 결정하는 원리들이다.

그러나 그런 첫 번째 자연계[14]의 전 범위에서는 결합하는 요소들이 결합하면서 그들 사이의 관계만을 변화시키거나, 균형을 이루면서 상호간에 서로 상쇄되거나, 요소들과는 다른 공통의 결과물로 전환되거나 (셋 중 하나)이다. 그 세 단계 중 첫 번째 것은 기계적 결합이며, 두 번째 것은 물리적 결합(가령, 두 전기력 사이)이고, 세 번째 것은 화학적 결합, 즉 합성(union)이다.

세 경우에서, 측정 가능한 시간 속에서 이루어질 변화를 우리는 볼 수가 없다. 있을 수 있는 것과 있는 것 사이에는 중간도, 어떠한 간격도 보이지 않는다. 그것은 가능태로부터 현실태로의 직접적 이행이다. 그리고 현실태의 밖에 그것과 구별되면서 그것보다 오래 살아남을 가능태는 남아 있지 않다.[15] 거기에는 따라서 습관을 낳을 수 있을 지속적인 변화나 그것이 확립될 수 있을 영속적인 가능태가 전

---

14 즉, 물질계.

15 물리적 세계 자체만을 놓고 이야기한다면 매 순간, 순간마다의 유위전변만 있을 뿐이지 '측정 가능한 시간 속에서 이루어질 어떠한 변화'도 없다. 자기 동일성을 가진 존재자, 즉 생명체만이 일정한 시간 속에서 지속할 수 있으며, '측정 가능한 시간'이란 바로 그렇게 일정 기간 동안 자기 동일성을 보존함으로써 그 길이를 알(젤) 수 있는 시간을 의미한다. 순간순간 유

혀 없다.

게다가 그것들의 가능태가 공통의 현실태로 직접적으로 실현된 결과나 표시는 구성적 부분들의 모든 차이가 전체의 제일성(uniformité) 속으로 사라진다는 것이다. 기계적이든, 물리적이든, 화학적이든 종합은 완벽하게 동질적이다.[16]

그런데 그 구성적 요소들의 원천적 다양성이 어떠했든지 간에, 동질적 전체는 항상 서로 닮고 전체와도 닮은 전체적 부분들로 무한히 나누어질 수 있다. 그 나눔이 아무리 멀리 뚫고 들어가더라도, 나누어질 수 없는 것을 발견하지는 못할 것이다. 화학은 헛되이 불가분자(atome, 원자)를 찾지만, 그것은 무한히 후퇴한다.[17] 동질성은 따

위전변 하는 물리적 세계의 사물들은 일초 전과 일초 후가 완전히 다른 것으로서 아무런 자기동일성도 가지지 못하고 순간순간의 현실성만을 보일 뿐이므로, '있을 수 있는 것과 있는 것 사이의 중간도, 그 사이의 어떠한 간격도 보이지 않'고, '가능태로부터 현실태로의 직접적 이행'만이 있을 뿐이다. 따라서 거기서는 '현실태의 밖에 그것과 구별되면서 그것보다 오래 살아남을 가능태는 남아 있지 않'으며, 그러한 가능태, 즉 진정한 의미에서의 능력은 오직 생명체에게만 가능하다. 여기서 우리는 생명에게만 진정한 시간이 가능하다는 베르크손의 지속 개념의 선구를 보며, 다만 그것이 '측정 가능하다'고 생각한 점만이 선후배가 다를 뿐이다.

16 기계적 결합은 힘의 관계로, 물리적 결합은 가령 전기적 총체로, 화학적 결합은 새로운 화합물로 통합되어 모두 동질적인 것이 된다. 그 부분들은 새로운 총체 속에 통합되어 그들 사이의 차이는 의미를 잃게 된다. '공통의 현실태'란 각각의 기계적, 물리적, 화학적 요인들이 서로 만나서 하나의 결과물을 낳는다는 것을 일컫는 말이다.

17 즉, 나누어도 또 나누어도 자꾸 더 나누어진다. 원자가 물질의 최초 입자임을 부정하는 것은 라베쏭이나 베르크손이나 다 같다.

라서 개체성(individualité)을 배제한다. 그것은 진정한 단일성(unité)을, 따라서 진정한 존재를 배제한다. 동질적 전체 속에는 아마도 어떤 양의 존재(de l'être)는 있을 것이나 하나의 존재(un être)는 없다.[18]

모든 동질적 종합에서는 무한히 나눌 수 있고, 다수인 존재들만이 흩어져 있는 힘들의 제국 하에 있다. 거기서는 일반적 필연성의 제일성 속에서 사실은 법칙과 그리고 법칙은 원인과 혼동된다.[19] 거기에는 능력이 머물며 습관이 확립되고 보존될 수 있을 정해진 실체와 개체적 에너지가 전혀 없다.[20]

습관은 따라서 무기계無機界를 형성하는 직접성과 동질성의 제국 속에서는 가능하지 않다.[21]

II. 자연에서의 종합을 수행하는 변화가 더 이상 직접적 통합이나 결합이 아닐 때부터, 즉 처음(principe)과 끝(fin) 사이에 측정 가능한

---

18 가령 물(水)은 어디에서 끊어지지 않으므로 동질성이 죽 이어질 뿐, 개체성이 없다. 그것에 대해 '약간의 물', 또는 '어떤 양의 물'은 이야기할 수 있을지언정, '하나의 물'을 이야기할 수는 없다.

19 물질의 세계는 어디서나 동일한 인과관계의 필연적 법칙에 지배되고 있으므로 원인이 곧 결과를 낳고, 그것이 곧 법칙이 되며, 그 법칙이 곧 사실이 된다.

20 습관이 가능하려면 그것이 확립되고 보존될 수 있을 '실체'와 '개체적 에너지'가 있어야 하고, 그런 머무는 곳이 있어야 거기에 어떤 능력이 깃들 수 있다. 물질은 산지사방 흩어지는 것이므로 그런 보존이 불가능하다.

21 즉, 습관이 가능하냐 아니냐는 생명이냐 아니냐의 구별 기준이 되며, 오직 생명현상에서만 습관이 발견된다. 여기서 라베쏭이 처음으로 생명과 물질을 가르는 기준으로 습관을 제시한 것이다.

시간이 있게 되자마자, 종합은 더 이상 동질적이지 않게 된다. 종합에 이르기 위해서는 시간 속에서의 일련의 매개자들이 필요한 것과 마찬가지로, 공간에서는 수단들의 총체가 필요하며 도구, 즉 기관들이 필요하다. 공간에서의 그런 이질적 단일성이 유기화(organization)이다. 시간에서의 그런 계기繼起하는 단일성이 생명이다.[22] 그런데 계기와 이질성과 함께 개체성이 시작된다. 이질적 전체는 더 이상 그들끼리도 서로 닮고 전체와도 닮은 부분들로 나누어지지 않는다. 그것은 더 이상 어떤 양의 존재가 아니라 하나의 존재이다.

그것은 따라서 단 하나의 동일한 주체, 즉 다양한 형태로 그리고 다양한 시대에 자신의 내적인 능력을 펼쳐내는 일정한 실체로 보인다. 여기서 단번에, 습관의 모든 조건이 동시에 집결되는 것으로 보인다.

생명과 함께 개체성이 시작된다. 생명의 일반적 성격은 따라서 세계의 한가운데에 하나이자 불가분적인[23] 별도의 세계를 형성하는 것이다. 비유기적인 사물들, 즉 물체들은 아무 거리낌 없이 즉각적으로 외부의 영향에 복종하며, 외부의 영향이 그들의 존재 자체를

---

22 즉, 동질적으로 통합하는 물질과 달리 시간 속에서 계기하는 생명은 공간에서 유기적 기관들을 필수적으로 가진다. 이때의 '계기' 또한 베르크손의 지속을 연상케 하며, 앞에서의 '측정 가능한 시간'보다 훨씬 더 지속에 가깝다. 베르크손의 지속이 나오기 직전 상태의 지속이라고나 할까.

23 개체성(individualité)은 '불가분적(indivisible)'인 것을 의미한다. 유기체는 각 부분이 모여 하나의 통일체를 이루는 것으로서 그중 어느 부분을 잘라내면 전체의 기능이 손상 받는다. 그러한 것은 따라서 자를 수가 없고, 그렇기 때문에 그것은 '불가분적'인 것, 즉 '개체'이다.

이룬다. 그것들은 공통의 필연성을 지닌 일반 법칙에 복종하는 완전히 외적인 존재들이다. 반대로 모든 생명체는 고유한 운명과 특수한 본질, 변화 가운데에서 일정한 본성을 가진다.[24] 아닌 게 아니라 모든 존재하는 것이 존재 속에 있듯이,[25] 모든 변화하는 것은 자연 속에 있다. 그러나 오직 생명체만이 하나의 존재이듯이, 오직 그것만이 하나의 구별되는 자연이다. 따라서 자연이 고유한 의미에서 존재로서 성립하는 것은 생명의 원리 속에서이다.

그러므로 비유기계界는 그런 의미에서 숙명(Destin)의 제국으로, 유기계는 자연(Nature)의 제국[26]으로 생각될 수 있다.

따라서 습관은 자연 자체가 시작되는 곳에서만 시작될 수 있다.

---

24 '변화 가운데에서 일정한 본성을 가진다'는 것이 변하면서 자기 동일성을 가지는 베르크손의 지속과 다르지 않다. 베르크손의 "동시에 동일하면서도 변화하는 존재(un être à la fois identique et changeant, 『시론』, 75쪽)라는 표현과 비교하라. 또 무기물과 생명의 대비는 베르크손의 '올라가는 길'과 '내려가는 길'의 대비와 다르지 않다. 라베쏭은 분명 베르크손의 선생님이다. 생명이야말로 진정한 개체성을 가진다는 것, 생명의 위계질서를 올라갈수록 개체성은 더욱 강화된다는 것 등에 대해서는 『창조적 진화』 15~23쪽 참조.

25 "comme tout ce qui est est dans l'être"(1838년판). 1994년판은 "comme tout ce qui est dans l'être"로 되어 있다. 당연히 1838년판이 옳다.

26 바로 위에서 지적하고 있는 것처럼, 여기서 자연이란 '고유한 의미에서 존재로서 성립하는' 자연이며, 그런 '구별되는 자연'은 '생명의 원리 속에서'만 가능하다. 아리스토텔레스에게도 자연학의 대상은 우선 생명체이다. 자연의 희랍어인 'physis'는 본성도 또한 의미한다. 즉, 진정한 의미에서 본성을 가진 것은 생명체이다. 한편 '숙명', 즉 필연의 제국과 자연의 대립은 베르크손에서의 필연적 물질과 비결정성의 생명의 대립과 거의 같다.

    그런데 생명의 첫 번째 단계에서부터, 어느 한 변화의 연속성과 반복은 바로 그 변화 자체에 대해 (그 생명의) 존재의 성향을 변하게 하고, 바로 그곳을 통해 본성을 변하게 하는 것으로 보인다.

    생명은 무기적 존재보다 상위이나, 바로 그 사실 자체에 의해 그 것을 자신의 조건으로 전제한다. 존재의 가장 단순한 형태는 필연적으로 또한 가장 일반적인 것이며,[27] 그것은 따라서 모든 다른 존재 형태의 조건이다. 그러므로 유기화(organization)는 무기적 세계에서 질료(matière)를 취하며, 그 질료에 형태를 부여한다. 유기체의 이질적 종합은 최종적으로 분석했을 때 동질적인, 따라서 무기적인 원리들로 해소된다. 생명은 따라서 외부 세계 속에 있는 고립되고 독립적인 세계가 아니다. 그것은 그 조건에 의해 외부 세계에 묶여 있으며, 그 세계의 일반적 법칙에 복종한다. 그것은 끊임없이 외부의 영향을 받는다. 단, 생명은 그 영향을 극복하며 끊임없이 그것을 이긴다. 그리하여 생명은 자신의 조건 또는 질료(matière)인, 더 낮은 형태의 존재와의 관계에 의해 변화를 받아들이며, 보이는 바로는 자신의 본성 자체인 상위의 능력(vertu)에 의해 변화를 시작한다.[28] 생명은 수용성(réceptivité)과 자발성(spontanéité)의 대립을 내포한다.[29]

---

27 가장 단순한 것보다 상위의 것은 모두 그것을 전제하고 있기 때문에, 그런 가장 단순한 것은 결국 어디서나 찾아볼 수 있는 것, 곧 가장 일반적인 것, 즉 여기서는 물질을 의미한다.

28 수용하는 변화는 수동적으로 겪는 변화이며, '상위의 능력'에 의한 변화는 능동적이며 자발적인 변화이다.

29 이것은 생명의 조건인 동시에 습관의 조건이기도 하다. 앞으로의 습관에 관한 논의 내내 이 양자가 문제될 것이다.

그런데 생명체가 자신이 아닌 다른 곳으로부터 받아들인 변화의 연속성과 반복의 일반적 결과는 그런 변화가 생명체를 파괴하는 데까지 가지 않는다면, 항상 그것의 영향을 점점 더 적게 받는다는 것이다. 반대로, 생명체가 자신 속에 원천을 가지고 있는 변화를 더 반복하거나 연장할수록 더욱더 그 변화를 일으키고 다시 일으키려는 경향을 가지는 것으로 보인다. 따라서 외부로부터 온 변화는 그에게 점점 더 낯선 것이 되며, 자신으로부터 온 변화는 그에게 점점 더 고유한 것이 된다.[30] 수용성은 감소하며, 자발성은 증가한다. 그러한 것이 변화의 연속성과 반복이 모든 생명체에 일으키는 것으로 보이는 성향과 습관의 일반 법칙이다. 따라서 생명을 만드는 자연의 성격이 수용성에 대한 자발성의 우월함이라면, 습관은 자연을 전제하는 것만이 아니다. 그것은 자연의 방향 자체로 발전한다. 그것은 (자연에) 동의한다.[31]

유기화가 무기적 동질성으로부터 별로 멀어지지 않은 한, 생명의

---

30 외부로부터 온 변화의 영향은 점점 더 감소하므로 그와는 낯선 것으로 남지만, 자신 속으로부터 온 변화는 점점 더 그 변화를 일으키려는 경향으로 되므로 자기 자신의 것이 된다. 곧 수용성은 감소하며, 자발성은 증가한다. 이것이 습관의 법칙이다.

31 일반적으로 습관은 생명의 자발성과는 반대의 것으로 생각되었지만, 라베쏭은 여기서 오히려 생명과 같은 방향임을 말하고 있다. 모두冒頭에서 말한 '획득된 습관'이나 방금 전에 나온 '다른 곳으로부터 받아들인 변화'가 자발성과 반대되는 것의 예라면, '형성된 습관'이나 '자신 속에 원천을 가지고 있는 변화'는 자발성과 같은 방향의 것의 예라고 할 것이다. 또는 습관에서 수용성이 감소하고 능동성이 증가한다는 것 자체가 생명(자연)과 같은 방향이다.

원인이 다수이며 산재해 있거나[32] 그것이 아니라면 적어도 아직 존재[33]와 가까이 있는 한, 그리고 생명의 변형(transformations)[34]이 별로 많지 않은 한, 한마디로 생명을 나타나게 한 힘이 가진 등급의 정도가 아주 낮을 뿐이어서 조금만 가도 그 힘이 끝나는 것인 한, 존재는 필연성을 가까스로 넘은 것이며, 습관이 거기에 파고들기는 어렵다. 식물적 생명에 습관은 아주 미미하게 접근할 수 있을 뿐이다. 그럼에도 불구하고 변화가 지속되면 이미 식물의 물질적 구성뿐만 아니라 그 삶의 상위의 형태에까지도 지속적인 흔적을 남긴다. 가장 야생적인 식물마저도 재배에 굴복한다.

그것들마저도 누군가가 접붙이거나

잘 갈아진 구덩이에 옮겨 심으면,

야생적 영혼을 벗어버릴 것이며, 정성으로 가꾸면

지체하지 않고 어떠한 인위의 목소리에도 따를 것이다.*3

---

*3 베르길리우스, 『농가(農歌, Georgica)』, II, 49.: …Haec quoque si quis
   Inserat, aut scrobibus mandet mutata subactis,
   Exuerint silvestrem animum, cultuque frequenti,
   In quascumque voces artes haud tarda sequentur.

---

32 생명의 원인이 다수이거나 산재해 있는 경우는 개체성이 그만큼 덜 확보
   된 경우를 말한다. 가령 식물은 어느 한 부분을 잘라서 심어도 다시 자라
   는데, 그것은 그만큼 생명의 원인이 다수이거나 산재해 있다는 것을 의미
   한다.
33 가장 일반적 존재, 즉 가장 낮은 단계의 존재.
34 진화하면서 이루어지는 여러 변형.

Ⅲ. 그러나 식물은 생명의 가장 높은 형태가 아니다. 식물적인 생명 위에*⁴ 동물적인 생명이 있다. 그런데 생명의 상위 등급은 변형 (métamorphoses)의 더 큰 다양성과 더 복잡한 유기화, 더 상위의 이질성을 내포한다. 이제부터 거기에는 더 다양한 요소들이 필요하며 존재가 그 요소들을 자신의 고유한 실체에 흡수하기 위해서는 그것들을 준비시키고 변형시켜야 한다.*⁵ 그를 위해서는 존재가 거기에 고유한 어떤 기관에 그것들을 접근시켜야 한다.[35] 따라서 존재는 적어도 부분적으로는 외부 공간에서 움직여야 한다. 마지막으로 외부 대상들이 그것에 더 다양한 요소들이 필요하며, 존재가 그 요소들을 자신의 고유한 실체에 흡수하다 어떠한 성질의 것이건 어떤 인상 (impressions)을 새길 것이지만, 그러나 (스스로) 어떤 적합한 운동을 결정할 무언가가 있어야 한다.[36] 이와 같은 것들이 동물적 생명

---

*4 비샤(Bichat)의 **유기적 생명**(*La vie organique*)'은 동물계만을 생각한다.

*5 그 기능들(소화, 호흡, 배설)의 생리학적 성격과 위상에 대해서는 뷔쏭 (Buisson), 『생리적 현상의 가장 자연스러운 분화에 관하여(*De la division la plus naturelle des phénomènes physiologiques*)』를 보라. 이 저자와 함께, 나는 여기서 그 기능들을 비샤의 **두 생명** 사이의 매개와 전이를 형성하는 것으로 생각한다.[37]

---

35 쉽게 말해서 먹이를 찾아다녀야 한다.

36 가령 감각기관 같은 것들이 있어야 한다.

37 비샤의 '두 생명'이란 '유기적 생명(la vie organique)'과 '동물적 생명(la vie animale)'을 말한다. 그는 그 두 생명의 방식을 엄격하게 구별했다. 거기에 반해 뷔쏭은 그 두 생명을 '활동적 생명(la vie active)'과 '영양적 생명(la vie nutritive)'으로 부르는 한편 그 양자를 매개하는 기능들이 있다고 생각했다.

의 가장 일반적인 조건들이다.

그런데 존재자들(êtres)의 사다리를 올라갈 때마다 존재(exist-ence)가 자연에서의 영속성과 변화의 두 조건인 시간과 공간과 맺는 관계가 정해지고 그 수가 늘어나는 것을 본다.[38] 그리고 영속성과 변화는 습관의 첫 번째 조건이다.

존재의 기본적인 법칙은 정해지지 않은 운동성(mobilité indéfinie)을 가진, 일정한 형태나 크기가 없는 연장성이다. 그것은 물체[39]의 일반적인 성격이다. 그것을 결정하는 첫 번째 형태는 모습이 정해진 도형이자 방향이 정해진 운동성이다. 그것이 광물(고체)의 일반적 성격이다. 생명의 첫 번째 형태는 크기나 모습이 정해진 도형이면서 그 방향과 크기가 정해진 공간에서의 발전, 성장이다. 그것이 식물적 생명이다. 마지막으로 동물적 생명의 가장 명백한 표시와 일반적 성격은 공간에서의 운동이다. 그러한 공간과 운동과의 관계의 연쇄에 (그와) 유사한 시간과의 관계의 연쇄가 이어진다. 물체는 무엇으로도 되지 않으면서(sans rien devenir) 존재한다.[40] 그것은 말하자

---

38 즉, 존재의 등급이 높아질수록 시공과 맺는 관계가 더 뚜렷해지고 다양해 진다.

39 이때의 '물체'는 어떤 입자성이 구현된 고체 이전의 상태, 순수한 물질의 상태를 의미한다.

40 물질이 '무엇으로도 되지 않는다'는 것은 우선 아무런 정해진 형태나 방향 이 없다는 말이다. 그것은 또한 물질이 유위전변 하여 자기 동일성이 없고 따라서 어떤 것에서 어떤 것으로 '된다'고 말할 수가 없다는 의미이기도 하다.

면 시간 밖에 있다.[41] 식물적 생명은 자신의 연속성으로 채울 모종의 시간을 원한다.[42] 동물적 생명은 더 이상 연속되어 있지 않다. 그것의 모든 기능은 운동과 정지의 선택지를 가지며, 적어도 깨어 있음과 잠이 (번갈아) 계속된다는 점에서 모든 것은 간헐적이다.[*6] 식물적 생명을 (포착하기) 위한 준비를 직접적 목적으로 가지는 중간적 기능들은 더 짧고 더 규칙적인 주기에 복종한다.[43]

무기적 존재는 따라서 시간과 어떠한 정해진 관계도 갖지 않는다. 생명은 일정한 연속적인 지속을 내포한다. 동물적 생명은 빈 간격들로 사이가 잘려 있고 시기별로 구분되는 일정한 지속, 나누어져 있고 구분되는 시간을 내포한다.[44]

그런데 자발성이 가장 분명하게 나타나는 것으로 보이는 곳은 기

---

*6 비샤, 『생명과 죽음에 관한 생리학적 연구(*Recherches physiologiques sur la vie et la mort*)』, IV 항목. 아리스토텔레스, 『수면 각성론』 참조.

---

41 뭔가 일정한 것이 있어야 그것이 시간 속에서 지속했다고 할 수 있을 터인데, 그런 것이 거의 없으므로 시간 밖에 있다. 바로 앞 주에서도 나왔듯이 물질은 자기동일성 없이 순간순간 유위전변 하므로 시간 밖에 있다. 생명에만 지속이 있다는 베르크손의 철학을 생각하게 한다.

42 즉, 식물에서 최초로 시간이 나오는데, 그 시간은 식물의 연속성으로 채워진다.

43 '식물적 생명을 위한 준비를 직접적 목적으로' 가지는 것은 식물의 섭취가 주기능인 낮은 단계의 동물의 기능이며, 그럴수록 '더 짧고 더 규칙적인 주기에 복종한다'는 것.

44 이상에서 이야기하는 것은 물질에서 동물로 단계가 높아갈수록 공간에서도 시간에서도 더욱 명확한 한계와 구분이 이루어진다는 것.

능의 간헐성에서이다.자발성의 성격은 운동의 주도(l'initiative)이다. 운동이 멈추었다가 어떠한 외적인[45] 원인 없이도 다시 시작될 때, 주도권은 명백한 것으로 보인다. 스스로에게로 다시 떨어지고 함몰 되어버린 물질을 들어올리기 위해서는 그만큼 더 많은 힘과 더 많은 노력이 필요한 것으로 보인다.

사실 동물적인 생명의 첫 번째 등급부터 단지 변화가 지속했다 는 사실만으로도 갖게 되는 이중적 영향이 높이 나타나기 시작한 다.[46] 우선 기관들 속에 특별한 흥분(irritation)을 일으켰던 요소들이 기관의 구성 자체에는 아무것도 변하지 않은 것으로 보이는데도 결 국에는 흥분을 일으키기를 멈춘다. 그것은 수용성의 점차적 약화이 다. 다른 한편, 그 흐름이 동물적 생명의 특징적인 간헐성에 복종하 는 생명의 여러 액체(fluides vitaux)는 적어도 외관상, 존속하는 어 떠한 외적 원인 없이도 그것이 요청된 부분으로 점점 더 흘러든다. 그것들은 동일한 시기(époques)에 거기로 흘러든다.[47] 습관은 주

---

45 "externe"(1838년판). 1894년판은 "interne"로 되어 있다. 1838년판이 당 연히 옳다.

46 동물적 생명의 첫 번째 등급에서부터 변화가 지속되기만 하면 두 가지 결 과를 가져온다. 첫째는 외부변화에 대한 감응도가 점점 약해진다는 것이 다. 가령 어떤 냄새를 한참 맡고 있으면 더 이상 느껴지지 않는다는 것이 그 예이다. 둘째는 주기성 또는 간헐성을 보인다는 것이다. 가령 항상 일 정한 시간에 깬다는 것과 같은 현상이다. 이 모두는 이미 습관의 현상과 밀접한 관계를 갖는데, 첫 번째 것은 '획득된 습관'과, 두 번째 것은 '형성 된 습관'과 관계된다.

47 여기서 '시기'란 주기와 거의 같은 뜻이다. 따라서 '동일한 시기'란 '동일한 주기'를 의미한다.

기의 규칙성 속에서의 자발성으로 드러난다.[48] 정맥이 규칙적인 시간 간격을 두고 한 번 이상 열렸다면, 동일한 간격 후 피가 저절로 거기에 유입되어 모인다.[*7] 염증, 경련, 발작은 유기체의 물질에 어떠한 결정적인 원인이 나타나지 않는데도 규칙적으로 재발된다.[*8] 우연히 동일한 간격으로 일어나게 된 발열發熱은 주기적인 병으로 전환되려는 경향을 갖는다. 이 모든 것이 자발성의 점차적인 고양(exaltation)이다.[49]

---

*7   슈탈(Stahl), 「생리학(*Physiologie*)」, 298쪽, 『참된 의학 이론(*Theoria medica vera*)』에서. "De motu tonico, et inde pendente motu sanguinis particulari, quo demonstratur, stante circulatione, sanguinem et cum eo commeantes humores ad quamlibet corporis partem, prae aliis, copiosius dirigi et propelli posse, etc.(긴장된 운동과 그것에 종속된 특별한 피의 운동에 대하여 그를 통해 피와, 그것과 같이 흐르는 액체가 신체의 어디든지 원하는 부분으로 다른 곳에 앞서 더 풍부하게 유입되고 몰려갈 수 있다는 것이 증명된다, 등등)."(Jenae, 1692, in-4°).

*8   리히터(Richter), 『주기적 질병에 관하여(*De affectibus periodicis*)』(1702, in-4°); 레티우스(Rhetius), 『습관적 질병에 관하여(*De morbis habitualibus*)』(Halae, 1698, in-4°); 융(Jung), 『생명 활동에서의 습관의 일반적 효능에 관하여(*De consuetudinis efficacia generali in actibus vitalibus*)』(Halae, 1705, in-4°). 이상은 슈탈이 위원장으로 심사된 학위논문이다. 바르테즈(Barthez), 『인간과학의 새 요소들(*Nouveaux éléments de la science de l'homme*)』, XIII, I. 참조.

---

48   이제 처음으로 습관이 '주기의 규칙성 속에서의 자발성'으로 정의되었다. 주기성과 자발성이 그 핵심이다. 특히 자발성이 습관의 핵심임에 주목하자. 베르크손에 가면 자발성은 생명 일반의 기본적 존재방식이 된다.

49   염증, 경련, 발작, 발열의 규칙성이나 주기성은 외부 조건에 영향 받은 것이 아니므로 그 자체 자발성의 발현이자 고양이다.

Ⅳ. 생명의 등급을 하나 더 올라가면 존재는 더 이상 단지 부분들로만 움직이는 것이 아니라, 전체가 공간에서 움직이며 장소를 바꾼다. 동시에 외부 대상의 인상을 더 긴 거리에서 받아들이는 새로운 기관들이 기존의 기관에 더해진다.[50] 이 새로운 시기에는 수용성과 자발성의 대비가 새로운 힘을 가지고 표출된다.

사실, 무기적 세계에서는 반응이 작용과 정확하게 등가이다. 또는 오히려 그런 완전히 외적이고 피상적인 존재에서는 작용과 반응이 구별되지 않는다. 그것은 다른 두 관점에서 본 하나의 유일하고 동일한 작용이다. 〔반면〕 생명에서는 외부 세계의 작용과 생명 자체의 반응이 점점 더 달라지고 점점 더 서로로부터 독립적인 것으로 보인다. 식물적 생명에서는 작용과 반응이 아직도 닮았으며 서로 가깝게 연결된다. 동물적 생명의 첫 번째 등급부터 그들은 서로 떨어지고 구별되며, 지각되지 않을 정도의 수용적 영향에도 공간에서의 상당한 동요—크건 작건—로 응답한다. 그러나 동물 전체가 움직이고 이동하게 되자마자 수용성과 자발성의 대립은 완전히 새로운 성격을 띤다. 외부 대상은 점점 더 희박하고 섬세한 유체, 즉 공기나 에테르를 매개로 그런 더 상위의 고유한 수용 기관에 인상을 새기는 한편, 그 인상에 반응하는 것으로 보이는 운동은 점점 더 풍부해지고 점점 더 복잡해진다.

존재에 대한 변화가 지속될 때 변화를 단지 받아들이느냐 (스스로) 시작하느냐에 따라 반대되는 이중적 영향의 법칙,[51] 즉 습관의

---

50 가령 시각과 청각 같은 고등의 감각 기관이 더해진다.

51 바로 위 Ⅲ절의 마지막에 나왔듯이 약해지는 수용성과 커지는 주기성이나 거기에 연결된 자발성.

이중적 법칙은 따라서 여기서 또한 더 잘 감지되고 더 이론의 여지가 없는 윤곽을 가지고 나타난다. 인상(impressions)은 더 반복적으로 일어날수록 그 힘을 잃는다고 했는데, 여기서는[52] 인상이 점점 더 가벼운 것으로 되며[53] 기관들의 물리적 구성에는 점점 덜 관여하는 것으로 된다. 수용성의 점차적인 약화는 따라서 점점 더 초-유기체적(hyper-organique)인 원인이 일으킨 결과와 유사하다.[54] 다른 한편, 운동은 수용적 인상과 점점 더 불균형을 이룬다. 따라서 운동의 진전 또한 유기체의 물질적 변질의 원리로부터 점점 더 독립적인 것으로 보인다.*[9]

그러나 만약 반응과 그 반응이 응답하는 작용이 점점 더 멀어지고

---

*9 슈탈, 「생리학」, 214쪽. "Adeo quidem ut in hoc maxime negotio impingat recentiorum inanis speculatio, dum paribus eventibus causas materialiter pares assignat, etc.(동일한 사건에 물질적으로 동일한 원인을 할당하는 현대인들의 헛된 생각이 특히 여기서 장애에 부딪힐 정도로 참이다, 등등)." 데까르뜨 기계론의 반대 주장에서 특히 작용과 반작용의 등가성에

---

52 전체가 움직이는 동물에게서는.
53 하등동물일수록 받아들이는 자극의 강도가 강한 것에만 반응하지만, 고등동물일수록 그 인상의 강도가 약한 것, 즉 가벼운 것에도 반응한다. 그러한 자극들은 신체에 직접적인 영향을 미치는 것이 아니다.
54 '초-유기체적(hyper-organique)'이라는 것은 멘느 드 비랑의 용어로서 유기체를 넘어선 것, 즉 정신적인 것을 의미한다. 따라서 '초-유기체적'인 원인이 일으킨 결과라는 것은 정신적인 원인이 유기체에 일으킨 결과를 의미하며, 가령 인간의 감각은 그 자체 어떤 상으로서 물질성을 벗어버린 정신적인 성격을 띠고 있으며, 그것은 인간에게 어떤 정신적인 원인이 일으키는 사건으로서 작용하고, 인간은 그 결과에 반응한다.

독립적으로 된다면, 하나가 도착하고 다른 것이 떠나는 공통의 한계로 사용될 수 있는 중심(centre)이 점점 더 필요한 것으로 보인다.[55] 그 중심은 그것이 받은 작용과 그것이 낳는 반응의 점점 덜 직접적이고 덜 필연적인 관계를 점점 더 자발적으로(par lui-même), 자신의 방법으로, 자신의 시간에 조절하는 중심이다. 지렛대의 대립적 힘의 중심처럼 무관심한 중간항으로는 충분치 않다. 자신의 고유한 능력에 의해 힘을 측정하고 내보낼 중심이 점점 더 필요하다.[*10]

관해서는 뷔퐁(Buffon), 『동물의 본성에 관하여(*De la nature des animaux*)』를 보라.[56]

[*10] 아리스토텔레스, 『영혼론』, III, 6 참조.[57]

---

55 작용과 반응이 점점 더 거리가 있게 된다면 그 양자를 이어줄 '중심'이 있어야 하며, 거기로 작용이 도착하고 또 거기서 그와는 모종의 차이를 둔 반응이 출발할 것이므로, 그것은 곧 '공통의 한계'일 것이다. 이 '중심'은 선택이 이루어지는 곳, 조금 후에 나올 것처럼 영혼이다.

56 슈탈의 인용문 바로 앞에는 습관적인 훈련에 의해 전에 싫어하던 것이나 힘든 것도 할 수 있게 된다는 이야기가 나온다. 그러니까 인용문은 바로 그러한 습관에서 관찰된 사실은 동일한 결과가 항상 동일한 물질적 원인에 대응한다는 이론에 대한 반증이 된다는 것을 주장하고 있는 것이다 (Jean Cazeneuve, *La philosophie médicale de Ravaisson*, 126쪽 참조). 앞에도 나왔지만 사실 생명 자체가 물질의 필연성을 뛰어넘는 것이기 때문에 신체의 물질적 구조만으로는 습관현상이 설명될 수 없다(돌은 천 번을 위로 던져도 결코 더 잘 튀어 오르는 법이 없음을 기억하라). '유기체의 물질적 변질의 원리'란 결국 동일한 결과에 동일한 물질적 원인이 대응한다는 원리나 그와 유사한 필연적 물질 법칙을 말한다.

57 "왜냐하면 그러한 현실적 불가분자들 속에서도 시간과 길이의 단일성을 이룰 뭔가 불가분적인 것(또한 분리되지 않는 것)이 있기 때문이다. 마찬가

그와 같은 측정이란 인식하고, 평가하고, 예견하고, 결정하는 판관(juge)이 아니라면 도대체 무엇이란 말인가? 그러한 판관이라는 것이 사람들이 영혼이라 부르는 그 원리가 아니면 무엇이겠는가?[58]

이처럼 자연의 제국에서는 인식과 예견의 영역이 나타나고 최초로 자유(Liberté)의 미광微光이 동트는 것처럼 보인다.[59]

그럼에도 불구하고 그것은 아직 어렴풋하고 불확실하며 도전 받는 징후(indice)(에 불과하)다. 그러나 생명은 최후의 걸음을 내디딘다. 운동 능력이 운동 기관과 함께 완성의 마지막 단계에 도달한다. 존재는 근원에 있던 기계적 세계의 숙명성(fatalité)으로부터 나와, 기계적 세계 속에서 가장 자유로운 활동성이라는 완성된 형태로 스스로를 드러낸다. 그런데 그런 존재는 우리 자신이다.*[11] 여기서 의식이 시작되며, 의식 속에서 지성과 의지가 터져 나온다.

이때까지 자연은 우리에게 밖으로부터 볼 수밖에 없는 한 광경이다. 우리는 사물에 대해 그 작용(현실태)의 외면밖에 보지 않는다.

---

*11 아리스토텔레스, 『동물 부분론』, Ⅳ, 10. 멘느 드 비랑, 도처.

지로 그런 불가분적인 요소가 시간이든 길이든 모든 연속적인 것 속에 존재한다."(『영혼론』, Ⅲ, 6.) 또한 여기서 뇌의 역할을 중앙전신전화국으로 생각한 베르크손 철학의 선구를 본다(MM 26쪽).

58 즉, 작용과 반응을 연결해주는 '중심'은 바로 영혼이며, 영혼은 외부 작용을 평가하여 나아갈 길을 예견하고, 어떠한 반응을 내보낼 것인가를 결정하는 기능을 가진다.

59 물질의 필연성을 벗어나 인식하고 예견한다는 것은 이미 자유의 서광이 나타난 것이다.

가능태도 소질도 보지 않는다. 반대로 의식에서는 동일한 존재가 행위하고 또 행위를 본다. 또는 오히려 행위와 행위를 보는 것은 구별되지 않는다. 저자, 극, 배우, 구경꾼이 하나이다. 따라서 오직 여기서만 행위의 원리를 포착하기(surprendre)를 희망할 수 있다.

따라서 오직 의식 속에서만 우리는 습관의 전형을 발견할 수 있다. 오직 의식 속에서만 더 이상 단지 습관의 외양적 법칙을 확인하는 데 그치는 것이 아니라, 그것의 '어떻게'와 '왜'를 알고, 그 발생을 뚫고 들어가, 그 원인을 이해하기를 희망할 수 있다.

2

I. 의식[60]은 앎(science)을, 앎은 지성(intelligence)을 내포한다. 존재와 마찬가지로 지성의 일반 조건은 단일성이다. 그러나 어떤 단순한 대상에 대한 단순한 직관이 가지는 절대적으로 불가분적인 단일성 속에서는 앎이, 따라서 의식이 사라진다.[61] 앎의 대상인 관념은 어

---

60 앞 장에서 광물 → 식물 → 하등동물 → 고등동물(의식)의 순으로 습관의 양상을 살펴본 저자가 이제 이 절에서는 의식을 주요 주제로 논의를 전개한다. 그 결과 의식은 노력과 외연이 같음이 드러난다. 나중에는 그런 관점에서 여러 감각들이 어떻게 습관에 의해 사라져가면서 지각으로 되는지를 보여준다.

61 절대적 불가분자, 가령 완전한 일자는 우리가 관계 맺을 수 없는 것이고, 따라서 그런 것에 대해서는 앎이 불가능하다. 또는 그것에 대한 직관이 가능하다 하더라도 그런 직관은 일자와의 완전한 일치이므로 대상과의 구별은 사라지고 의식도 사라진다.

떠한 것이든 하여간 어떤 다양성의 가지적(intelligible)인[62] 단일성이
다. 관념의 단일성 속에서 다양성을 종합하는 것이 판단이다. 판단
의 능력이 오성(entendement)[63]이다.

앎은 따라서 오성 속에 있다. 그런데 오성은 자신의 조건을 가지
며, 앎을 거기에 복종시킨다.

다양성은 질료이며, 단일성은 양의 형식이다. 그런데 오성이 양을
파악하는 것은 부분들의 구별이라는 특수하고도 결정적인 조건 아
래에서만, 다시 말해 다수성, 즉 구별되는 양, 곧 수의 단일성이라는
형태 아래에서만이다.[64] 부분들의 구별이라는 관념은 다시 오성 속
에서 그것들을 나누는 간격들의 구분이라는 더 특수한 조건 아래에

---

62 바로 위에서 말한 것처럼 절대적 불가분자에 대해서는 앎이 사라지므로
    다양성의 종합으로서의 단일성만이 알려질 수 있는 것, 즉 가지적인 것이
    된다.

63 'entendement'은 독일어의 'Verstand'에 해당하는 것으로서 일반적으로
    '오성'이라 번역된다. 불어의 말뜻을 그대로 번역하면 '이해력'이 되며, 독
    일어의 'Verstand'도 'Verstehen'에서 온 말이므로 역시 그런 뜻이다. 물
    론 '오성'의 '오悟'자도 '깨달을 오'자이므로 깨달음, 즉 이해함이라고 새길
    수 있으나, 일상용어가 아니기 때문에 어색한 점이 없지 않다. 여기서의
    'entendement'이란 이해력과 추리력을 합한 말인데, 여기에 해당하는 일
    상용어는 오히려 감성이나 감정에 대립하는 의미에서의 '이성'이 더 가깝
    다고 할 수 있다. 그러나 철학에서는 이해력이나 추리력을 넘어서는 능력
    을 따로 '이성'이라 부르므로, 앞으로의 용어 통일을 기다리면서 여기서는
    우선 '오성'이라는 번역어에 만족하기로 한다.

64 즉, 오성이 양을 파악하는 것은 그 부분들이 서로 구별되면서도 하나의 수
    로서의 단일성을 갖는 형태로만 가능하다. 여기에 대해서는 베르크손, 『시
    론』, 56~63쪽 참조.

서만 결정된다. 마지막으로 연속성은 공존이라는 조건 아래에서만 오성에 의해 파악되는 것을 허락한다.[65] 공존하는 연속적 양이 연장성이다. 따라서 양은 연장성의 논리적 과학적 형식이다.[66] 그리고 오성은 연장성이라는 감각적 형태로만, 즉 공간의 직관에서만 양을 표상한다.[*12]

[*12] 아리스토텔레스,『기억론』: Νοεῖν οὐκ ἔστιν ἄνευ φατάσματος. Καὶ ὁ νοῶν, κᾶν μὴ ποσὸν νοῇ τίθεται πρὸ ὀμμάτων ποσόν, νοεῖ δ'οὐχ ᾗ ποσόν(상 없이 사유할 수는 없다. 마찬가지로 사유하는 자는 양을 생각하지 않는다 하더라도 눈앞에 어떤 양을 놓고 사유한다. 비록 양으로서는 아닐지라도, 449b31-450a5);『영혼론』, III, 7, 8.; 칸트,『순수이성비판』,「순수 오성 개념의 도식에 관하여」; 슈탈,『도로徒勞 또는 그림자싸움(Negotium otiosum seu σκια μαλία, Halae, 1720, in-4°, 이것은 라이프니츠에 대한 자기 이론의 옹호이다.)』, 169쪽: "Nihil quicquam, non solum physici, sed nequidem ullo sensu moralis mente concipi seu *definite* comprehendi posse agnosco, nisi sub exemplo *figurabili*... seu imaginativa repraesentatione(상을 떠올리거나 모습의 예시에 의하지 않고는 정신은 물리적인 것뿐 아니라 심지어는 정신적인 아무것도 생각할 수 없다. 즉, 결정적으로 이해할 수 없다는 것을 나는 인정한다)"; 39쪽: "Anima quicquid contemplatur, cogitat, reminiscitur, non sub alio concipiendi modo assequitur, quam sub *figurabili*, corporalibus finibus seu terminis circumscripto(영혼이 어떠한 것을 생각하고, 사유하고, 기억한다 하더라도 유한한 물체나 윤곽이 그려진 한계에 의하지 않은 다른 사유의 방식으로 그렇게 하지는 않는다)"; 17쪽: "Omnibus autem hisce considerationibus fundamentum substernit *differntia* λόγου et λογισμοῦ: *rationis* absque *phantasia* (cujus exemplum sunt omnes sensus, in objectis suis simplicioribus), et *ratiocinationis* seu *cogitationis* cum *phantasia*; cui

---

65 연속되어 있다는 것은 여러 부분이 한꺼번에 공존하는 것을 말한다.
66 양은 연장성을 잘라내어 그 크기를 표시하는 외적 형식이다.

그러나 공간의 무한정(l'indefini) 속에는 한정되거나 하나인 아무 것도 없다. 내가 단일성을 찾는 것은 그런 형태도 한계도 없는 확산 (diffusion) 속에서가 아니다. 따라서 내가 그 단일성을 길어 내는 것은 내 안에서이며, 그렇게 길어 낸 것을 내 밖으로 이전하여, 그것을 나에게 대립시킨다.[67]

---

nihil subjacet, nisi quod figurabile est〔그러나 이 모든 고찰에 근거를 주는 것은 logos(이성)와 logismos(추론)의 **차이**이다. 그것은 **상** 없이도 가능한(그 가장 단순한 대상에서의 모든 감각이 그 예이다) **논리**와 **상**이 있어야 하는 **사유**, 즉 **추론**의 차이이다. 표상적인 것이 아니라면 아무것도 그것의 대상으로 놓이지 않는다〕"; 「생리학」, 297쪽; 데스튀 드 트라시, 『이데올리기 요강(Eléments d'idéologie)』, 1, 173.; 멘느 드 비랑, 『사유력에 대한 습관의 영향』(1802, in-8°), 299쪽.[68]

---

67 단일성의 원천이 나를 포함한 기능들이라는 사상은 플라톤 이후 정신론 의 가장 기본적인 철학이다. 생명의 기능은 매순간 타자화하려는 물질에 대항하여 자신의 단일성을 유지하려는 기능이며, 그러한 자신의 단일성을 외부로도 투사하고, 그렇게 함으로써 외부 사물도 자신과 같은 단일성을 갖는 것으로 생각한다. 사실 생명의 기능 이외에 어디서 단일성의 원천을 찾을 것인가? 오늘날의 포스트모더니즘은 이 점을 너무 쉽게 잊는다. 물론 여기서도 단일성은 절대적 단일성이 아니라 다양성의 종합으로서의 단일 성이다. 그러나 어쨌든 그것도 단일성은 단일성이다. 그런 정도의 단일성 마저 부정되면 혼돈밖에 남지 않는다.
68 생명의 원천인 영혼이 스스로의 신체까지도 만들어낸다고 생각한 슈탈 은 영혼이 신체의 모든 세부의 세세한 변화까지도 모두 알고 있다고 주장 했다. 만일 그렇다면 우리는 왜 그런 앎에 대해 전혀 의식하지 못하느냐 는 문제가 발생하는데, 이를 설명하기 위해 슈탈이 동원한 것이 'logos'와 'logismos'의 구별이다. 'logos'는 선악, 쾌·불쾌 등에 대한 직관과 가장

게다가 나는 내가 연장성 속에 확립한 구분의 다수성 속에서만 다양성을 표상할 수 있고 그 속에서 내 자신의 단일성을 반성하는 것이라면, 그 다양성의 총체, 즉 전체의 단일성을 표상하기 위해서는 부분들 서로서로를 더하고 모아야 한다. 그런 더하기는 계기적 (successive)이며 시간을 내포한다.

그러나 시간 속에서는 모든 것이 지나가버리고 아무것도 머물지 않는다. 뭔가 지나가버리지 않고 존속하며 지속하는(dure) 어떤 것[69]에 의하지 않는다면, 그런 단절되지 않는 흐름과 그런 계기(succession)의, 역시 한계 없는 확산을 어떻게 측정할 것인가? 그리고 또한 그것이 (바로) 내가 아니라면 무엇이란 말인가? 왜냐하면 공간적인 모든 것은 시간 밖에 있기 때문이다.[70] 내 안에 실체가 있으며, 그것은 시간 속에 있으면서 동시에 시간 밖에 있다.[71] 그것은

단순한 대상에 대한 감각을 말하는데 그것은 순수한 직관으로서 의식으로 떠오르지 않는다. 반면 'logismos'는 복합적 인식으로서 오직 그것만이 우리에게 의식된다.

69 여기서 거의 베르크손의 지속을 보는 것 같다. 흘러 변하지만 변하지 않는 것, 그것이 바로 베르크손의 지속이다. 변하면서도 변하지 않는 것, 운동했으면서도 자기동일성을 놓치지 않는 것, 그것이 바로 베르크손의 지속이며, 플라톤의 '자기 운동자(heauton kinoūn)'이다.

70 공간적인 것은 동시에 한꺼번에 공존하는 것이므로 시간이 필요 없다. 즉, 시간 밖에 있다. 외부 사물은 모두 공간 속에 있는 것이므로 그들 또한 시간 밖에 있다. 그렇다면 시간 속에 있는 것은 바로 나다. 극단적으로 사르트르적인 표현을 쓴다면, 나는 세계에 시간을 도입하는 존재다.

71 이것은 두 가지를 의미할 수 있다. 첫째는 내가 시간적인 존재자이면서 동시에 공간적인(따라서 시간 밖에 있는) 존재자라는 뜻, 둘째는 실체가 시간

영속성의 척도이자 변화의 척도이며,[72] 동일성의 전형(type)이다.*[13][73]

이제 연장(l'étendue) 속에서의 다양성의 종합을 위해 더하기가 필요하며, 더하기는 시간 속에서만 가능하다면, 연장의 연속성을 넘어 더하기 자체를 실현하기 위해서는 한 끝에서 다른 끝으로 모든 중간의 구분을 지나 연속적으로 이행하는 것이 필요하지 않는가? 그런 이행은 운동이며, 나의 동일성의 한가운데에서 내가 움직이지 않는 채 수행하는 운동이다.*[14][74]

거기에 더하여 공간의 부분들은 그들의 질서를 가지며, 운동은 부분들의 질서에 따라 조정된 자신의 방향을 가진다. 공간에서의 다양성의 종합을 표상하기 위해서는 내가 적어도 상상에 의해 운동을 수행할 실체적 주체이어야 할 뿐만 아니라, 또한 내가 그 운동을 생각하고, 끝을 맺으며, 그 방향을 원해야 한다.[75]

---

*13 칸트, 위에 인용된 곳 참조.
*14 아리스토텔레스, 위에 인용된 곳; 칸트, 위에 인용된 곳.

　　속에 있는 것이면서 동시에 변하지 않는 것(자기 동일성을 유지하는 것)이
　　므로 시간 밖에 있다는 뜻이다. 후자가 더 문맥에 맞는다.
72 영속성과 변화를 동시에 가지는 동일성이며, 그것이 실체이다.
73 사실 칸트 이외에도 동일성이 인간의 존재방식이며 그것이 외부로 투사되
　　어 외부 사물도 마치 동일성을 갖는 것처럼 생각하게 된다는 사상은 멘느
　　드 비랑의 핵심명제이다.
74 나는 동일성을 가지면서도 또한 운동하는 존재이며, 그렇기 때문에 나 자
　　신으로 머물면서 또한 동시에 더하기라는 시간 속에서의 운동을 수행할
　　수 있다.
75 즉, 주체가 종합하는 운동을 주도적으로 수행하고 어떻게 종합할 것인지
　　그 방향도 정해야 한다.

연장성은 따라서 오성에게는 양(quantité)이 전개되는 조건이며, 운동은 양의 종합의 필수적인 형식이다.[76] 우리가 상상의 밭(champs)에서 떠올릴 수 있는 것이 아니라면 아무것도 우리에게 직접적으로 알려질 수 없다. 왜냐하면 상상적 공간에서 우리가 우리 자신에게 실제로 묘사하는 것이 아닌 어떤 것도 우리는 분명한 방식으로 생각할 수 없기 때문이다.[*15] 그리고 모든 분명한 개념 속에는 바로 그 자체에 의해 의지적 활동성(activité volontaire)과 인격(personnalité)에 대한 다소간 어렴풋한 의식이 포함되어 있다.[77]

그러나 그러한 용어들 속에서 운동은 아직도 결정되지 않은 일반성이다. 모든 실재적인 운동은 자신의 양을 가진다. 그것은 연장성도 아니고, 오직 속도만인 것도 아니다. 그것은 그 운동의 실재성의 정도 자체이며, 속도와 크기는 그것의 결과이자 기호에 불과하다. 그러한 운동의 양이 바로 강도(intensité)이다. 그런데 강도, 즉 실재성의 정도는 원인의 에너지, 즉 힘 속에서만 직접적으로 측정될 수 있다. 다른 한편, 힘이 그 자체에 있어서 강도의 측정이라면[78] 그 힘

---

*15 칸트, 위와 같은 곳.

76 연장성이 있어야 양이 전개되어 오성의 상으로 떠오를 수 있으며, 연장성을 따라 종합하는 운동이 있어야 양이 연장성을 종합할 수 있다.

77 분명한 개념을 떠올리려면 이미 주체의 활동성이 개입해야 한다. 그렇지 않으면 흐리멍덩한 관념밖에 가질 수가 없다.

78 매우 어렵다. 1897년판에는 "si la force est à elle-même sa mesure, elle se mesure aussi"로 되어 있고, 다른 판에는 "si la force est à elle-même, sa mesure, elle se mesure aussi"로 되어 있다. 앞의 것이 맞는다면 '힘이

역시 측정되며, 그것은 적어도 자신의 현재의 에너지를 그것이 이겨
내야 할 저항에서 측정하며, 현재의 에너지를 그 저항에 비례해서
조절한다. 운동은 저항에 대한 힘의 초과의 결과물이다. 힘과 저항
의 관계와 그 측정은 노력(effort)의 의식 속에 있다.[79]

  마지막으로 연장의 객관성에 대립하는 주체가 운동을 일으키는
행동에서만 스스로에게 알려진다면, 그리고 신체를 움직이는 활동
이 노력에서 측정된다면, 인격이 의지적 활동이라는 탁월한 형태로
스스로에게 필연적으로 나타나는 것은 노력의 의식 속에서이다.*[16]

---

*16 멘느 드 비랑, 도처에서. 인식의 첫 번째 원천으로서의 노력의 관념에 대
    해서는 레지스 레이(Régis Rey), 『영혼의 자연사(Histoire naturelle de l'âme)』
    참조.[80]

    그 자체에 있어서 그것(강도)의 측정이라면, 힘도 또한 측정되며'로 번역
    되며, 다른 판들이 맞는다면 '힘이 자기 자신에 속하는 것이라면, 그것의
    측정도 또한 측정된다'로 번역된다. 아무래도 전자가 옳다. 그러나 후자와
    같은 문장이라 하더라도 전자처럼 해석될 수는 있다.

79 즉, 얼마만큼의 노력이 드느냐에 따라 힘과 저항의 관계와 양자의 차이가
    측정된다.

80 노력한다는 의식 속에서 의지적 활동이 비로소 드러나며, 그러한 의지적
    활동의 원천이 바로 인격이다. 주체가 스스로를 의식하는 것은 그것이 일
    으키는 행동에서이며, 그러한 행동은 바로 노력한다는 데에서 일어나는
    것이므로, 결국 노력에서 주체가 스스로를 의식하게 되고, 따라서 거기에
    서 비로소 의지적 행동과 그것의 원천인 인격이 드러난다. 이 절의 처음
    시작부터 여기까지는 마치 베르크손의 『시론』을 읽는 기분이다. 시간과
    공간, 운동, 다수성의 통일로서의 양, 양과 연장성의 관계, 주체의 자기 동
    일성과 활동성 등등의 논의는 모두 『시론』을 그대로 옮겨 놓은 듯하다. 아

노력은 두 요소, 즉 능동과 수동을 포함한다. 수동은 그 직접적 원인을 그것이 속한 존재와는 다른 어떤 것에 가지고 있는 존재방식이다. 능동은 그것이 속한 존재가 스스로에게 직접적 원인인 존재방식이다.[81] 수동과 능동은 따라서 서로 반대되며, 그 반대항들의 조합은 가능한 모든 형태의 존재를 포함한다.[82] 노력은 따라서 의식의 첫 번째 조건일 뿐만 아니라 그것의 완전한 전형이자 개략(l'abrégé)이다.[83]

능동은 인식의 주체와 객체의 구별의 직접적 조건이다. 그것은 따라서 분명한 인식의 조건이다.[84] 능동의 반대인 수동은 따라서 그

니, 『시론』이 이 구절을 그대로 답습한 듯하다. 특히 변화하면서도 자기 동일성을 갖는 주체의 존재방식은 베르크손의 지속과 같다. 하늘에서 떨어진 것은 아무것도 없다고나 할까! 다만 마지막의 의지적 활동과 노력의 관계에 관한 논의는 바로 이 주(註)가 밝히고 있는 것처럼 멘느 드 비랑의 영향이 강하다.

81 능동은 그 운동의 원인이 자기 자신인 운동이며, 수동은 자기 자신이 아닌 타자로부터 운동을 받는 것이다.

82 모든 존재는 능동과 수동을 포함한다. 아리스토텔레스에서처럼 그것은 존재의 두 범주이다.

83 노력으로부터 비로소 주체가 스스로를 의식하게 되므로, 노력은 바로 의식의 조건이라는 것이 이미 앞 문단에서 밝혀진 바 있으나, 단지 거기에 그치는 것이 아니라, 노력의 두 요소인 능동과 수동이 존재 일반의 특성이므로, 결국 수동을 극복하고 능동적 행동을 하려는 노력이 존재 전체에 있어 의식 자체의 한 전형이자 그 개략적 특성을 그리고 있다고 해야 한다. 여기서 의식과 노력의 외연이 같음이 밝혀진다.

84 능동성이 없으면 주체성도 소멸하며, 따라서 주객의 구별도 소멸한다. 따라서 능동이 있어야 주객이 구별되며, 그런 구별이 있어야 명백한 인식이 가능하다.

자체로서 인식이나 분명한 의식과는 양립이 불가능하다. 그것은 인식 자체의 주체와도 객체와도 거의 구별되지 않는 혼동된 인식의 질료밖에 될 수가 없다. 능동에는 명료한 지각(perception)이 밀접하게 연결되어 있으며, 의식 속에서 수동은 불분명한 감각(sensation)일 뿐이다. 그러므로 의식의 전 범위에서 지각과 감각은 그들이 대표하는 능동과 수동처럼 그 방향과 근거가 반대이다. 그것은 필연적 법칙이다.*17

노력은 말하자면 능동과 수동, 따라서 지각과 감각이 서로 오르락내리락하는 균형의 장소이다. 그것은 두 반대항의 공통 한계이며 그 극단들이 접촉하는 중간항이다.

노력은 접촉(tact)85에서 이루어진다. 접촉은 수동의 극단에서 능동의 극단으로 펼쳐져 있다. 접촉은 그 전개에 있어 그 양자의 모든 중간 등급을 포함하며, 모든 등급에서 그것들의 상호성의 법칙(loi de réciprocité)을 입증한다.86

---

*17 멘느 드 비랑, 『습관의 영향』, 17쪽 이하.87

---

85 'tact'는 촉각을 가리키는 말이다. 그러나 여기서는 촉각을 포함한 더 넓은 의미에서 쓰였으므로 일단 '접촉'이라 번역한다. 이 말로써 항상 촉각도 동시에 의미한다는 것에 유의할 것. 조금 후에는 다시 촉각이라 번역했다.
86 능동과 수동은 서로 상호적이다. 양자가 만나 상호성이 성립되는 곳은 접촉면에서이다. 상호성의 법칙이란 능동과 수동이 서로 상호적이라는 법칙을 말한다.
87 멘느 드 비랑의 『습관의 영향』 서문 부분에는 모든 감각에서 능동과 수동이 모두 작용하고 있으며 그들의 작용이 상호적임을 강조하여 보여주고 있다.

접촉 기관이 의지적 운동의 권역 밖에 있는 한, 거기서는 오직 감각만이 지배한다. 감각은 거기서 우선 쾌락 또는 고통, 즉 정조(affection)라는 거의 배타적인 형태로 지배한다.[88] 그것을 겪는 주체는 그것과 거의 구별되지 않는다. 주체의 모든 것은 마치 자신의 존재의 어두운 바닥 속에서처럼 자기 자신에게 집중되어 있다. 그러한 것이 식물적 생명의 내적 현상에 관계된 막연한 정조이다.[89]

그러한 것이 (또한) 마비가 운동을 소멸시켰을 때 의지적 활동의 기관 자체 속에 유일하게 존속하는 감각이다. 마지막으로, 이미 더 구별된 것일지라도 온과 냉의 감각이 (또한) 그러한 것이다. 그것은 지성이 아무런 영향도 미치지 못하며, 기억을 벗어나고, 의지와는 전혀 상관없는 수동이다.[*18][90]

반대로, 접촉 기관이 저항 없이 의지에 복종하자마자 지각만이 지배한다. 감각, 즉 수동은 사라졌고, 운동이 지나가면서 측정하는 연장성의 밭에서 모든 것은 지성과 앎의 대상이다.

---

*18 멘느 드 비랑, 『습관의 영향』, 27쪽 이하.

---

88 즉, 쾌락을 주느냐 고통을 주느냐에 따라서만 반응한다. 'affection'은 쾌·불쾌의 감정으로, 사전적으로 여기에 가장 적합한 우리말은 정조情調이다.
89 식물은 운동의 권역 밖에 있는 것으로서 그것에게는 매우 막연한 어떤 정조밖에 없다. 그 정조와 '그것을 겪는 주체는 거의 구별되지 않'다. '주체의 모든 것은 마치 자신의 존재의 어두운 바닥 속에서처럼 자기 자신에게 집중되어 있기' 때문이다.
90 동물이 마비되었을 때에도 식물과 거의 같은 상태가 되며, 구별되는 감각이 있다 하더라도 냉온감각만 있을 경우에도 거의 같은 상태이며 기억이나 의지와는 상관없는 수동적 상태이다.

그러나 동시에, 그리고 저항이 사라짐에 따라, 행동의 원리를 자기 자신에게로 되비추어 주는 것은 아무것도 없으며 그것을 그에게 상기시키는 것도 없다.*[19] [91] 그의 의지는 자유의 과도함 속에서 다시 길을 잃는다. 순수한 수동 속에서는 그것을 겪는 주체가 완전히 자신 속에 있으며, 그 사실 자체에 의해 주체가 구별되어 나오지도 않고 아직 스스로를 모른다. 순수한 능동 속에서는 주체가 완전히 자신 밖에 있으며 더 이상 스스로를 모른다. 인격은 극단적 주체성 속에서도 극단적 객관성 속에서도 마찬가지로 소멸된다. 후자에서는 능동에 의해, 전자에서는 수동에 의해.[92] 인격의 가장 명료하고 가장 확실한 의식이 반성과 함께 나타나는 것은 접촉의 중간 지역에서, 노력의 신비스러운 중간항에서이다.

접촉의 발전의 〔양〕 극한 사이에 배치된 네 감각에서도 동일한 법

---

*19 멘느 드 비랑, 『습관의 영향』, 27쪽 이하.

---

91 행동은 항상 어떤 저항을 뚫고 이루어진다. 그것이 '행동의 원리'이다. 그러나 저항이 사라져버리면 완전히 자유로워질지는 모르나 자아 자체가 사라져버린다. 그러므로 행동이 어디로 되돌아갈지를 모르게 된다. 즉, 행동의 주체 자체가 없어진 것이다. 그때 '행동의 원리', 즉 저항이 대항할, 즉 '되비출' 곳이 없어지며, 아무것도 그에게 그것을 상기시키지도 않는다.

92 극단적 수동성에서와 마찬가지로 극단적 능동성에서도 인격은 사라진다. 전자에서는 주체가 자신 속에만 머물러 있고, 후자에서는 자신 밖으로 완전히 나와 버려서 그 역시 자신을 알지 못하기 때문이다. 인격의 완전한 의식은 그 양 극단의 중간지대에서만 가능하다. 그곳이 또한 습관이 가능한 지대이기도 하다.

칙에 복종하는 동일한 관계가 발견된다.[*20][93]

　기초적 수동성 속에서의 촉각은 어떠한 운동도 포함하지 않는다. 식물적 생명을 준비하는 기능에 관계된 감각, 즉 미각과 후각 또한 대상을 기관에 접촉시키려고 준비하는 운동만을 가정할 뿐이다. 그것의 기관 그 자체는 운동과 낯설다.[94] 외부성(extériorité)은 따라서 그 두 감각의 표상에는 조금도 들어가지 않으며, 따라서 운동과 연장성의 상상(imagination)을 가정하는 객관성(objectivité)도, 마지막으로 분명한 인식과 지각도 들어가지 않는다. 주체는 맛이나 냄새가 자신 속에 있는지, 이것이 자신인지 또는 자신과 다른 것인지를 거의 모른다. 마지막으로 분명한 인식과 지각도 들어가지 않는다.[95] 주

[*20]　같은 저자, 같은 곳 참조. 빠프(Paffe) 씨의 『감수성에 관한 고찰(Considér-ation sur la sensibilité)』(1832, in-8°)에서 감각과 지각의 차이에 관한 재미있는 연구가 발견된다.

93　'접촉의 발전의 〔양〕 극한 사이에 배치된 네 감각'이란 촉각을 제외한(그것이 바로 접촉이므로) 미각, 후각, 청각, 시각을 말한다.

94　미각과 후각 기관은 거의 움직일 필요가 없다. 물론 냄새를 맡기 위해 몸을 움직이는 때도 있으나, 대부분의 경우에는 가만히 있어도 냄새와 맛이 저절로 다가와 감각된다. 또 그것들의 작동에도 거의 운동이 필요 없다. 음식을 먹을 때의 혀의 움직임은 음식을 섞기 위함이지 맛을 더 잘 보기 위함은 아니며, 하여간 움직이는 것은 혀이지 혀 위의 미각돌기들은 아니다. 그러나 멘느 드 비랑은 미각과 후각에도 모두 운동이 들어간다고 생각했다(『습관의 영향』의 서론, 145~146쪽).

95　미각과 후각에 '외부성'이 들어가지 않는다는 것은 그것들이 미각과 후각 기관에 맞닿아서 마치 자기 속에서 일어난 일처럼 생각되기 때문이다. 또 '운동과 연장성의 상상을 가정하는 객관성'이라는 말에서 '상상'이란 이미

체는 맛이나 냄새가 자신 속에 있는지, 자기 자신인지, 또는 자신과 다른지를 알지 못한다. 철학자들은 아직도 그것을 자문한다.[*21] 더 움과 차가움처럼, 그것은 거의 질인 만큼이나 또한 정조(affection)이 다. 의식은 거기서 부분들을 구별해내지는 않으며, 단지 세기의 정 도들을 구별할 뿐이다. 그것들은 거의 순수한 감각들이다.

청각이나 시각과 같은 상위의 감각들은 그렇지가 않다. 청각은 더 이상 미각이나 후각처럼 단순히 직접적인 수용 기관이 아니다. 그것은 이미 기관에서의 어떤 장치(mécanisme), 즉 기능에서의 어 떤 운동을 내포한다. 이제부터 소리는 더 이상 단지 감각인 것만 이 아니라 분명한 지각의 대상이다. 귀는 부지불식간에 공간 위에 서 측정할 수 있고 그려볼 수 있는 진동을 잰다. 특히 목소리는 청각 을 반사하는 부수적 기관과 같으며, 귀에 자신의 운동과 활동을 전 달한다.[*22] [96] 고유한 청각 기관의 내적인 운동은 말하자면 분자적

[*21] 그것이 **제2 성질**의 객관성의 문제이다.

[*22] 뷔퐁, 『동물의 본성에 관하여』. 멘느 드 비랑(『습관의 영향』, 41쪽)은 청각 의 활동에 관한 이 정확하고도 정교한 이론의 업적을 보나떼르(Bonaterre, 『아베이롱 지방의 야생에 관한 소론(Notice sur le sauvage de l'Aveyron)』)에게로 돌렸다. 그러나 보나떼르는 알리지도 않고 뷔퐁의 이론을 문자 그대로 옮 겼을 뿐이었다.

지로 떠올린다는 뜻으로 그 구절은 결국 객관성의 관념에는 운동과 연장 성이 함께 떠오를 수밖에 없음을 의미한다. 외부성이 들어가지 않으면 그 런 객관성도 들어가지 않는 것이 당연하다. 마지막으로 '분명한 인식과 지 각도 들어가지 않는다'는 말은 미각과 후각이 다른 것에 비해 그만큼 모호 한 감각이라는 뜻이다.

[96] 소리를 들으면서 우리는 부지불식간에 그것을 따라하게 되어 있다. 그렇

(moléculaire)[97]이며, 거의 지각되지 않는다. 음성 기관의 더 표출된 (prononcé) 운동은 소리를 표현할 수 없는 감각[98]으로부터 상상과 개념화의 구별되는 대상으로, 그리고 분해되고 재결합되며 설명되고 교육되는, 부분을 가진 관념으로 바꾸기를 완성한다.[99]

  더 복잡한 것이 아니라면 적어도 더 외적이고 더 명백한 장치를 가진 시각에서는 기관의 부분들의 내적인 운동에 또한 전체의 외적인 운동이 더해질 뿐만 아니라, 분명한 시각이 시선의 단일성 ─ 주체의 단일성과 그것과 마주보고 있는 대상의 단일성을 의식 속에서 운동과 함께 전개하는 ─ 속에서 구별되는 두 기관의 운동이 경합할 것을 요청할 뿐만 아니라[100] 거기에 더하여, 시각의 고유한 대상인 색깔이 연장성의 형태 자체로만, 따라서 운동 속에서만 나타난다.[101]

기 때문에 '목소리는 청각을 반사하는 부수적 기관과 같으며, 귀에 자신의 운동과 활동을 전달'한다. 베르크손, 『시론』, 33쪽 참조.

97 직접적 청각 자료의 진동에 대응하는 '청각 기관의 내적인 운동'은 분자적 운동과 같이 미세한 차이가 모두 다 반영되는 진동으로서, 그 하나하나를 구별하기가 매우 어렵다.

98 직접적 감각 자료로서의 청각 내용은 온갖 것이 다 섞여 있는 소리의 덩어리이기 때문에 무엇이라고 분간하여 표현해낼 수가 없다.

99 우리가 청각의 여러 소리를 구별하는 것은 구별되지 않는 소리로부터 점차적으로 분해하고 재결합하는 데서 성립하고 그것은 교육, 즉 습관을 통해서이다. 무슨 소리인지 모르던 외국어를 조금씩 알아듣는 과정을 생각하면 이해하기 쉽다.

100 두 눈의 운동이 단일한 시선으로서 하나로 통합된다. 그것은 주체의 단일성과 그것에 대응하는 대상의 단일성의 필요에 의해 가능해진 것이다.

101 모든 시각의 대상은 연장성을 띠고 있고, 그것은 곧 운동을 예상하고 있는 것이다.

그런데 가시적인 연장성은 높은 정도의 분명한 지각, 정확한 측정, 정밀한 과학의 대상이다. 그것은 탁월한 의미에서 상상의 형식이며, 관념들의 일반적 도형·도식(schème)이다.[102]

이처럼 촉각의 발전에서와 같이 감각의 단계의 한 끝에서 다른 끝까지, 항상 약해지는 감각이 완전히 사라지지는 않는다 하더라도 적어도 지각이 항상 더 우월하며, 지각이란 곧 다양성과 대립의 세계에서의 운동·활동·자유이다. 그것(운동, 활동, 자유로서의 지각의 우월)은 기관들의 대칭과 독립, 공간에서의 그들의 분리, 그리고 동시에 운동에서의 그들의 조화,[103] 이 셋의 진전을 통해 촉각의 첫 형태에서 마지막 형태까지 여러 다른 감각들의 연쇄 속에서 밖으로 드러나는 깊은 법칙이다.

그것은 따라서 의식의 권역(sphère)을 채우는 능동과 수동의 반대 방향으로의 발전이다. 의식, 즉 앎 자체는 능동 속에 있으며, 그것과 함께 발전한다. 그러나 능동은 수동과 대비되는 것으로서 운동 속에 있다. 절대적 능동성이라는 상위의 극에서도, 절대적 수동성이라는 하위의 극에서도, 의식 또는 적어도 분명한 의식은 더 이상 가능하지 않다. (거기서는) 모든 구별과 모든 앎이 비인격성 속으로 흡수되어 버린다.

---

102 연장성은 사유의 형식, 도식으로서 지각과 분석적 과학의 대상이 된다. 베르크손의 어법을 빌리자면, 지성은 공간적으로 사유한다.

103 청각이나 시각 등 고등 감각으로 올라갈수록 그 기관들은 대칭적으로 갈라지고, 서로 분리되며, 그러한 분리에도 불구하고 양쪽에서의 그들의 움직임은 조화를 이룬다.

Ⅱ. 운동이라는 일반적인 조건하에서가 아니라면 분명한 의식 속에는 아무것도 없고, 운동은 시간 속에 있으므로 의식의 조건, 즉 그 존재는 시간 속에 있음이다. 시간은 의식의 첫 번째 법칙이자 필연적 형식이다. 의식 속에 있는 모든 것은 따라서 지속하며 전혀 변하지 않는 주체 속에서 자신의 지속을 갖는 변화이다. 그렇다면 의식의 권역에서 변화의 지속 자체의 결과는 무엇인가?

우리는 수동과 능동(적어도 운동 중의 능동)은 의식의 전 제국 어디에서나 서로 방향이 반대이며, 반비례한다는 것을 보았다. 즉 수동의 연속이나 반복은 그것(의식)을 약화시키며, 능동의 연속이나 반복은 그것을 고양하고 강화시킨다. 길어지거나 반복되는 감각[104]은 점차적으로 약화되어 꺼지는 것으로 끝난다. 길어지거나 반복되는 운동[105]은 점점 더 쉽고, 더 빠르고, 더 확실해진다. 운동에 연결되어 있는 지각도 마찬가지로 더 분명하고, 더 확실하며, 더 신속해진다.*23

운동의 의식 자체 속에 감성(sensibilité)의 한 요소인 노력이 있다. 노력은 운동의 연속과 반복에 의해 감소한다.[106]

---

*23 데스튀 드 트라시, 『이데올로기 요강』, 217, 226쪽; 멘느 드 비랑, 『습관의 영향』, 도처에서. 참고: 듀갈드 스튜어트(Dugald Stewart), 『인간 정신의 철학(Philosophie de l'esprit humain)』, Ⅱ, 391쪽; 버틀러(Butler), 『유비(Analogie)』 등, 122쪽, 149쪽; 비샤, 『생명과 죽음에 관한 생리학적 연구』, Ⅴ 항목; 슈레이더(Schrader), 『습관에 관하여(De consuetudine)』, (18-29, in-8°), 6쪽. 습관을 다루었던 대부분의 저자들은 이 법칙을 알아차렸다.

---

104 감각은 수동적인 것.
105 즉, 능동적 운동.
106 노력을 하는 것 자체는 능동성의 발현이지만, 노력을 할 때의 힘들다는 느

역으로, 아마 생명적 기능들의 내적 정조들(affections) 속이 아니라면, 모든 감각 속에는 운동성(mobilité)과 지각이 어떤 부분을 차지한다. 그것은 연속이나 반복이 파괴하는 것이 아니라 반대로 발전시키고 완성시키는 요소이다. 미각이나 후각과 같은 가장 모호한 감각에 적용될 때 능동성은 말하자면 그 감각들을 주체로부터 떼어 내어 조금씩 분명한 지각의 대상으로 변형시키며, 감정에 판단을 덧붙이거나 감정을 판단으로 대체한다. 능동성은 차가움과 더움, 냄새, 색깔, 소리에서 정조나 순수한 감성의 요소를 점점 더 감소시키며, 인식과 판단의 요소를 발전시킨다. 그리하여 사람들이 그 속에서 쾌락만을 찾을 뿐인 감각은 곧 무디어진다. 알코올음료를 집착적으로 자주 마시는 사람은 미각이 점점 더 둔해지나, 맛에 대한 감식안을 추구하는 사람은 그것이 점점 더 섬세하고 미묘해진다.[107]

감각과 함께 거기에 붙어 있던 쾌락이나 고통, 특히 고통이 조금씩 약해진다. 쾌락은 행동에 연결되어 있다. 지속은 행동의 쾌락을 감소시키는 것이 아니라 증가시킨다.[*24] [108]

[*24] 뷔쏭, 『생리적 현상의 구분에 관하여』, 71쪽.

끔은 감성적·수동적 요소이다. 따라서 그것은 '운동의 연속과 반복에 의해 감소'한다.

[107] 같은 미각이라도 그 속의 감정적 요소는 점점 더 약해지만 인식과 판단의 요소, 즉 지각의 요소는 더 강해진다.

[108] 쾌락만을 찾을 뿐일 때 지속되는 감각과 그것이 주는 쾌락은 무뎌지지만, 행동에 연결된 쾌락은 행동을 뒷받침해주는 것으로써 행동이 지속될수록 그 행동이 주는 쾌락은 증가한다. 사실 쾌락이란 어떤 행동으로의 초청이다.

운동 자체 속에서 노력과 함께 피로와 고통은 사라진다. 그리고 감각 속에서 그것의 소멸되지 않는 쾌락을 유지하고 재생시키기 위해 개입하는 것은 아마도 아직 능동성일 것이다. 그것이야말로 고통스러운 감정에서까지도 거기에 섞여 있던 즐거운 감정을 조금씩 식별해내고, 또 고통이 사라질 때에는 쾌락을 유지하고 발전시킨다.

그리하여 도처에서, 모든 상황 아래에서 연속 또는 반복, 즉 지속은 수동성을 약화시키고 능동성을 고양한다. 그러나 반대되는 두 힘의 그런 반대되는 역사 속에는 하나의 공통적인 특성이 있으며, 그 특성은 모든 나머지 것을 설명한다.

감각은 연장되고 반복됨에 따라, 따라서 그것이 지워짐에 따라, 고통이 아닐 때면 항상 점점 더 일종의 필요(besoin)로 된다. 그 감각을 결정하는 데 필요한 인상이 더 이상 다시 일어나지 않게 되면, 점점 더 혼란스러움과 불편함이 무능한 욕망을 감성 속에서 단죄한다.[*25][109]

다른 한편, 운동 속에서 노력이 사라지고 행동이 더 자유롭고 더 빨라짐에 따라 행동은 또한 더욱더 어떤 경향(tendance)이 되어 간다. 즉, 의지의 명령을 더 이상 기다리지 않고 그것을 예견하며, 심지어는 의지와 의식을 완전히 그리고 영구히 벗어나는 일이 잦은 어떤

[*25] 멘느 드 비랑, 『습관의 영향』, 110쪽.

---

[109] 원하는 감각이 일어나지 않게 되면 혼란스러움과 불편함이 생겨서 그것을 원하기만 하고 일으킬 수는 없는 '무능한 욕망'을 혼란스러움과 불편함이라는 바로 그 감성에 의해 비난한다.

성향(penchant)이 된다.*26 110 그러한 것이 특히 더하건 덜하건 우선은 의지적이지만, 조금씩 발작적 운동으로 변질되어 (나중에는) 사람들이 경련(tics)111이라 부르는 운동이 되는 것이다.

이처럼 감성 속에서나 능동성 속에서나 마찬가지로 후자에서는 의지를, 전자에서는 외부 대상에 대한 인상을 미리 실현하는 모종의 불분명한 능동성(une sorte d'activité obscure)이 연속과 반복에 의해 발전된다.*27 112 능동성 속에서는 그것이 행동 자체를 다시 일으킨다. 감성 속에서는 그것이 어떤 외부의 원인을 요하는 감각, 즉 수동을 다시 일으키는 것은 아니지만 그것을 불러들이고 간청하며, 말하

---

*26 멘느 드 비랑, 『습관의 영향』, 110쪽.

*27 라이드(Reid), 『활동력에 관한 시론(Essai sur les facultés actives)』 등.

---

110 앞으로도 'tendance(경향)'과 'penchant(성향)'은 자주 짝이 되어 등장한다. 'penchant'은 어떤 대상(때로 마음에 들지 않는 것도 포함하여)을 향해 이끌려 가는 성벽을 의미하고, 'tendance'는 마음이 거의 무의식적으로 어떤 것을 향해 움직이는 것을 의미한다. 라베쏭은 이 양자를 엄밀하게 구분하는 것 같지는 않고, 다만 'penchant'은 'tendance'의 기울어지는 양상을 표현하는 것으로 보인다. 지금 이 문장에서도 '의지와 의식을 벗어나는 일이 잦은 어떤 성향'을 '경향'이라 정의를 내리고 있다. 뾰족한 번역어를 찾지 못한 우리는 일단 'tendance'를 그것의 일반적이면서도 무의식적인 성격을 감안하여 '경향'으로, 'penchant'을 경향에서 오는 어떤 개별적 양상으로 생각하여 '성향'으로 번역한다.

111 경련은 습관이 되어 나중에는 원하지 않았는데도 부지불식간에 튀어나오는 행동을 말한다. 즉, 그런 행동이 성향이 되어 발작적으로 나오는 것이다.

112 바로 이어서 설명이 나오겠지만 이 '모종의 불분명한 능동성'이 습관의 원천이다.

자면 탄원한다.

그런데 수동의 조건은 그것을 겪는 주체의 현재 상태와, 그것을 주체에게 겪게 하는 원인이 그 주체를 끌고 가려 하는 상태 사이의 대립(contrariété)이다. 비슷한 것은 비슷한 것에 작용하지 않는다.*28 그리하여 전기적 인력引力은 전기적 상태의 대립을, 화학적 친화력은 원소들의 대립을, 염증은 염증을 일으키는 물질과 그것이 작용을 가하는 기관의 대립을 가정한다. 동화(assimilation)의 예비적이거나 보충적인 기능을 결정하는 염증이 그러하다.*29 113 마지막으로 감각은 감각 대상의 상태와 감각 기관 자체의 상태 사이의 대립을 요청한다.

따라서 감성이 동일한 인상을 겪음에 따라 인상이 가져온 것과 동일한 상태에 머물거나 그리로 돌아오려는 경향이 감성 속에서 발전된다면, 주체의 상태와 외적인 인상이 주체로 하여금 도달하게 하는 상태 사이의 대립이 점점 더 사라지고, 또 감각은 점점 더 약화된다. 가령 오랫동안 반복된 모든 동일한 감각은 감성을 무디게 함으로써 졸음을 일으키며, 그것도 감각이 강한 만큼 그리고 감성이 예민한 만큼 더욱 졸음을 불러온다. 그러한 것이 특히 어린 시절

---

*28 아리스토텔레스, 『영혼론』, II, 4: "Ἀπαθοῦς ὄντος τοῦ ὁμοίου ὑπὸ τοῦ ὁμοίου (416a32, 동일한 것은 동일한 것에 의해 영향 받지 않기 때문에)."

*29 같은 저자, 같은 곳; 쇼씨에(Chaussier), 뷔쏭의 위에서 인용된 책, 232쪽에 따르면.

---

113 동화가 잘될 수 없을 때 거부반응이나 염증이 일어난다.

의 계속적인 진동이나 흔들림 또는 지루한 소리의 일반적인 효과이다.*30 그런데 운동이나 소음이 멈추게 되면 졸음도 달아난다. 정지, 즉 정적이 깨게 만든다. 그것은 무슨 까닭인가? 소음이나 운동이 졸음을 일으키는 것은, 오직 감각 기관들을 감각의 음조(ton)로 올려놓고 그 사실 자체에 의해 감각을 파괴하지만, 감성을 위해 감각에 대한 필요를 일으키는 모종의 불분명한 능동성을 감각 기관 속에서 발전시킴으로써만 그렇게 하기 때문이다. 감각의 원인이 사라지게 되자마자 그러한 필요는 불안과 각성에 의해 나타난다. 따라서 수동성의 점진적인 약화는 내적인 능동성의 점진적인 발전에 의해서 설명된다.[114]

다른 한편, 운동은 수동성을 내포하고, 원인에서의 능동은 원인의 작용을 겪는 주체에서의 수동성을 내포한다. 따라서 운동은 그것이 반복됨에 따라 점점 더 의지적이지 않은(involontaire) 운동으로 변한다고 할 때, 비밀스런 능동성이 조금씩 전개되는 것은 의지에서가 아니라 운동 자체의 수동적 요소에서이다.[115] 공간 운동의 연속이나

---

*30 바르테즈, 『인간 과학의 새로운 요소』, XI, 2..

---

114 이 문단의 요점은 감각이 반복됨에 따라 그 감각은 무뎌지지만, 동시에 '모종의 불분명한 능동성'이 그 배후에서 자라고 있기 때문에 반복되는 감각이 멈출 경우 우리는 각성하게 된다는 것이다. 즉, 수동적 감각 속에도 이미 모종의 능동성이 깔려 있다는 것이다. 이 점이 라베쏭과 멘느 드 비랑의 중심적 차이이다.
115 '비밀스런 능동성'이란 앞에 나온 '모종의 불분명한 능동성'을 말한다. 앞의 경우 그것은 감각의 수동성 배후에 자리 잡은 것으로 설명되었고, 여기

반복이 태어나게 하고 강화시키는 것은 고유한 의미에서의 행동이 아니라, 유기체 속으로 점점 더 깊이 내려가며 거기서 점점 더 집중되는 항상 더 불분명하고 무반성적인 어떤 경향이다. 습관은 의지와 지성 앞의 장애물들을 낮추고 그들에게 수단을 복속시킴으로써 그들의 단순한 작용에 간접적인 영향만을 미칠 뿐이다.[116]

결과에 의해서만 드러나며, 감각이 꺼짐에 따라 감각 기관에서 켜지는 그런 욕망이란 또한 진정한 능동성이 아니다. 그것은 능동적인 것만큼이나 수동적인 것도 포함하고 있는 맹목적 경향이다.

따라서 연속이나 반복은 감성을 낮추며 운동성(motilité)을 높인다. 그러나 그것이 하나를 낮추고 하나를 높이는 것은 동일한 방식으로, 오직 하나의 동일한 원인에 의해서이다. 그 원인이란 (바로) 무반성적 자발성의 발전으로서 그것은 의지, 인격, 의식의 영역 밖에서, 그리고 그 영역 아래에서 수동성과 유기체 속으로 점점 더 파고 들어가서 확립된다.[117]

서는 능동적 운동이 '점점 더 의지적이지 않은 운동으로 변할' 때 '운동 자체의 수동적 요소'로 작동하는 것으로 설명되었다.

116 '비밀스러운 능동성'은 이제 유기체 속 깊이 들어 있는 '불분명하고 무반성적인 어떤 경향'으로 정의되고, 습관은 바로 그것으로부터 나오는 것이며, 그러한 습관의 역할은 '의지와 지성 앞의 장애물들을 낮추고 그들에게 수단을 복속'시키는 것이고, 그럼으로써 의지와 지성의 작용에 간접적인 영향을 미친다는 것이다.

117 '비밀스러운 능동성'은 이제 '능동적인 것만큼이나 수동적인 것도 포함하고 있는 맹목적 경향'이며 '진정한 능동성이 아니'라고 정의된다. 그것은 '연속이나 반복이 감성을 낮추며 운동성을 높이게' 되는 '오직 하나의 동

감각의 점차적인 약화와 운동의 점증적인 용이성은 가정을 많이 사용한다면 아마 기관들의 물리적 구성에서의 어떤 변화(해부학으로는 증명되지 않는)에 의해 설명될지도 모른다.[*31] 그러나 어떠한 유기체적 변화도 그 진전進展이 감각과 노력의 저하와 일치하는 경향(tendence), 즉 성향(penchant)을 설명할 수 없다. 사람들이 그렇게 하려고 시도했던 것처럼[*32] 아마도 어느 정도까지는 아직 운동의 용이성과 확실성의 진전, 그리고 감각의 사라짐을 주의, 의지, 지성의 진전에 의해 설명하는 데에 성공할지도 모른다. 그러나 주의가 지치고 다른 데로 돌려지기 때문에 감각이 결국은 사라지는 것이라면, 의지가 포기한 그 감각을 감성이 점점 더 요구한다는 것은 어디에서 오는가? 지성이 그 모든 부분을 더 잘 알고 의지가 더 많은 확실성과 정확성으로 행동을 결합하기 때문에 운동이 더 빠르고 더 쉽게 되는 것이라면, 의지와 의식의 감소가 운동의 용이함의 진전과 일치한다는 것은 어디서 오는가?

물리적 이론과 합리주의적 이론은 여기서 둘 다 같이 결함을 가진다. 습관의 법칙은 똑같이 기계적 숙명성(Fatalité mécanique)과도 반

[*31] 이삭(Issac), 『습관과 미세하게 이동된 섬유로부터 도출되는 그것의 효과에 관하여(*De Consuetudine eijusque effectibus ex fibra sensim mutata ducendis*)』(Erfordiae, 1737, in-4°) 참조.

[*32] 보네(Bonnet), 『심리학 시론(*Essai de psychologie*)』(전집, VIII), 82~89쪽; 듀갈드 스튜어트, 『인간 정신의 철학』, 175쪽을 보라.

일한 원인'이며, '의지, 인격, 의식의 영역 아래'에 놓여 있는 '무반성적 자발성'으로부터 나오는 것이다.

성적 자유(Liberté réflexible)와도 다른, 동시에 수동적이자 능동적인 어떤 자발성(Spontanéité)의 발전에 의해서만 설명된다.[118]

Ⅲ. 그러나 운동은 습관으로 되는 것이고 의지와 반성의 권역으로부터 나오는 것이면서도, 지성으로부터 나오는 것은 아니다. 그것은 어떤 외적 추진력의 기계적 결과가 아니라, 의지에 뒤따르는 어떤 성향의 결과가 된다. 그러한 성향은 정도차를 가지고 형성되며, 따라갈 수 있는 한까지 의식은 항상 거기서 의지가 계획한 목적으로의 경향을 확인한다. 그런데 모든 목적으로의 경향은 지성을 내포한다.[119]

그러나 반성과 의지 속에서 지성이 계획하는 목적(fin)은 운동의 다소간 먼 목적지(but)처럼 지성이 대면하는 대상(objet)이

---

118 숙명성, 자유, 자발성이 모두 대문자로 시작되고 있다. 그 셋이 모두 존재의 기본적인 세 영역을 대표하기 때문일 것이다. 습관은 물질의 완전히 '기계적 숙명성'도 정신의 고도의 '반성적 자유'도 아닌, '동시에 수동적이자 능동적인 어떤 자발성'으로부터 전개되어 나온 것이다. 그것은 물질과 정신 사이에서 '동시에 수동적이자 능동적'이지만 분명히 자발적인 어떤 힘으로부터 나온다. 이것이 라베쏭 습관론의 핵심이다.

119 운동은 의지와 반성으로부터 나오고, 점차 성향이 되며, 그 성향 속에는 목적이 포함되어 있고, 목적은 다시 지성을 포함하지만, 그럼에도 불구하고 운동은 지성으로부터 나오는 것이 아니라고 말하고 있다. 그러므로 이때 '운동이 지성으로부터 나오는 것이 아니'라는 말은 운동의 추진력, 즉 그 실행력과 지성은 전혀 그 연원이 다르다는 의미로 새겨야 한다. 그렇지 않으면 이해할 수 없는 문장이 된다. 바로 다음에 나오는 말처럼 지성은 목적을 대상처럼 대면할 뿐, 운동 자체를 일으키는 추진력은 아니다.

다.[120] 습관의 진전에서 성향이 의지를 뒤따르는 그만큼, 그 성향은 항상 더 그것이 실현하기를 갈망하는 행위에 접근하며, 더욱더 그 행위의 모습을 띤다. 운동의 지속은 조금씩 가능성(puissance)과 잠 재성(vitualité)을 경향으로 바꾸고, 경향은 조금씩 행동(action)으로 변한다. 오성이 운동과 그 목적지 사이에서 표상하던 간격은 따라서 조금씩 감소한다. 구별은 지워지며, 그 관념이 성향을 야기했던 목 적은 그 운동에 접근하며 그것과 접촉하고 그것과 혼융된다. 반대항 들의 거리와 대립자들의 중간을 지나가며 측정하는 반성에, 사유의 주체와 객체를 가르는 것이 아무것도 없는 직접적 지성이 정도차를 두고 뒤따른다.[121]

반성과 의지에서 운동의 목적은 하나의 관념이자 성취해야 할 하 나의 이상이며, 있어야 하고 있을 수 있지만 아직은 있지 않은 무엇

---

120 목적을 의미하는 단어 셋(fin, but, objet)이 한 문장에 등장했다. 'fin'은 여 러 수단을 동원하여 도달되는 곳, 'but'는 가서 닿아야 할 목적지 또는 표 적, 'objet'는 정신이 지향하는 목표를 각각 의미하는데, 이 중에서 마지막 것은 목표보다는 단순히 대상을 의미한다고 해야 할 것이다.

121 '직접적 지성'이란 습관이 발전하여 행동이 그 목적과 혼연일체가 될 때 아 무런 의식도 필요 없이 행동이 저절로 이루어지는 상태에서의 지성을 말 하며, 그때에는 '주체와 객체가 구분되지 않는' 상태이므로 사실 지성이라 부를 수도 없는 상태이다. 지성이나 의식은 항상 행동이 제대로 안 될 때 일어나는 것이며, 그때에는 '반대항들의 거리와 대립자들의 중간을 지나가 며 측정하는 반성'이 필요하게 되지만, 그것을 지나 행동이 잘되게 되면 반 성은 필요 없고 오직 '직접적 지성'만 있을 뿐이다. 물론 이때에도 지성이 라 부를 수 있는가는 문제이지만, 완벽한 행동이라는 것이 전혀 정신이 없 는 상태에서 이루어지는 것은 결코 아니므로 그렇게 부를 수밖에 없다.

이다. 그것은 실현해야 할 하나의 가능성이다. 그러나 목적이 운동과, 운동이 경향과 혼융됨에 따라 가능성·이상은 실현된다. 관념은 존재가 된다. 즉, 관념은 그것이 결정하는 운동과 경향의 존재 자체이자 존재 전체가 된다. 습관은 점점 더 하나의 실체적 관념(idée substantielle)이 된다. 습관을 통해 반성에 이어지는 불분명한 지성, 주체와 객체가 혼융되는 그 직접적 지성은 실재와 이상, 존재와 사유가 혼융되는 실재적 직관(intuition réelle)이다.

마지막으로, 습관을 만드는 성향들이 형성되고 그것의 관념이 실현되는 것은 점점 더 인격의 권역 밖이자 또한 의지의 중심 기관의 영향 밖이며, 직접적인 운동 기관들 안에서이다. 그리고 그러한 기관들에서부터 그 성향과 관념들이 점점 더 존재의 형식과 방식이 되고, 존재 자체가 된다. 욕망과 직관의 자발성은 발전되면서 이를테면 유기화의 무한한 다수성(multiplicité indéfinie) 속으로 분산되어 버린다.[122]

그러나 성향들이 의지에 뒤따르는 것은 일련의 감지할 수 없는 정도 차에 의해서이다. 관습(coutume)으로부터 태어난 그러한 성향들이 자주 관습이 중단되면 이완되고, 의지의 영역으로부터 나온 운동들이 시간과 함께 의지로 되돌아가는 것도 또한 감지할 수 없는 점감(dégradation)에 의해서이다. 그 두 상태 사이에 전이는 알아차릴 수 없으며, 한계는 어디에나 있고 아무 데도 없다. 의식은 연속적인

---

122 '욕망과 직관의 자발성'은 앞 절에서 나온 '모종의 불분명한 능동성'을 의미하며, 그러한 습관의 원천이 습관이 형성됨에 따라 여러 운동 기관, 즉 '유기화의 무규정적 다수성' 속으로 흩어지는 결과를 가져온다는 것이다.

점진(gradation)과 점감의 방식으로 의지와 함께 사라지고 또 그것과 함께 되살아난다.[123] 그리고 의식은 연속성의 제1차적이고 직접적이며 유일한 척도이다.[124]

따라서 습관이 의지로부터 점진적으로 뽑아내는 운동들은 그 사실 자체에 의해 지성의 권역에서 나와 맹목적 기계론의 제국으로 빠져들지 않을 뿐만 아니라, 그것들이 태어났던 동일한 지적 활동성으로부터도 벗어나지 않는다.[*33] 어떤 낯선 힘이 와서 지휘하는 것이 아니다. 그 운동들의 원리이면서도 거기서 점점 더 자신의 사유의 매력에 빠지는 것은 항상 동일한 힘이다. 특히 인격에서의 상위의 단일성은 전혀 잃지 않으면서, 나뉘지 않고 번식하며, 내려가지 않고 스스로를 낮추면서, 여러 장소에서 자신의 경향·행위·관념들로 스스로 해체되며, 시간 속에서 변형되고 공간 속에서 분산되는 것도

---

*33 버클리, 『시리스(Siris)』, 123쪽: '그러므로 그 운동들이 나오는 것은 음악가 자신들로부터가 아니기 때문에, 어떤 다른 능동적 지성으로부터이어야 한다. 그것은 아마도 벌들과 거미들을 지휘하고, 자면서 걷는 사람들의 사지를 움직이게 하는 바로 그 지성일 것이다.'

---

123 한쪽에는 의지와 의식, 다른 한쪽에는 성향과 습관이 서로 길항적으로 점증과 점감을 교차하며, 그 모든 것은 조금씩 정도의 차를 가지고 이루어진다. 각각의 단계가 모두 공통의 한계이므로 한계는 어디에나 있고, 또 아무 데도 없다(어느 한 곳만을 지정할 수 없으므로).

124 위의 모든 과정이 연속적이고, '연속성의 제1차적이고 직접적이며 유일한 척도'가 의식이라면, 의식은 많든 적든 그 모든 과정의 바닥에 항상 깔려 있는 것이다. 이때의 의식은 우리의 자기동일성을 확보해주는 차원에서의 의식이다.

항상 동일한 힘이다.[125]

습관의 필연성은 따라서 외적이고 강제적인 필연성이 아니라 매력과 욕망의 필연성이다.[*34] 정신의 자유에 뒤따라오는 그 **사지의 법칙**(loi des membres)은 분명 하나의 법칙이다. 그러나 그 법칙은 **은총의 법칙**(loi de grâce)이다.[*35] [126] 목적인이 점점 더 운동인보다 우위를 차지하고 운동인을 자신 속으로 흡수한다. 그리고 그때, 과연 목적(끝)과 원리(시작), 사실과 법칙이 필연성 속에서 혼용되기 때문이다.

그런데 이제 행위의 연속성과 반복에 의해 생겨난 경향들과 우리의 본성을 구성하는 원초적 경향들의 차이는 무엇인가? 즉, 습관과

---

*34 포터필드(Porterfield), 『안구론(*Traité de l'oeil*)』, II, 17.

*35 성 바울, 『로마서』: "Βλέπω δὲ ἕτερον νόμον ἐν τοῖς μέλεσί μου ἀντιστρατευό- μενον τῷ νόμῳ τοῦ νοός μου(그러나 나는 나의 이성의 법칙에 대항하여 싸우는 다른 법칙을 나의 사지 속에서 본다)."

---

125 '동일한 힘'은 예전의 그 '모종의 불분명한 능동성'을 말한다. 그것은 자신의 단일성은 전혀 잃지 않으므로 번식하지만 나뉘지 않고, 스스로를 낮추지만 자신을 버리고 하등의 것으로 내려가지 않으며, 여러 장소에서 자신의 경향·행위·관념들로 스스로 해체되고, 시간 속에서 변형되고 공간 속에서 분산되지만 항상 동일하다.

126 습관의 법칙은 나의 의식이나 정신과는 다른 내 몸 깊은 곳에서 나오는 어떤 법칙이므로 바울의 표현에 따라 '사지의 법칙'이라 명명된다. 그러나 그것은 '모종의 불분명한 능동성'으로부터 나오는 '매력과 욕망'의 법칙이며, 생명의 능동성이 부여하는 '은총의 법칙'이다.

본능의 차이는 무엇인가?[127]

습관과 같이 본능은 의지도 명확한 의식도 없는, 어떤 목적으로의 경향이다. 단지 본능은 더 무반성적이고, 더 저항할 수 없고, 더 확고하다. 습관은 아마 결코 거기에 도달할 수 없으면서도 본능의 확실성과 필연성, 완벽한 자발성에 언제나 더 가까이 다가간다. 습관과 본능 사이, 습관과 본성 사이의 차이는 따라서 정도 차에 불과하며, 그러한 차이는 무한에까지 감소되고 약화될 수 있다.

능동과 수동 사이의 노력처럼 습관은 의지와 본성 사이의 공통적 한계이거나 중간항이다. 그리고 그것은 움직이는 중간항이며, 끊임없이 이동하고 한쪽 끝에서 다른 쪽 끝까지 알아차릴 수 없는 진전에 의해 나아가는 한계이다.

따라서 습관은 말하자면 무한소의 미분(différentielle)[128]이거나, 아니면 자연(본성)으로 향한 의지의 동적 유출(fluxion dynamique)이다.[129] 자연(본성)은 습관이 감소하는 운동의 한계(limite)이다.

따라서 습관은 그 자체로서는 실재하지만 오성에서는 통약 불가능한 자연(본성)과 의지의 관계를 무한수의 수렴하는 연쇄(suite convergente)를 통해 어림잡게 하는 한 방법, 유일한 실재적 방법으

---

127 이 단락의 주제는 습관과 자연(본성)의 관계이다.

128 바로 앞에서 말한 것처럼 습관은 의지와 반성 사이를 '알아차릴 수 없는 진전에 의해 나아가는' 것이므로 '무한소의 미분'이다.

129 습관, 자연, 의지가 모두 대문자로 시작된다. 우주의 대표적 현상이나 중심항으로서의 각각을 나타낸다. 습관은 자연(본성)으로 향해 의지가 내려가는 방식이므로 '동적인 유출'이라 할 수 있다.

로 간주될 수 있다.[130]

　습관은 의식의 가장 밝은 지역들로부터 점차 내려오면서 그 빛을 자연의 심연과 어두운 밤으로 함께 가져온다. 그것은 자신의 최후의 근거를 원초적 자연에 두고 있으나 유일하게 오성에게 그것을 설명할 수 있는 획득된 본성,[*36] 제2의 본성(nature seconde)[*37]이다. 그것은 결국 소산적 자연(nature naturée)이며, 능산적 자연(nature naturante)의 계속되는 작품이자 계시이다.[131]

　습관은 의지적 운동을 본능적 운동으로 변형한다. 그런데 가장 의지적인 운동에서 의지가 계획하고 오성이 표상하는 것은 운동의 외적 형태와 극단만이다. 반면, 공간에서의 운동과 신체운동 능력(puissance)의 실행 사이에는 먼저 저항하는 중간항(moyens)들로 채워지는 중간지대(milieu)가 있고, 우리는 노력 속에서 오직 그런 저항에 대해서만 어렴풋한 의식을 가진다. 신체운동 능력은 어떻

---

*36　갈리에누스, 『근육운동론』, II, 17.: 'epichtetos physis(획득된 본성)'
*37　아리스토텔레스, 『기억론』, 2.

130　습관을 통해 본성과 의지의 관계를 알 수 있다. 그것은 무한수의 연쇄로 이루어지므로 오성이 그것을 계산해내기는 불가능하다. 습관의 형성 여부와 그 진전 정도에 따라 어림잡을 수 있을 뿐이다.
131　습관은 우리의 본성(본능)이라는 '능산적 자연'에 그 연원을 둔 '소산적 자연'이자, '제2의 본성'이다. 그 본성의 부분은 어두워서 뭐가 뭔지 잘 알 수 없으나, 그 본성과 의식적 의지의 관계는 습관을 통해 알 수 있다. 그것은 본성(자연)과 의지(의식)가 만나는 한계로서 무한수의 '수렴하는 연쇄'를 이루며, 그것에 의해 우리는 그 둘 사이의 한계를 짐작할 수 있다.

게 그런 저항하는 중간항에 적용되는가? 그것은 우리가 더 이상 어떠한 의식도 가질 수 없는 것이다. 우리가 목적(끝)으로부터 원천(시작)으로 후퇴할수록 암흑은 짙어진다.*38 132 그런데 반복되고 지속된 훈련에 의해 노력의 양을 조절하고 우리가 도달하려는 목적에 따라 적용점을 선택하는 것을 배운다. 그리고 동시에 노력의 의식은 사라진다.

그리하여 과격한 훈련이나 고통스러운 작업이 요구하는 운동에

---

*38 반 헬몬트(J. B. Van Helmont), 「아르케적인 병에 대하여(De Morbis archealibus)」(『의학의 기원(Ortus medicinae)』, Amstelodami, 1648, in-4°), 521. a쪽: "Non enim modum novi quo initia serminalia suas dotes exprimunt, qui plane ut a priori mihi ignotus est(왜냐하면 나는 어떤 방식으로 종자적 원리가 그들의 특성을 표현하는지를 몰랐기 때문이다. 그것은 마치 선천적인 것처럼 내게 전혀 알려지지 않은 것이다)".133

---

132 운동의 끝은 구체적 공간에서 우리 몸이 움직여 간 곳이며, 그것은 우리가 분명히 의식할 수 있다. 그러나 그 끝을 향해 가기 위해서는 우리의 운동능력이 일단 발휘되어야 하며, 그때 우리는 모종의 저항을 받는다. 우리의 신체운동능력이 그런 중간단계의 저항과 어디서 처음 만나는지는 알기 어렵다. 즉, 운동의 끝에서 운동능력의 발원지로 내려갈수록 '암흑은 짙어진'다.

133 생기론자인 반 헬몬트는 신체 속에 깃든 생명의 원천을 파라셀수스가 사용한 'archée' 또는 인용문에 나오듯이 'initia serminalia' 등으로 불렀다. 그것은 반은 정신적이고 반은 물질적인 어떤 생명의 숨결 같은 것이며, 능동적 운동능력을 갖춘 것이다. 그에게 모든 병은 그 아르케가 흥분하여 병적인 관념을 가질 때 발생하며, 그것이 바로 '아르케적인 병'이다. 어쨌든 아르케는 뭐라 설명할 수도 없고 규정할 수도 없는 생명의 고유한 원천으로서 그리로 내려갈수록 '암흑은 짙어진'다.

습관이 된 기관들은 오랫동안 더 부드러운 운동을 할 수 없게 된다. 손과 손가락의 근육으로 강력한 운동을 수행하는 데 익숙해진 사람은 다른 사람보다 더 바르게 글씨를 쓸 수 없다.*39 운동의 원리는 알지 못하는 사이에 스스로에게 벗어날 수 없는 하나의 **전형**(type), 즉 **행동관념**(idée d'action)*40 134을 형성하고, 익숙한 목적 아래에 놓여 있는 목적 전체를 본의에 반하여, 심지어는 발작적으로 지나친다.135

우리는 따라서 운동 기관에 대한 신체운동 능력의 원천적 적용에 관해 습관이 아직도 도달할 수 있었던 어떤 모호하고 설명할 수 없는 앎(intelligence)이나 말로 표현할 수 없는 어떤 의도를 가졌던 것이다. 그것은 습관이 노력의 불분명한 의식, 그리고 다음에는 공간에서의 운동의 외적 방향에 대한 분명한 의식을 가져오는 바로 그 지점이다. 의식의 정도들은 그러한 방식으로 가장 높은 것에서 가장 낮은 것까지 하나에서 다른 것으로 물러나며, 그때 전체 운동은 마치 당연한 것처럼 이루어진다. 그것은 운동 기관에 대한 신체운동

---

*39 바르테즈, 『인간학의 새로운 요소들』, XIII, 1.

*40 슈탈, 「살아 있는 혼합체의 참된 다양성에 대하여(*De vera diversitate corporis mixti et vivi*)」(『참된 의학이론(*Theoria medica vera*)』, 78~79쪽; 『도로』, 72쪽).

---

134 행동관념은 아까 나온 실체적 관념과 같은 뜻으로 이해해도 무방하다. 습관이 형성된 후 그것은 하나의 실체적 관념처럼 작용하여 쉽게 없앨 수가 없다.

135 습관이 형성되면 하나의 '전형'이 생겨서 다른 목적으로부터 나오는 행동이 무시될 정도에 이른다. 그리하여 과격한 운동에 습관이 들면 섬세한 운동은 잘할 수 없게 된다.

능력의 첫 번째 적용이 항상 그런 것처럼 전체가 자연스럽고 본능적으로 된다.

게다가 노력이 저항을 내포한다면 이제 저항은 노력 속에서만 나타난다. 그러한 순환으로부터 어떻게 벗어나야 할 것이며, 시작은 어디에서 찾을 것인가?

일반적으로 의지는 대상의 관념을 가정하나, 대상의 관념도 마찬가지로 주체의 관념을 가정한다.

노력은 따라서 필연적으로 노력이 없는 선행의 경향성을 원하며, 그 경향성이 전개됨으로써 저항을 만난다. 활동성의 자기 자신에 대한 반성 속에서 의지가 존재하게 되고 노력 속에서 의지가 깨어나는 것은 바로 그때이다.[*41] 의지는 일반적으로 의지적이지 않은 이전의 성향(penchant)을 가정하며, 거기서 그것이 끌어들이는 주체는 아직 그 객체와 구별되지 않는다.

의지적 운동은 따라서 욕망에서 단지 자신의 질료, 즉 실체를 취할 뿐 아니라 그 원천과 근원도 거기에 둔다.[*42] 욕망은 행위의 목적이 행위와, 관념이 실현과, 사유가 자발성의 비약과 혼동되는 원초적

[*41] 멘느 드 비랑, 『습관의 영향』, 28쪽 주.[136]

[*42] 반 헬몬트, 인용된 책, 521. b쪽: "Sunt autem ideae desiderii solae directrices motivae(그러나 유일한 지배적 동기는 욕망의 관념들이다)."

---

136 노력에 앞서 경향성이 있으며, 그 경향성이 발현되려 할 때 최초의 저항을 만난다. 그것이 멘느 드 비랑이 말하는 '내적 감각의 원초적 사실(les faits primitifs du sens intime)'이다. 그때 최초의 의식이 출현한다.

(primordial) 본능이다. 그것은 자연의 상태이며, 자연 자체이다.[137]

운동의 의지적 부분에서의 의식과 의지의 계속적인 감소는 따라서 의지의 지역으로부터 오직 자연만의 지역에 이르기까지 전체 운동의 부분들에서의 의지와 의식의 상태들의 동시적 연쇄를 나타낸다. 습관의 마지막 단계는 자연 자체에 대응한다. 따라서 자연 자체는 이 마지막 단계와 같이 욕망의 자발성 속에서 (성립하는) 운동이나 변화 일반의 끝(fin, 목적)과 시작(principe, 원리), 현실성과 이상성의 무매개성(immédiation)이다.[138]

우리가 운동의 마지막 행위에서 그 시작으로 되돌아갈수록 우리는 또한 방향의 단일성으로부터 구별되지 않는 다수성 — 거기서부터 신체 운동 에너지가 어디서나 일어나는 — 으로 내려간다.[*43] 그것은 습관의 진보가 향하는 끝이며, 곧 경향의 다수성과 기관의 다양성으로의 운동의 분산이다. 원초적 자연이건 습관이라는 제2

---

*43 바르테즈, 인용된 곳, V, I, 「근육의 힘에 대하여」 참조.

---

137 '모종의 불분명한 능동성', '근원적 자발성', '능산적 자연', '원초적 본능'으로 표현되었던 습관의 근원이 이제 욕망이라 규정되고, 그 끝은 자연 자체이다. 즉 라베쏭에게 자연은 욕망이다. 한편 '자발성의 비약'이라는 개념은 베르크손의 '생의 비약'을 예견케 한다.

138 의식과 의지로부터 자연에 이르기까지의 전 단계들은 의지와 의식이 얼마나 감소되었는가의 정도를 나타낸다. 습관은 그 사이에서 성립하는데, 그 마지막 단계는 자연이다. 자연 그 자체는 마지막 단계의 욕망의 자발성에서 성립하며, 그곳에서는 운동의 끝과 시작, 현실과 이상이 직접적으로 융합되어 있는 상태이다.

의 자연이건 자연에도 역시 자신의 고유한 관념들의 실체성(sub-stantialité) 속으로 흩어지고 흡수되는 지성과 힘의 신비스러운 분산을 인격의 중심적 단일성 아래에서 엿볼 수 있기 때문이다.[139]

신체 운동의 활동성은 따라서 연속적인 진전에서처럼 의지에서 본능까지 펼쳐진 모든 힘을 포함한다. 그러나 하등下等의 힘들이 거기에 포함되는 것은 오직 축소되고 축약된 형태로만이다. 그 힘들은 사유의 빛으로 환해진, 생의 고양된 정상으로부터 가장 낮고 가장 어두운 지역까지 기능과 기관들의 다채로운 연쇄로 전개된다. 공간운동 기능으로부터 영양섭취를 준비하는 기능까지, 이 후자로부터 영양섭취 자체와 생장(生長, végétation)에 이르기까지 연장성 속에서의 구별되고, 형태를 그릴 수 있고, 측정할 수 있는 운동에 이어 거의 감지할 수 없는 운동과 분자적 운동, 마지막으로 화학적 변형과 가장 은밀한 생명의 작용이 뒤를 잇는 것을 볼 수 있다. 역학(mécanique)은 점점 더 생명의 표상할 수 없고 설명할 수 없는 동학(dynamisme)에 자리를 내준다.[140] 상상의 장이 닫히고, 오성의 횃불이 꺼지며, 의지가 이지러지며, 의식이 사라진다. 동시에 기관들의

---

139 우리의 본성은 '인격의 중심적 단일성'을 가지지만, 또한 동시에 맹목적 단
   일성으로 남는 것이 아니라 다양성을 추구한다. 다양한 능력과 기관들로
   '지성과 힘'을 분산한다. 원초적 자연과 마찬가지로 제2의 자연인 습관도
   발달하면 할수록 다양한 '경향'과 '기관'들로 자신의 운동을 분산한다. 그
   것은 자신이 원하는 방향, 즉 다양한 '자신의 고유한 관념들'에 '실체성'을
   부여하려는 '신비스러운' 경향이다.
140 생명 현상에는 더 이상 기계적 설명이 효력을 발휘하기 어렵다는 베르크
   손적 직관의 선배가 여기에 있다.

대칭과 대립과 함께 유기체의 중앙 집중화가 감소한다. 뇌의 단일성의 제국에 점점 더 다수의 독립적 중심들로의 생명의 분산이 이어진다.*44 습관의 영향은 의지의 영향과 함께 식물적 생보다 우위의 혼합된 기능들에 대해서는 아직도 강력하다. 위에서 본 것처럼 그 영향은 그것이 습관의 탁월한 성격인 주기들에 가져온 변화 속에서 높이 나타난다. 그것은 식물적 생명에도 또한 연장되며, 거기서 본능을 깊이 변화시킨다. 그것은 많은 부분 기질(disposition)을 변질시키고 또 형성한다. 훈련된 근육과 관절은 더 강하고 더 커지는 동시에 더 민첩해진다. 즉, 거기서는 영양 섭취가 더 강력하다. 결국에는 가장 맹렬한 독에도 익숙해진다. 만성 질환의 경우 약이 효능을 잃게 되며 때때로 그것을 바꿔주어야 한다.*45 먼저는 가장 불편하고 가장 피곤한 운동이나 상황들도 결국에 가서는 가장 편리한 것이 되고, 그것들이 항상 연결되었던 기능들의 필수적인 조건으로 변하는 것으로 끝을 맺는다. 마찬가지로 가장 유해하고 치명적인 음식이나 공기가 습관에 의해 건강의 조건 자체가 된다.*46 습관을 고려하는

---

*44 비샤, 『생명과 죽음에 관한 생리학적 탐구』, II항 이하.

*45 갈리에누스, 『위생론(*De sanitate tuenda*)』, V, 9.; 호프만(Hoffmann), 『합리적 의학체계(*Medic. Rat. Syst*).』, II, XIV, 17.; 한(Hahn), 『습관론(*De Consuetudine*)』(Lugd., Batav., 1751, in-4°), 72쪽.

*46 히포크라테스, 『난제들』, II, 50.: "ἃ ἐκ πολλοῦ χρόνου συήθεα, κἂν ᾖ χείρω, τῶν ἀσυνήτων ἧσσον ἐνοχλεῖν εἴωθε.(오래 전부터 익숙한 것들은 익숙하지 않은 것들보다 덜 좋음에도 불구하고 일반적으로 덜 해롭다)"; 벳첼(Wetzel), 『사물의 비자연적 사용을 둘러싼 습관에 관하여(*De consuet. circa rerum non naturallum usum*, Basilae, 1730, in-4°)』; 융니켈(Jungnikel), 『또 다른 본성에 의한 습관에 관하여(*De Cousuetudine altera Natura*)』(Witt., 1787, in-4°), 21

것은 위생, 진단, 치료의 가장 중요한 요인이다.*47 습관이 아무것도 아닌 것으로 되지는 않으며, 또는 적어도 유기화의 가장 기초적인 기능들 속에서가 아니라면 그렇게 되지는 않는 것으로 보인다. 그러나 그것에게 금지된 것으로 보이는 그 심연에까지 그것이 의식으로부터 끌어내는 최후의 창백한 광선은 자연의 가장 깊은 곳에서 이상과 현실의 동일성, 사물과 사유의 동일성, 그리고 설명할 수 없는 지성과 욕망의 행위 속에 혼동되어 있으나 오성이 분리해내는 모든 반대항의 동일성의 신비를 밝게 비춘다.

자신의 주기와 흐름, 탄생, 죽음을 가지며 정규적인 삶 속에서 발전되는 비정상적이고도 기생적인 삶[141]의 비밀도 동일한 원리와 동일한 유비에 의해 발견되는 것으로 보인다. 병을 만드는 것은 하나의 관념인가, 존재인가? 아니면 오히려 동시에 관념이면서 존재인 것, 즉 모든 의식 밖에 있는 구체적이면서도 실체적인 관념이 아닐까?*48 자신의 고유한 생명으로 살아가기 위해 사랑의 운반(transport

---

쪽 이하; 한, 『습관론』, II; 바르테즈, 인용된 책, XIII.

*47 에라시스트라투스, 『마비론』, II.; 갈리에누스의 『습관론』, I. 등에 따라.

*48 반 헬몬트, 『질병형태론(De Ideis morbis)』, 『아르케적인 병에 관하여』 등을 보라. 바르테즈, 도처에; 시덴함(Sydenham)은 병을 해를 끼치는 원리를 축출하기 위한 자연의 방법이라 정의한다. 이러한 정의는 또한 **병적 관념**(idée morbide)도 포함한다. 그러나 그 관념을 구체에서(in concreto, εἶδυς ἔνυλον) 취해야 한다. 상응하는 **형태**나 **병적 관념**을 생명의 원리에 새기는 독, 전염성 바이러스, 맹렬한 열정의 효과에 대하여는 슈탈, 반 헬몬트, 바르테즈를 보라.

---

141 즉, 병.

de l'amour)[142]에서 떨어져 나와 고립하며, 스스로에게 자신의 몸과 세계와 운명을 제공하는 어떤 창조적 관념과 같이 그것은 또한 바로 생명의 전달의 신적인 비밀이 아닐까?*[49] [143] 같은 방식으로, 아버지에게서 그랬던 것이 아들에게서도 그러하기 위해 자신의 때와 시간을 기다리며 세대에서 세대로 불변의 형태와 주기로 퍼져나가는 병의 실체적 관념, 즉 병 자체의 전달의 비밀이 아닐까?*[50] [144]

마지막으로, 인류에서의 생명의 가장 높은 형태, 즉 신체운동의 활동성은 종속적 기능들 속에서 발전되는 모든 하등의 형태들을 축약 상태로 포함하고 있다. 그러나 그런 기능들의 연쇄는 그 자체 계에서 계로, 유에서 유로, 종에서 종으로 존재의 가장 불완전한 초보 단계와 가장 단순한 요소들에까지 세계에서의 생명의 가장 일반적인 발전의 요약에 불과하다. 세계, 즉 자연 전체는 각 항이 모든 상

---

*49 반 헬몬트, 『아르케적인 병에 관하여』, 521. b쪽.

*50 반 헬몬트, 『아르케적인 병에 관하여』, 521. b쪽.; 부르카르트(Burchart, 슈탈이 위원장으로), 『다양한 병의 유전적 기질에 관하여(*De haereditaria dispostione ad varios affectus*)』(1706, in- 4°); 융, 『습관의 일반적 효과에 관하여』, 13쪽.

---

142 정상적인 생명의 흐름.

143 창조적 관념은 일반적 흐름에서 벗어나 '스스로에게 자신의 몸과 세계와 운명을 제공하는' 관념이다. 병도 마치 그것과 같이 자신의 살길을 창조적으로 개척한 한 방식이다. 아니, 정상적 생명체의 입장에서 보면, 병이 난다는 것 자체가 자신의 동일성을 유지하기 위한 한 방편일 수 있다.

144 결국 병도 습관과 마찬가지로 생명의 가장 내밀한 부분으로부터 연원하여 굳어진 나름의 존재방식이나 관념이라는 것이 이 절의 주장이다.

위 항들의 조건이자 질료이며 모든 하위 항들의 형상이고, 따라서 각각은 그것이 감싸는 모든 연쇄 부분에 따라 세부적으로 발전하며 재현되는(se représente) 연속적인 진보의 상(aspect)을 제시한다.

그러므로 습관은 자연의 힘의 진보적인 발전을 공간의 객관적이면서도 움직이지 않는 형태로 외부 세계 속에 표시하는 항들의 보편성을, 연속적 형태로 의식의 내적 삶 가운데에서의 자신의 진보 속에 형상화한다. 그런데 공간에서 형태의 구별은 한계 지움(limitation)을 내포하며, (거기에는) 결정되고, 한정된 차이들밖에 없다. 따라서 아무것도 한계들 사이에서 절대적 연속성을, 따라서 진보의 한 극단에서 다른 극단까지 동일한 원리의 단일성을 증명할 수 없다. 자연의 연속성은 하나의 가능성, 자연 자체에 의해 증명될 수 없는 하나의 이상성에 불과하다.*[51] 그러나 그러한 이상성은 그 전형을 습관의 진보의 실재성(réalité) 속에 두고 있다. 유비 중 가장 강력한 유비에 의해 거기서 자신의 증거를 끌어낸다.[145]

인간에게서는 습관의 진보가 중단 없는 감퇴를 통해 의식을 의지로부터 본능으로, 인격의 완성된 단일성으로부터 비인격의 극단적 분산으로 이끌고 간다. 그러므로 그 유일한 힘, 유일한 지성은 인간의 삶에서 생명의 모든 기능과 모든 형태이다.

단, 공간과 운동의 조건들과 함께 반성과 기억의 조건들도 사라진

---

*[51] 칸트, 『순수이성비판』.

---

[145] 결국 유비의 형태로나마 자연(생명)의 연속성을 증명해주는 것은 습관밖
    에 없다는 것.

다. 우리 삶의 가장 의지적이지 않은 기능, 가령 영양섭취 기능은 본능으로 변형된*[52] 고대의 습관이 아니다. 우리는 그 기능들이 도대체 우리의 의지에 종속된 적이 있는지를 알지 못할 뿐 아니라, 그것들은 결코 의지에 종속될 수가 없었다. 그것들은 상상과 오성의 권역 밖에 있는 감지할 수 없는 운동과 유기적 변질들로 구성되어 있다. 그러나 습관은 의지적 운동들을 동일한 지점으로 가져와서 그것들을 본능으로 변형시킨다. 따라서 생명 기능의 단계적 연쇄에서의 의지와 의식의 감퇴는 또한 하나의 동일한 영혼의 동일성 속에서의 오성과 반성적 의지의 조건들의 점진적인 소멸의 신호일 뿐임에 틀림없다.*[53]

계, 유, 종의 계열에서도 마찬가지이다.

---

*52 뻬로(Perrault), 『외관에 관하여(Des sens extérieurs)』, (『저작집』, 1721, in-4°), 547쪽: "생명의 초기에 영혼이 모든 사물에 대해 기울인 주의에 의해 영혼은 사물들의 모든 특성에 관해 완벽한 인식을 얻었으며, 그 인식을 오랫동안 사용함으로써 그 특성들에 너무도 친숙하여 거기에 대해서는 막연하고도 소홀한 사유밖에 적용할 필요가 없을 정도였다."(569쪽 참조).

*53 그것이 바로 스탈주의의 문자 그대로의 의미이자 진의이지만, 그 적대자들과 심지어 박학하고 심오한 바르테즈에게도 거의 항상 잘못 알려지고 잘못 이해되었다. 슈탈, 도처에서, 특히 『도로』; 스칼리거(Scaliger), 『카르디아의 히에로니무스에서의 섬세함에 대한 대중적 훈련 제15권(Exotericarum exercitationum liber XV de subtilitate ad Hieronymum Cardanum)』, 987쪽: "anima sibi fabricat dentes, cornua, ad vitam tuendam; iis utitur, et scit quo sit utendum modo, sine objecto aut phantasia ulla(영혼은 생명을 지키기 위하여 스스로에게 이빨과 뿔을 만들어준다. 그는 그것을 사용하며, 아무런 방해물이나 환상 없이 사용방식이 어떠한지를 안다)."

가장 완전한 유기조직을 갖춘 가장 기본적인 존재의 형태는 공간에서 감각적 형태로 실현되고 실체화된 습관의 마지막 순간과 같다. 습관의 유비는 그것의 비밀을 뚫고 들어가 우리에게 그것의 의미를 넘겨준다.[*54] 그러므로 그런 빛 아래에서 식충류의 혼동되고 다수인 생명에까지, 식물에까지, 수정 자체에까지[*55] 결코 꺼지지는 않으나 가능한 모든 반성으로부터 멀리 떨어져 가장 불분명한 본능들의 모호한 욕망들 속으로 분산되고 해체되는 사유와 활동성의 마지막 광선들을 추적할 수 있다.

존재의 연쇄 전체는 단 하나의 동일한 원리의 이어지는 능력들의 연속적인 진전에 불과하다. 그 능력들은 생명의 형태들의 위계질서 속에서 서로를 감싸며 습관의 진보에서와는 반대 방향으로 발전한다. 하위의 한계는 원한다면 필연성, 즉 숙명이라 할 수 있겠으나, 그것은 (어디까지나) 자연의 자발성 안에서이다. 상위의 한계는 오성의 자유이다. 습관은 한 한계에서 다른 한계로 내려간다. 그것은 그 반대항들을 접근시키며, 접근시키면서 그것들의 내밀한 본질과 필연적 연관을 드러낸다.

[*54] 멘느 드 비랑, 인용된 책, 124쪽: '동일한 운동의 반복적 연습은 그 부분들을 힘의 **인위적** 중심점—마치 치명적 기관들이나 냉혈동물의 기관들이 그 자연적 중심점인 것처럼—으로 전환함으로써 그 부분들 자체를 더 잘 움직이고 더 **자극에 민감하게** 만든다고 추측할 수 없을까?'

[*55] 헤르더, 『역사 철학에 관한 이념들(*Idées sur la philosophie de l'histoire*)』, I, 143쪽: '수정은 벌이 집을 지을 때나 거미가 거미줄을 칠 때에는 보여주는 것보다 더 능란하고 규칙적으로 성장한다. 무기물에는 맹목적인 본능만이 있을 뿐이나, 그것은 어김이 없다.'

IV. 능동과 수동은 노력과 생명의 자발성의 최후의 단계 사이에 갇혀 있는 것이 아니다. 그것들은 그 너머 더 높이 의지와 지성으로 펼쳐진다. 따라서 습관의 영향은 또한 정신(esprit)과 마음(coeur)의 더 높고 더 순수한 지역으로도 펼쳐진다. 그러나 우리는 습관의 법칙을 결정했고, 그것의 원리를 의식의 원초적인 전형(type originel)과 최초의 조건들로 지정했다. (이제) 그 법칙과 그 원리의 일반성을 입증하는 것으로 충분할 것이다.

영혼이 자기의식에 도달하자마자 그것은 더 이상 단지 유기화의 형태나 목적, 심지어 원리인 것만은 아니다. 영혼 자체 속에 점점 더 신체의 삶으로부터 벗어나고 떨어져 나오는 세계가, 영혼이 자기 자신만의 삶, 자신의 고유한 운명, 성취해야 할 자신의 목적을 갖는 세계가 열린다. 그런 상위의 삶이야말로 생명과 자연의 끊임없는 진보가 마치 자신의 완성이나 자신의 선(son bien)처럼 도달하지는 못하면서도 열망하는 것처럼 보인다.*56 그런 (상위의) 삶은 반대로 자신 속에 자신의 선을 가진다.146 영혼은 그것을 자기 자신의 선인 동시에 선 자체이자 절대적인 완성처럼 알며 추구하고, 껴안는다. 그러나 쾌락과 고통은 선과 악에서 그들의 근거를 가진다. 그

---

*56 플로티누스, 『에네아드』, 1, 6.: "Ἀναβατέον οὖν πάλιν ἐπὶ τὸ ἀγαθὸν οὗ ὀρέ-γεται πᾶσα ψυχή... Ἐφετὸν μὲν γὰρ ὡς ἀγαθόν, καὶ ἡ ἔφεσις πρὸς τοῦτο(그러므로 모든 영혼이 원하는 선善으로 거슬러 올라가야 한다. 왜냐하면 그것은 선으로서 열망되며, 열망은 그것을 향하기 때문이다)."

---

146 하위의 생물에게 영혼의 삶은 도달할 수 없으나 도달하고픈 최고선이 되지만, 영혼은 자신 속에 자신의 선을 포함하고 있다.

것들은 선악의 감각적 신호이다. 따라서 여기 영혼의 세계에서 감성(sensibilité)의 가장 진실한 형태가 가장 참된 선과 만나며, 그것은 영혼의 수동(passion, 열정), 즉 **감정**(sentiment)이다. 감정에는 선과 악을 추구하는 정신적·도덕적 활동이 대립되는 반면, 감정은 그 인상을 받아들인다.[147]

연속성이나 반복은 따라서 그것들이 감각을 약화시키듯이 감정을 정도의 차를 가지고 약화시킨다. 감각에서처럼 그것들은 거기서 쾌락과 고통을 꺼뜨린다. 마찬가지로 그것들이 파괴하는 감정 자체를 필요로 바꾸며, 그 결여를 영혼에 참을 수 없는 것으로 만든다. 동시에 연속이나 반복은 정신적 활동을 더 쉽고 더 확실하게 만든다. 기관들에서 운동의 경향을 그렇게 하는 것처럼 영혼 속에 행동으로의 기질(disposition)뿐 아니라, 성향(penchant)과 현실적 경향(tendance)도 발전시킨다. 결국에는 수동적 감수성의 덧없는 쾌락에 점차적으로 행동의 쾌락이 뒤따르게 한다.[148]

이처럼 선을 행하는 자의 마음(coeur)속에서, 그리고 습관이 수동

---

147 쾌락과 고통은 선과 악의 감정적 신호이다. 그러므로 최고의 선은 진정한 쾌락의 감정을 동반하며, 그때 그런 감정은 저절로 느껴진다(받아들여진다). 반면, 선악을 추구하는 정신적·도덕적 입장에서는 앞서의 그런 진정한 감정이 아닌 감정과 대립하고 그것을 규제하게 된다. 다른 말로 하면, 진정한 의미의 쾌락과 고통은 진정한 의미의 선악과 일치하지만, 그렇지 못한 감정의 경우는 선악과 일치하지 않는다.

148 습관은 감각과 마찬가지로 감정도 무디게 하는 반면 그 감정 자체를 일종의 필요로 만들어 성향과 경향으로 변화시킨다. 그리고 결국에 가서는 '수동적 감수성의 덧없는 쾌락'을 점차적으로 '행동의 쾌락'으로 바꾼다.

적인 연민의 감정을 파괴하는 만큼 자선(charité)의 도와주는 활동과 내적인 기쁨이 점점 더 발전된다.*[57] 이처럼 사랑은 그것이 자신에 대해 행하는 증언 자체에 의해 증가한다.*[58] [149] 이처럼 사랑은 자신의 강력한 불꽃으로 꺼져가는 인상들을 되살리며, 매순간 고갈된 열정의 원천들을 다시 연다.

결국, 영혼의 활동에서는 공간운동에서와 마찬가지로 습관이 행동의 의지를 조금씩 의지적이지 않은 성향으로 변형시킨다. 풍습(moeurs)이나 도덕성(moralité)은 그런 방식으로 형성된다. 덕은 우선 노력이며, 피곤함이다. 오직 실천에 의해서만 그것은 매력이자 즐거움, 스스로를 잊고 의식하지 못하는 욕망이 되며, 조금씩 순진무구의 성스러움에 접근한다. 거기에 교육의 모든 비밀이 있다. 그 기술은 행동에 의해 선으로 끌어들이는 것이며, 거기에 성향을 고정시키는 것이다.*[59] 이렇게 하여 제2의 본성이 형성되는 것이다.

따라서 영혼이 생명을 불어넣지만 영혼은 아닌 이 하위의 세계에서와 마찬가지로 영혼 자체의 한가운데에서 습관의 진전이 행동을 다시 내려가게 하는 한계로서의 욕망의 무반성적 자발성, 즉 자연의 비인격성이 아직도 발견된다. 여기서 또한 실체 자체인 동시에 행위의 원천이자 첫 번째 시초인 것은 욕망의 자연적 자발성이다.

---

*57 버틀러, 『유비』; 듀갈드 스튜어트.

*58 아리스토텔레스, 『니코마코스 윤리학』, VIII, 9.; IX, 7.

*59 아리스토텔레스, 『정치학』, VIII; 『니코마코스 윤리학』, X, 10.

---

149 사랑할수록 자신이 그것을 행하는 것을 보는 마음은 사랑을 배가시킨다.

정신세계는 탁월한 의미에서의 자유의 제국이다. 자신의 목적을 계획하고 지휘하고 행동을 실행하는 것은 자기 자신이다. 그러나 공간운동의 경우 공간에서의 목표점을 정하고 방향을 결정하는 것이 의지라면, 운동의 발생 자체를 미리 궁리하고 계획하는 것은 의지, 아니 적어도 무반성적 의지가 아닌 것과 마찬가지로, 정신세계의 경우에 오성이 목적을 분별하고 의지가 그것을 제안하지만 우선 그 원천에서 영혼의 힘을 흔들어 그것을 선善으로 미는 것은 의지도 아니고 추상적 오성도 아니다.*60 150 선 자체, 적어도 선의 관념이 그 심연으로 내려가 거기서 사랑을 낳고 자신에게 사랑을 키운다. 의지는 행동의 형식을 만들 뿐이다. 사랑의 무반성적 자유는 그것의 실체 전체를 이루며, 사랑은 그것이 사랑하는 것에 대한 명상(contemplation)과, 명상은 그 대상과 더 이상 구별되지 않는다. 그것이 바로 바닥이자 토대이자 필연적 시작이며, 그것이 그것의 모든 의지가 원초적인 자발성을 감싸고 전제하는 자연의 상태이다. 자연

---

*60 아리스토텔레스, 『영혼론』, III, 9.: "Οὐδὲ τὸ λογιστικὸν καὶ ὁ καλούμενος νοῦς ἐστιν ὁ κινῶν... Ἔτι καὶ ἐπιτάττοντος τοῦ νοῦ καὶ λεγούσης τῆς διανοίας φεύγειν τι ἢ διώκειν, οὐ κινεῖται(그러나 움직이게 하는 것은 또한 사유력이나 오성이라 불리는 것도 아니다… 또한 어떤 것을 피하거나 따라가고 오성이 명령하고 추리가 말하더라도 그것(동물)은 움직이지 않는다)" / 같은 곳 10: "Ὁ μὲν νοῦς οὐ φαίνεται κινῶν ἄνευ ὀρέξεως(지성은 분명 욕망 없이는 움직이지 않는 것으로 보인다)"

---

150 정신세계에서 목적을 세우는 것은 오성과 의지이지만 그것의 추진력은 오성도 의지도 아니며 선 자체, 사랑, 즉 자연 자체이다.

은 전체가 욕망 속에, 욕망은 그것을 끌어들이는 선 속에 있다.[151] 그
리하여 한 심오한 철학자의 심오한 말이 부득이하게 증명된다. "자
연은 선행적 은총(grâce prévenante)이다." 그것은 우리 속의 신이며,
너무도 속에 있다는 사실 자체에 의해 우리가 내려가지 않는 우리
자신의 그 내밀한 밑바닥에 있다는 사실 자체에 의해 숨겨져 있는
신이다.*[61]

V. 결국 순수 오성과 추상적 추리력*[62]의 권역에 이르기까지 아직

----

*61 페널롱,『신의 존재에 관하여(De l'exist. de Dieu)』, XCII; 성 아우구스투스,
     앞의 저자 같은 곳에: "Intimior intimo nostro(우리 안보다 더 안에)"; 아리
     스토텔레스,『유티데모스 윤리학』, VII, 14: "Κινεῖ γὰρ πως πάντα τὸ ἐν ἡμῖν
     θεῖον. Λόγου δ'ἀρχὴ οὐ λόγος ἀλλά τι κρεῖττον. Τί οὖν ἂν κρεῖττον καὶ
     ἐπιστήμης εἴη πλὴν θεός(왜냐하면 어떤 방식으로는 우리 안의 신적인 것이 모
     든 것을 움직이기 때문이다. 이성의 원리는 이성이 아니라 뭔가 더 우월한 것이
     기 때문이다. 신 이외의 무엇이 인식보다 더 우월할 것인가?)"; 비코,『이탈리
     아인들의 매우 오래된 지혜(De l'ant. sag. de l'Ita)』, (Michelet 역), c. 6: "신은
     물체의 것이든 영혼의 것이든 모든 운동의 제일 원동자이다. 성경이 우리
     에게 배워주듯, 아버지가 그리로 이끌어주지 않으면 우리들 중 아무도 아
     버지께로 갈 수 없다… 등등."
*62 정신의 습관에 대하여, 특히 드 비랑,『사유력에 대한 습관의 영향에 관하
     여』를 보라.

----

151 그러니까 선 〉 욕망 〉 자연 〉 원초적 자발성의 부등식이 성립한다. 모든 자
     연을 감싸고 있는 것은 선이며, 그것이 자연(본성)의 밑바닥에서 모든 생
     명과 인간을 선으로 향하게 한다. 그 선은 다름 아닌 신이며, 그 신이 우리
     의 가장 내밀한 곳에 숨어 있다. 이것이 라베쏭의 독특한 자연신학이다.

도 습관의 법칙은 다시 발견되며, 따라서 그 법칙의 원리인 자연적 자발성 역시 그러하다.

오성은 신체 운동의 활동성과 동시에 그리고 동일한 방향으로, 즉 감성이나 수동성 일반과는 반대 방향으로 발전된다.*[63] 그러나 수동성은 거기서 완전히 아무것도 아닌 것이 아니다. 단순한 직관과는 구별되는 오성은 완전히 순수한 능동성이 아니다. 모든 구별되는 지각과 모든 관념은 우리가 살펴본 것처럼, 사람들이 연장의 형태로 표상하고 사유를 통해 그 간격을 훑어보는 어떤 다양성을 내포하고 있다. 오성의 모든 작업은 운동의 상상을 포함한다. 그러한 성격이 바로 그것을 추론적 이성(raison dicursive)이라 부르게 했다. 그런데 우리가 또한 살펴보았던 것처럼, 모든 운동은 어떤 정도이든지 간에 수동을 내포한다. 때로는 오성의 대상이 추진력을 주고, 그때 그것은 완전히 수동적인 것처럼 된다. 때로는 오성이 자기 자신을 운동하게 하고, 그때 그것은 자신 속에서 수동과 능동을 결합한다. 즉, 수동은 그 운동 속에서, 능동은 지적 운동에게 그 방향과 목적을 고정하는 주의 속에서.[152]

---

*[63] 위의 100~102쪽을 보라.

---

[152] 모든 운동은 수동적인 면을 포함한다. 이때 수동적인 면이란 가령 운동하면서 겪는 저항 같은 것을 의미한다. 대상이 운동에 추진력을 준다는 것은 저항에 의해 압도당하는 것을 의미하며 그때 운동은 완전히 수동적이 된다. 오성이 운동하게 할 때는 능동과 수동이 결합하는데, 그때 수동, 즉 저항은 운동 속에서 이루어지며, 능동은 오성이 제시한 방향과 목적으로 가는 데서 성립한다.

여기서도 또한 연속과 반복[153]은 수동성과 능동성에 대해 반대의 영향을 미친다.

주의를 기울이지 않고 의지적이지 않으며 따라서 어느 정도까지는 수동적인 모든 지각이나 모든 생각(concepton)은 연장되거나 반복되면 조금씩 지워진다. 감각이나 감정과 같이 완전히 사라지지는 않지만 점점 더 모호하게 되며, 점점 더 기억이나 반성·의식을 벗어난다. 반대로, 오성이나 상상이 관념이나 상들의 계속적인 종합을 훈련할수록 종합은 더 쉬워지며, 빠르고, 확실하고, 정확해진다. 또한 동시에 그것은 의지의 독립적인 경향이 된다. 오성의 수동적인 운동 또한 점점 더 성향으로 변질된다. 우리가 가정했듯, 그것은 호출되어 결합하며, 공간에서 중력에 이끌리는 물체들처럼 점증하는 속도로 서로를 끌거나 서로를 향해 달려가는 관념이나 상들이 아니다. 상이나 관념들 속에는 운동과 운동의 원리는 없다. 관념들의 연합(association des idées)이 습관을 설명하는 것이 아니라[*64] 습관의 법칙에 의해, 습관의 원리에 의해 관념의 연합이 설명되는 것이다. 오성과 상상의 활동이 정도의 차를 가지고 흡수되는 그런 성향, 그것은 운동 속에서 발전하며, 주의·의지·의식을 빠른 흐름에서처럼

[*64] 듀갈드 스튜어트(『인간 정신의 철학』, 11, 14쪽 이하)가 라이드에 대항하여 주장하듯이, 흄과 하틀리(Hartley)도 마찬가지이다. 흄은 관념들 사이에 일종의 인력을 가정함으로써, 하틀리는 신경 진동의 연쇄라는 결코 덜 자의적이지 않은 가정을 이용하여.

---

153 즉, 습관은.

끌어들이고, 지성의 단일성과 개체성을 흩어진 다수의 생명처럼 독립적 관념과 상들의 무한한 다양성으로 동시에 분산시키고 모든 곳으로 퍼뜨리는 자연적 자발성이다. 이처럼 혈액 순환의 흐름 속에서는 심장의 최초의 박동에 뒤따라 거기서부터 멀어질수록 점점 더 혈관계통의 맥상(ramifications, 脈狀)의 고유한 탄력성과 분산된 에너지가 이어진다.[154]

결국 습관이 의지와 운동을 그리로 끌고 가듯이 사유를 환원시키는 그런 자연의 상태는 모든 분명한 의지와 모든 결정된 운동과 마찬가지로 모든 분명한 사유의 조건이자 최초의 원천이다. 어떻게 부재하는 관념을 현재에서 파악하거나 과거에서 다시 파악하려고 궁리할 것인가?[155] 아는 것을 탐구하거나 탐구하는 것을 모르거나 둘 중 하나이다. 반성이 탐구하는 분명한 관념 이전에, 반성 이전에 무반성적이고 불분명한 어떤 관념이 있어야 한다. 그것이 우리가 출발하고 의지할 분명한 관념의 기회(occasion)요 재료(matière)이다. 반

---

154 오성의 수동적인 면은 점점 지워지는 경향을 가진다. 그러나 그것은 단순히 없어지는 것이 아니라 어떤 성향으로 변질된다. 그런 성향들은 운동에 호출되고 결합하는데, 그것은 점점 더 다양해진다. 그것은 관념들의 다수성과는 달리 자연적 자발성에서 분기된 혈관들처럼 여러 다양성으로 나누어진다.

155 불분명하게나마 밑에 깔려 있는 자연으로부터 오는 자발성과 거기서부터 오는 어떤 관념이 있어야 사유도 가능하다. 바로 다음에 나오듯이, '반성이 탐구하는 분명한 관념 이전에, 반성 이전에 무반성적이고 불분명한 어떤 관념이 있어야 한다. 그것이 우리가 출발하고 의지할 분명한 관념의 기회요, 재료이다.'

성이 무한히 스스로를 추적하거나 스스로로부터 도피하면서 자신에게로 퇴각해도 헛될 것이다.*65 반성적 사유는 따라서 관념이 그것을 사유하는 주체와도, 사유와도 구별되지 않는 어떤 막연한 직관의 선행적 직접성을 내포하고 있다. 의지가 한계를 고정시키고 형태를 정하는 것은 영혼의 밑바닥에서 소리 없이 흐르는 의지적이지 않은 자발성의 끊임없는 흐름에서이다.

　모든 것에서 자연의 필연은 자유가 천을 짜는 날줄이다. 그러나 그것은 움직이며 살아 있는 날줄이며 욕망과 사랑과 은총의 필연이다.

　VI. 요약하자면, 오성과 의지는 한계와 목적(끝)과 극단들에만 관계한다.¹⁵⁶ 운동은 간격들을 측정한다. 간격은 중간의 무한히 나누어질 수 있는 연속성을 내포한다. 연속성은 중간의 전 연장에서 이

---

*65　아리스토텔레스,『유티데모스 윤리학』, VIII, 2: "Oὐ γὰρ ἐβουλεύσατο βου-
λευσάμενος, καὶ τοῦτ᾽ ἐβουλεύσατο, ἀλλ᾽ ἔστιν ἀρχή, τις οὐδ᾽ἐνόησε νόη-
σας πρότερον νοῆσαι, καὶ τοῦτο εἰς ἄπειρον. Οὐκ ἄρα τοῦ νοῆσαι ὁ νοῦς ἀρχή,
οὐδὲ τοῦ βουλεύσασθαι βουλή(왜냐하면 숙고한 후에 숙고하고, 그 숙고는 다
시 이전에 숙고된 것이고 하는 방식으로 진행되지는 않기 때문이다. 어떤 시작
이 있는 것이지, 생각하는 것을 먼저 생각한 후에 생각하고 그런 식으로 무한
히 가는 것은 아니다. 따라서 이성이 사유함의 시작인 것도, 숙고가 숙고함의 시
작인 것도 아니다)" 이 점과 또한 자연의 성격에 관하여 심오한 형이상학
자 안드레아 케살피니(Andrea Césalpini)의『소요학파의 문제(Quaestionum
peripateticarum)』, II, 4.를 보라.

156　앞 단락의 '필연'과 '자유'와 여기서의 '오성'과 '의지'가 대문자로 시작된
다. 역시 그 각각을 자연의 대표적인 중심항으로 생각했기 때문이다.

쪽이든 저쪽이든, 어느 한 극단에서의 거리가 무엇이든, 극단들이 서로 접촉하고 대립자들이 혼융되는 불가분의 중간항을 내포한다. 따라서 구별되는 한계들(limites distinctes)[157]과 같은 한계에 대한 앎 (intelligence)은 중간에 대한 앎을 포함하며, 목적을 원하는 것은 수단을 원하는 것을 포함한다. 그러한 의지와 앎은 아직 매개될 수 없으며, 그렇게 무한히 진행된다.[158] 중간은 무한히 나누어질 수 있기 때문에 결코 닳아 없어지지 않을 것이며, 따라서 결코 재통합되지 (réintégrerait) 않을 것이다. 극단 사이의 매개적 지성과 의지는 따라서 중간의 직접적 지성과 의지를 포함한다. 직접적 지성과 의지는 중간의 전 연장을 움직이는 중간항과 같다. 극단들은 그 전 연장의 어디서나 서로 접촉하며 시작과 끝은 거기서 합쳐진다. 그런 직접적 지성은 관념이 존재와 혼동되는 구체적 사유이다. 그런 직접적 의지는 소유하는 동시에 욕망하는 욕망 또는 오히려 사랑이다. 그런 사유와 욕망, 즉 사랑의 운동 속에 실체화된 관념이 바로 자연이다.[159]

---

157 어떤 것과 다른 것을 구별해 주는 명확한 한계, 그 한계를 알려면 중간을 알아야 한다.

158 중간항 자체에 대한 직접적 지성은 매개되지 않는다, 즉 사이에 다른 아무 것도 끼어들지 않는다. 그러한 직접적 지성이 중간항마다 무한히 계속된다.

159 '자연(대문자로 표기됨)'은 소유하면도 욕망하는 욕망, 즉 사랑의 운동 속에서 구체화된 욕망(관념)이다. 그것은 의지와 현실이 괴리되는 것이 아니라 '관념이 존재와 혼동되는' 직접적, 구체적 지성에 의해 작동하는 어떤 것이다. 이 문단은 자연의 배후에 있는 사랑이 작동하는 방식을 논하고 있으며, 그것이 바로 관념과 존재가 혼동되는 직접적 지성이라는 것이다. 우리는 물론 이러한 생각에 대해 충분한 논거가 부족한 비약적 사유라고 비판

오성과 의지는 은밀하고(discret)[160] 추상적인 것 이외에는 아무 것도 결정하지 않는다. 자연은 구체적인 연속성, 실재의 충만을 이룬다. 의지는 목적에 관계되며, 자연은 수단을 암시하고 제공한다.

의지의 작품인 예술[161]은 한계, 외부, 표면만을 공략할 뿐이다. 그 것은 기계적 세계의 외부성에만 작용하며, 운동 이외에는 고유한 도 구를 가지지 못한다. 자연은 내부에서 작업하며, 예술에 이르기까지 오직 자연만이 심오함과 견고함(solidité)을 성취한다.

오성의 작품인 학문[162]은 사물의 관념성의 일반적 윤곽을 그리 고 구성한다. 오직 자연만이 경험 속에서 그것의 실질적인 전일성 (intégrité substantielle)을 부여한다. 학문은 논리적이거나 수학적인 형식의 외연적(extensif) 통일성 아래에서 윤곽을 그린다. 자연은 내 포적 통일성 속에서 실재의 동학을 형성한다.[*66] [163]

———

[*66] 테두리를 그리는(circonscriptive) 인식과 구성적(constitutive) 인식의 대립 에 관해서는 칸트, 『순수 이성 비판』 참조.

———

할 수 있는데, 굳이 이해하자면 마치 베르크손의 본능과 같이 새로운 생명 의 탄생은 일종의 무의식적 충동력(의지, 욕망, 활동력, 사랑)으로부터 이루 어진다고 했을 때, 그 생명력의 작동방식을 '직접적 지성'으로 표현한 것 이라 이해할 수 있을 것이다.

160 구체적 사물을 드러내 놓는 자연에 비하여 오성과 의지는 그 외적 사물의 내밀한 이유를 사유하고 욕망한다.

161 대문자로 시작된다. 학문과 함께 인간의 대표적인 생산물로서의 예술을 의미한다.

162 대문자로 시작된다. 바로 앞의 주 참조.

163 학문이 테두리와 윤곽, 형식 등 사물의 '외연적인' 측면을 다룰 수 있을 뿐 이라면, 자연은 사물의 내부에서 그 내적 본성에 따라 작업한다. 라베쏭의

자연의 최후의 바닥과 반성적 자유의 최고점 사이에는 하나의 유일하고 동일

한 힘의 발전의 크기를 나타내는 무한한 정도(degrés)들이 있으며, 올라갈수록 학문의 조건인 연장성이 또한 그만큼 대립자들의 구별이나 간격과 함께 증가한다. 그것은 그 원리가 자연의 심연에 거주하며 의식에서 개화를 완성하는 나선과 같다.[164]

그런 나선을 습관이 다시 내려가게 하는 것이며, 그것의 발생과 원천을 우리에게 알려주는 것이다.[165]

습관은 따라서 대립(contrariété)과 운동의 지역에 갇혀 있다. 그것은 순수 능동성, 즉 단순한 지각(aperception simple) 아래에서 사유와 존재의 통일성, 신적인 동일성으로 남는다. 그리고 그것은 자연의 자발성 속에서의 이상과 현실, 존재와 사유의 불완전한 동일성을 그 최후의 목적과 한계로 가진다. 습관의 역사는 자유의 자연으로의 회귀 또는 오히려 자연적 자발성의 자유의 영역으로의 침입을 표현한다.

이러한 학문관은 베르크손에 그대로 이어지며, 다만 베르크손에게서 지속을 파악하는 형이상학은 여타의 개별 과학과는 달리 자연과 합치하려는 운동이라는 점만 차이가 날 뿐이다.

164 그러니까 사랑이라는 하나의 유일한 힘이 자연의 가장 밑바닥부터 최고의 의식 상태에 이르기까지 나선을 그리며 점점 개화해 나가는 과정이 자연이라는 것이다.

165 그러니까 베르크손에게서는 지속이 맡는 역할을 라베쏭에게서는 습관이 맡는 셈이다.

마지막으로, 습관과 그것을 낳는 원리가 성립하는 기조(dispos-
ition)는 오직 하나의 동일한 사물에 불과하다. 즉 그것은 존재의 원
초적 법칙이며 가장 일반적인 형식, 즉 존재를 구성하는 행위 자체
속에 한사코 머물려는 경향이다.[166]

---

166 이것은 논문의 시작과 동일한 진술로서 논문 전체는 결국 일종의 수미상
　　관법으로 끝맺는다.

『습관에 대하여』의 요약

1. 첫 장은 네 개의 절로 이루어져 있는데 네 절로 나가기 전에 우선 습관에 대한 가장 일반적인 정의로부터 논의를 시작하고 있다. 습관은 존재자가 일반적·영속적으로 존재하는 방식이다. 변이 가능성, 지속성, 변화하지만 변화하지 않는 내적 능력을 가져야 습관을 가질 수 있다.

 I. 이런 일반론에 이어서 시작되는 첫째 절은 물질계는 형성된 습관이 없음을 말하고 있다. 모든 존재의 근본적인 성격은 자신의 존재방식 속에 남아 있으려는 경향이다. 습관이 있기 위해서는 단일성이 필요하다. 그러나 물질계는 동질적일 뿐 개체성을 배제하며, 그렇기 때문에 진정한 단일성, 즉 존재를 배제한다. 거기에는 필연성의 제일성만이 지배하며 능력이 머물고 습관이 확립될 수 있는 정해진 실체와 개체가 없다. 이 절은 습관이 물질계에서는 없다는 것을 이야기하고 있지만, 동시에 물질과 생물의 존재방식을 확연히 나누었다는 점에 주목해야 한다. 그리하여 물질계에서는 동일성이 성립할 '측정 가능한' 시간이 없다는 것을 지적함으로써 물론 '측정 가능' 하다는 점은 다르지만 앞으로 베르크손의 지속 개념을 준비하고 있음을 알 수 있다.

 II. 다음 절은 유기체에서의 습관을 논하고 있다. '측정 가능한'

시간이 있게 되자마자 종합은 공간에서의 수단들의 총체, 즉 기관들이 필요하다. 기관들의 이질적 단일성이 유기화이며, 그것을 통한 시간에서의 이질적 단일성이 바로 생명이다. 생명과 함께 시작되는 개체성은 세계의 한가운데에 하나이자 불가분적인 별도의 세계를 형성한다. 생명체만이 하나의 구별되는 자연이며, 자연이 고유한 의미에서의 존재로 성립하는 것은 생명의 원리 속에서이다. 습관은 자연 자체가 시작되는 곳에서만 시작될 수 있다. 그런데 생명의 첫 단계에서부터 한 변화의 연속과 반복은 바로 그 변화 자체에 대해 생명체의 본성을 변하게 하는 것으로 보인다. 생명은 자신의 질료인 더 낮은 형태의 존재와의 관계에 의해서 변화를 받아들이며 자신의 본성인 상위의 능력에 의해 변화를 시작한다. 결국 생명은 수용성과 자발성의 대립을 내포한다. 그런데 생명체가 다른 곳으로부터 받아들인 변화의 연속과 반복은 생명체를 파괴하지 않는다면 항상 그 영향을 점점 더 적게 받는다. 반대로 생명체가 자신 속에 원천을 가지는 변화는 더 반복하거나 연장할수록 더욱더 그 변화를 다시 일으키려는 경향을 가진다. 결국 외부로부터 온 변화는 점점 더 낯선 것이 되며 자신으로부터 온 변화는 점점 더 고유한 것이 된다. 수용성은 감소하며, 자발성은 증가한다. 그것이 습관의 일반 법칙이다. 생명을 만드는 자연의 성격이 수용성에 대한 자발성이 우월함이라면 습관은 자연의 방향 자체로 발전하는 것이다. 유기화의 등급이 낮은 곳에서 존재는 필연성을 가까스로 넘은 것이며 습관이 거기에 파고들기는 어렵다. 식물에 습관은 아주 미미하다. 그러나 변화가 지속되면 가장 야생적인 식물마저도 재배에 굴복한다.

III. 다음 절은 하등 동물에서의 습관을 논한다. 여기서부터 존재가 그 다양한 요소들을 자신의 실체에 흡수하기 위해서는 그것들을 준비시키고 변형시켜야 한다. 존재가 그 고유한 기관에 그 요소들을 접근시켜야 하고, 그렇기 때문에 적어도 부분적으로는 외부 공간에서 움직여야 한다. 존재의 사다리를 올라 갈 때마다 영속성과 변화의 두 조건인 공간과 시간과 맺는 관계가 정해지고 그 수가 늘어난다. 물체를 결정하는 첫 번째 형태는 정해진 모습의 도형이자 방향이 정해진 운동이다. 광물이 그러하다. 그에 비해 식물적 생명은 크기나 모습이 정해진 도형이면서 그 방향과 크기가 정해진 성장이다. 동물은 공간에서의 운동이 특징이다. 공간과 운동의 관계의 연쇄에, 그와 유사한 시간과의 관계의 연쇄가 이어진다. 물체는 무엇으로도 되지 않으면서 존재한다. 그것은 말하자면 시간 밖에 있다. 식물은 자신의 연속성으로 채울 모종의 시간을 원한다. 동물은 더 이상 연속되지 않으며 운동과 정지의 선택을 가지며 각성과 수면을 번갈아 한다는 점에서 간헐적이다. 따라서 무기물은 시간과 어떤 정해진 관계도 갖지 않으나 생명은 일정한 지속을 내포한다. 그중에서도 동물은 구분되는 시간을 내포한다. 동물적 생명의 첫 번째 등급에서부터 변화가 지속되었다는 사실만으로도 두 가지 결과가 나타난다. 하나는 수용성의 점차적 약화이며, 다른 하나는 주기성과 간헐성이다. 염증, 경련, 발작은 어떤 결정적인 원인이 나타나지 않는데도 규칙적으로 재발된다. 그것은 자발성의 고양을 나타낸다.

IV. 마지막 절은 상위의 동물, 특히 인간에서의 습관을 논한다.

하등 동물에서 한 단계 더 올라가면 더 이상 부분들만 움직이는 것이 아니라 전체가 움직인다. 동시에 외부 대상들의 인상을 더 긴 거리에서 받아들이는 기관들이 더해진다. 여기서는 수용성과 자발성이 더 크게 대립된다. 무기계에서 작용과 반작용은 정확하게 등가이다. 그러나 생명에서는 작용과 반작용이 점점 더 달라지고 점점 더 서로 독립적으로 된다. 운동은 수용적 인상과 점점 더 불균형을 이루고 또한 물질의 법칙과 점점 더 독립적이 된다. 작용과 반작용이 멀어짐에 따라 그들의 공통의 한계를 이룰 중심점이 더 필요해진다. 그 중심은 반응을 덜 필연적이고 더 자발적으로 조절하는 중심이다. 그렇게 측정하는 것은 평가, 예견, 결정하는 판관이며, 그것이 바로 영혼이다. 이와 같이 자연의 제국에서 인식과 예견의 영역, 즉 자유가 동튼다. 그런 영역은 처음에는 희미했으나 기계적 세계 속에서 자유로운 활동성이라는 완성된 형태로 나타나며, 그것이 바로 우리 인간이다. 거기서 의식이 시작되며 의식 속에서 지성과 의지가 나온다. 이제까지 자연은 밖으로부터 볼 수밖에 없었으나 의식에서는 동일한 존재가 행위하고 또 그 행위를 본다. 따라서 오직 여기서만 행위의 원리를 포착할 수 있다. 오직 의식 속에서만 습관의 발생 속으로 뚫고 들어가 그것의 '어떻게'와 '왜'를 알 수 있다.

여기 제1장에서부터 벌써 라베쏭이 물질계와 생명계를 나누고 생명계에서만 습관의 현상이 나타난다는 것을 말하고 있다. 그것이 식물에서 하등 동물을 거쳐 고등 동물로 나아감에 따라 능동과 수동 사이가 점점 떨어져서 고등 동물에 오면 더 자발적이고 덜 필연적이 되어 비로소 자유가 동튼다고 말하고 있다. 그렇게 되면 의식이 시작되고 거기서 지성과 의지가 나온다.

2. 제2장에서는 의식적 존재에서의 습관의 바로 그 '어떻게'와 '왜', 즉 존재방식과 원인을 살펴본다. 전체는 여섯 개의 절로 나뉘어 있다.

I. 제1절은 의식의 존재방식과 그 본질인 노력에서의 능동과 수동의 상호작용과 거기서 발견되는 습관의 법칙을 논하고 있다. 지성의 일반 조건은 단일성이다. 그러나 절대적으로 불가분적인 단일성 속에서는 앎과 의식이 사라진다. 그러므로 앎의 대상인 관념도 다양성의 단일성을 가져야 한다. 다양성을 관념의 단일성 속에서 종합하는 것이 판단이고 판단의 능력이 오성이다. 연속성은 공존 하에서만 오성에 의해 파악된다. 공존하는 연속적 양이 연장성이다. 오성은 연장성이라는 공간의 직관에서만 양을 표상한다. 그런데 공간의 무한 속에서는 한정되거나 하나인 아무것도 없다. 내가 단일성을 길어내는 것은 내 안에서이며 그것을 내 밖으로 이전하여 나에게 대립시킨다. 전체의 단일성을 표상하기 위해서는 부분들을 서로 더해야 하며, 그런 더하기는 계기적 시간을 내포한다. 그러나 시간 속에서는 아무것도 머물지 않는다. 뭔가 지나가지 않고 존속하며 지속하는 어떤 것에 의하지 않고서는 그것을 어떻게 측정할 것인가? 내 안에 실체가 있으며 그것은 시간 안에 있으면서 동시에 시간 밖에 있으며 영속성의 척도이자 변화의 척도이며 동일성의 전형이다.

연장 속에서 다양성의 종합을 위해 더하기가 필요하며 더하기는 시간 속에서만 가능하다면 한 끝에서 다른 끝으로 모든 중간의 구분을 지나 연속적으로 이행해야 하는데, 그 이행이 운동이며, 그것은 내가 나의 동일성 가운데에서 움직이지 않는 채 수행하는 운동이다. 힘은 그것이 이겨내야 할 저항에서 측정되며 운동은 저항에 대한 힘의 초과의 결과물이다. 힘과 저항의 관계와 그 측정은 노력의 의식 속에 있다.

노력은 능동과 수동을 포함한다. 수동은 직접적 원인을 다른 것에 가지고 있는 것이며 능동은 자신 속에 가지는 존재방식이다. 따라서 능동과 수동은 반대이며 반대항들의 조합은 가능한 모든 형태의 존재를 포함한다. 수동은 인식이나 분명한 의식과 양립 불가능하다. 그것은 인식의 주·객체와도 구별되지 않는 혼동된 인식의 질료밖에 되지 않는다. 능동에는 분명한 지각이 연결되어 있으며 수동은 불분명한 감각일 뿐이다. 그러므로 의식의 전 범위에서 지각과 감각은 방향과 근거가 반대이다. 노력은 능동과 수동, 지각과 감각이 오르락내리락하는 균형의 장소이자 그것들의 공통의 한계이다. 노력은 접촉에서 이루어진다. 접촉은 수동의 극단에서 능동의 극단으로 펼쳐져 있으며 양자의 모든 중간 등급을 표현한다. 식물은 의지적 운동의 권역 밖에서 정조에만 지배되며 주체의 모든 것은 존재의 어두운 바닥처럼 자기 자신에만 집중되어 있다. 의지적 활동도 마비가 왔을 때에는 그런 감각만이 지배한다. 반대로 접촉기관이 의지에 저항 없이 복종하면 지각만이 지배하며 모든 것은 지성의 앎의 대상이 된다. 그러나 저항이 없으면 행동을 자신에게로 되비쳐주는 것이 없으므로 자유의지는 과도함 속에서 길을 잃는다. 순수한 수동 속에는 주체가 완전히 자신 속에 있으므로 주체가 구별되어 나오지 않고 스스로를 모른다. 순수한 능동 속에서는 주체가 완전히 자신 밖에 있으며 더 이상 스스로를 모른다. 인격은 극단적 주체성 속에서도 극단적 객관성 속에서도 소멸된다. 그러므로 인격이 가장 확실하게 나타나는 것은 접촉의 중간지역, 노력의 신비스러운 중간항에서이다. 다른 감각들에서도 동일한 법칙에 복종하는 동일한 관계가 발견된다. 주체는 맛이나 냄새가 자신 속에 있는지, 자신인지 다른 것인지도 모른다. 그러나 청각은 더 이상 직접적인 수용의 기관이 아니다. 그것은 이미 기능에서의 어떤 운동을 내포한다. 소리는 단지 감각인 것만이 아니라 분명한 지각의 대상이다. 시각은 기관의 내적 운동에 전체의 외적 운동이 더해지고 분명한 시각이 시선의 단일성 속에서 구별되는 두 눈이 함께 활동할 것을 요청할 뿐 아니라 색깔은 운동 속에서만 나타난다. 이와 같이 촉각이나 다른 감각에서도 항상 약해지는 감각이 완전히 사라지지는 않을지라도 지각이 항상 더 우월하며, 지각이란 곧 활동, 운동, 자유이다. 그것이 감각들의 여러 연쇄에서 발견되는 법칙이다. 그것은 곧 의식의 영역을 채우는 능동과 수동의 반대 방향으로의 발전이다. 의식은 능동 속에 있으며 그것과 함께 발전한다.

의식과 노력은 능동과 수동의 중간 지역에서만 나타난다. 능동과 수동은 반대 방향으로 발전하는데, 의식은 능동과 함께 발전한다.

II. 제2절은 반복에 따라 감각은 약해지고 지각은 강해진다는 습관의 법칙은 '불분명한 능동성', 즉 동시에 수동적이면서 능동적인 자발성에 의해서만 설명된다는 것을 논하고 있다. 의식의 필연적 형식은 시간이므로 의식 속에 있는 모든 것은 변하지 않는 주체 속에서 지속을 갖는 변화이다. 변화의 지속의 결과는 무엇인가? 길어지거나 반복되는 수동인 감각은 점차 약화된다. 반대로 길어지거나 반복되는 운동은 더 쉽고 더 확실해진다. 지각도 마찬가지이다. 감성의 한 요소인 노력은 운동의 연속과 반복에 의해 감소한다. 능동성은 감성의 요소를 감소시키며 인식과 판단의 요소를 발전시킨다. 그리하여 쾌락을 찾을 뿐인 감각은 무디어진다. 알코올을 자주 마시는 사람의 미각은 둔해지지만 감식안을 추구하는 사람에게는 점점 더 섬세하고 미묘해진다. 감각과 함께 고통은 약해지지만 행동에 연결된 쾌락은 지속에 따라 증가한다. 감각은 연장되고 반복됨에 따라 점점 지워지는데, 그것이 고통이 아니라면 일종의 필요로 된다. 한편 운동 속에서 노력이 사라지고 행동이 더 자유로워짐에 따라 행동도 어떤 경향이 되어간다. 이처럼 감성 속에서나 능동성 속에서나 인상과 의지를 미리 실현하는 일종의 불분명한 활동성이 연속과 반복에 의해 발전된다. 그것은 능동성 속에서는 행동 자체를 다시 일으키나(성향) 감성 속에서는 감각, 즉 수동을 간청하며 탄원(필요)한다. 오래 반복된 동일한 감각은 감성을 무디게 하여 졸음을 일으킨다. 그런데 운동이나 소음이 멈추면 졸음이 달아나는 것은 무슨 까닭인가? 소음이나 운동은 일정한 감각의 음조에 올려놓음으로써 감각을 무디게 하여 졸음을 일으키지만 동시에 그 감각의 필요를 일으키는 불분명한 능동성을 발전시키기 때문에 감각이 끊어지면 불안과 각성이 나타나게 하기 때문이다. 결국 수동성의 점진적 약화는 내적인 능동성의 점진적 발전에 의해 설명된다. 감각이 꺼짐에 따라 감각 기관에 켜지는 그런 욕망이란 진정한 능동성이 아니며, 능동적인 만큼이나 수동적인 것도 포함한 맹목적 경향이다. 연속이나 반복이 감성을 낮추고 운동성을 높이는 것은 오직 하나의 동일한 원인에 의해서이다. 그 원인은 바로 무반성적 자발성의 발전으로서 의지, 인격, 의식의 영역 밖에서, 그리고 그 영역 아래에서 수동성과 유기체 속으로 점점 파고 들어가 확립된다. 습관의 법칙은 기계적 숙명성이나 반성적 자유와도 다른 동시에 수동적이자 능동적인 어떤 자발성의 발전에 의해서만 설명된다.

Ⅲ. 제3절은 습관과 본능의 관계를 논하고 있다. 그리하여 습관은 자연(본성)이 어떻게 성립되는지를 자연(본성)의 밑바닥까지 내려가면서 보여준다는 것이다. 습관이 자연의 단일성과 다수성의 왕래를 그리고 있음을 말한다.

오성이 운동과 그 목적지 사이에 표상하던 간격은 조금씩 감소하며, 구별은 지워지고 목적은 운동과 접촉하며, 종국에는 서로 혼융된다. 반대항 사이의 거리가 종국에는 직접적 지성이 된다. 반성과 의지에서 운동의 목적은 하나의 가능성이지만 목적이 운동과, 운동이 경향과 혼융됨에 따라 가능성은 실현된다. 즉 관념이 존재가 된다. 습관은 점점 실재적 관념이 된다. 욕망과 직관의 자발성은 유기화의 무한한 다수성 속으로 분산된다. 그러나 성향들이 의지를 뒤따르거나 멀어지는 것은 감지할 수 없는 정도의 차에 의해서이다. 의식은 연속적인 점진과 점감의 방식으로 의지와 함께 사라지고, 또 되살아난다. 의식은 연속성의 제1차적이고 유일한 척도이다. 습관의 필연성은 강제적인 것이 아니고 매력과 욕망의 필연성이다. 그것은 사지의 법칙이자 은총의 법칙에 따른다. 목적인이 운동인보다 우위를 차지하고 운동인을 흡수한다. 그때 목적과 원리, 사실과 법칙이 필연성 속에서 혼융된다.

그렇다면 습관과 본능의 차이는 무엇인가? 습관과 같이 본능은 의지도 의식도 없는 어떤 목적으로의 경향이다. 단지 본능은 더 무반성적이고 더 확고하다. 습관은 본능의 확실성과 필연성에 가까이 다가가려고 한다. 둘 사이의 차이는 정도 차에 불과하며 그 차이는 무한에까지 감소될 수 있다. 능동과 수동 사이의 노력처럼 습관은 의지와 본능 사이의 공통적 한계이거나 중간항이다. 습관은 의지와 본능 사이에서 의지를 동적으로 유출하는 것이거나 그것을 무한소로 미분한다. 따라서 습관은 본능과 의지의 관계를 무한수로 수렴하는 연쇄를 통해 어림잡게 한다. 그런 의미에서 습관은 본성이 어두운 심연으로 어떤 빛을 가져온다. 결국 그것은 능산적 본능의 작품이자 그것을 계시하는 소산이다.

습관은 의지적 운동을 본능적 운동으로 변형한다. 의지적 운동이 적용되는 중간항의 원천으로 내려갈수록 어두움은 짙어진다. 반복된 훈련의 끝에서는 노력의 의식이 사라진다. 그리하여 과격한 운동이나 고통스러운 운동에 습관이 들면 부드러운 운동을 할 수 없게 된다. 의지는 의지적이지 않은 이전의 성향을 가정하며, 거기서 주체와 객체는 구별되지 않는다. 의지적 운동은 욕망에서 자신의 실체를 취할 뿐 아니라 그 원천과 근원도 거기에 둔다. 욕망은 행위의 목적이 행위와, 사유가 자발성의 비약과 혼동되는 원초적 본능이다. 습관의 마지막 단계는 자연 자체에 대응한다. 자연 자체는 욕망의 자발성 속에서 성립하는 운동의 목적과 원리, 현실성과 이상성의 무매개성이다. 운동의 원천으로 돌아갈수록 방향의 단일성으로부터 구별되지 않는 다수성으로 내려간다. 습관의 진보가 향하는 끝은 경향의 다수성과 기관의 다양성이다. 우리의 본성은 인격의 중심적 단일성을 가지지만 동시에 다양성을 가지므로 다양한 능력과 기관들로 분산된다. 생명은 고양된 정상으로부터 가장 낮고 어두운 지역까지 기능과 기관들의 다채로운 연쇄로 전개된다. 역학은 점점 생명을 표상할 수 없고 설명할 수 없는 동학에 자리를 내준다. 본능에서 의지까지 모든 힘을 포함하는 활동성은 동일성을 가지면서도 습관에 의해 다양성과 다수성의 방향으로 향한다. 습관과 함께 훈련된 근육과 관절은 강해져서 결국은 독에까지 익숙해진다. 그것이 치료의 가장 중요한 요인이다. 또 사물과 사유의 동일성의 신비에도 어떤 빛을 던져준다. 병의 비밀도 동일하다. 그것은 동시에 관념이면서 존재인 것이다. 모든 생명이 그러하다. 살기 위해 생명의 흐름으로부터 떨어져 나와 스스로에게 몸과 세계를 제공하는 창조적 관념이 바로 생명체이다. 인류에서의 생명의 가장 높은 형태, 즉 신체 운동의 활동성은 종속적 기능들에서 발전되는 모든 하등의 형태들을 축약적으로 포함하고 있다. 자연의 각 항이 모든 상위 항들의 조건이자 질료이며 하위 항들의 형상이고, 따라서 각 항은 그것을 감싸는 모든 연쇄에 따라 발전하며 재현되는 연속적인 진보의 상이다. 그러므로 습관은 자연의 힘의 진보적인 발전을 공간의 형태로 외부세계에 표시하는 항들의 보편성을 내적 삶 가운데에서의 자신의 진보 속에 연속적으로 형상화한다. 습관의 진보는 인간에서 의식을 의지로부터 본능으로, 인격의 완전한 단일성으로 부터 비인격적 분산으로 끌고 간다. 생명 기능의 단계적 연쇄에서의 의지와 의식의 감퇴는 영혼의 동일성 속에서 오성과 의지의 점진적 소멸의 신호일 뿐이다. 가장 완전한 유기조직을 가진 존재의 형태는 공간에서 감각적 형태로 실체화된 습관의 마지막 순간과 같다. 습관의 유비는 그 비밀을 뚫고 들어가게 한다. 그 빛 아래에서 혼동된 생물이나 식물에까지, 심지어 수정에까지 반성에서 가장 멀리 떨어진 불분명한 본능들의 모호한 욕망들로 분산되는 활동성의 마지막 광선들을 추적할 수 있다. 존재의 연쇄는 단 하나의 동일한 원리의 능력들의 연속적인 진전에 불과하다. 그 능력들은 습관의 진보와 반대방향으로 발전한다. 하위의 단계는 필연성이라 할 수 있을지 모르지만 상위는 자유이다. 습관은 한 한계에서 다른 한계로 내려간다. 그것은 반대 항들을 접근시키면서 그것들의 내밀한 본질과 필연적 연관을 드러낸다.

이 절은 결국 습관이 자연 자체와 외연이 같으며 자연 전체에서 기계론으로는 설명할 수 없는 자연의 자발성을 드러낸다는 것을 이야기하고 있다.

IV. 제4절은 습관에 의해 드러나는 신(사랑)을 논한다. 습관이 닿는 자연(본성)은 욕망 속에, 욕망은 선 속에 있다는 것이다.

능동과 수동은 의지와 지성으로까지 펼쳐진다. 습관도 그러하다. 그러나 우리는 습관의 법칙을 결정했고 그 원리는 의식의 원초적 전형과 조건들로 지정했다. 이제 그 법칙과 원리의 일반성을 입증해야 한다. 영혼이 자기의식에 도달하면 점점 더 신체적 삶으로부터 벗어나 자신만의 고유한 목적을 갖는 세계가 열린다. 그런 상위의 삶이야말로 생명이 열망하는 것으로 보인다. 그런 삶은 자신 속에 자신의 선善을 가지게 된다. 영혼은 그것을 추구한다. 영혼 속에서 행동으로의 기질과 성향을 발전시킨다. 결국에는 수동적 감수성의 덧없는 쾌락에 행동의 쾌락이 뒤따르게 한다. 이처럼 선을 행하는 자의 마음속에 습관이 연민의 감정을 파괴하는 만큼 자선의 활동과 내적인 기쁨이 발전된다. 마찬가지로 사랑은 그 자체에 의해 증가한다. 결국 공간운동에서나 마찬가지로 영혼의 활동에서는 습관이 행동의 의지를 성향으로 변화시킨다. 풍습이나 도덕성은 그런 방식으로 형성된다. 덕은 우선 피곤함이지만 오직 실천에 의해서만 매력이자 즐거움·욕망이 되며, 조금씩 성스러움에 접근한다. 거기에 교육의 비밀이 있다. 행동에 의해 선으로 끌어들이는 것이며 거기에 성향을 고정시키는 것이다. 그것이 제2의 본성이 된다. 영혼 자체의 한가운데에서 습관의 진전이 내려가게 하는 한계로서 욕망의 무반성적 자발성, 즉 자연의 비인격성이 발견된다. 여기서 행위의 원천이자 시초인 것은 욕망의 자연적 자발성이다.

　정신의 세계는 자유의 제국이다. 정신의 세계에서 오성이 목적을 분별하고 의지가 제안하지만 영혼을 흔들어 선으로 미는 것은 의지도 오성도 아니다. 선 자체가 심연으로 내려가 거기서 사랑을 낳고 키운다. 사랑의 무반성적 자유는 그것의 실체 전체를 이루며 사랑은 그 대상에 대한 명상과, 명상은 대상과 구별되지 않는다. 그것이 토대이자 시작이며 모든 의지가 전제하는 자연의 상태이다. 자연은 욕망 속에, 욕망은 선善 속에 있다. 그것이 바로 우리 속의 신이며, 우리 자신의 내밀한 밑바닥에 있다는 사실 자체에 의해 숨겨진 신이다.

　습관은 공간운동에서나 마찬가지로 영혼의 활동에서도 행동의 의지를 성향으로 변화시킨다. 사랑의 활동이 그것을 성향으로 고정시킨다. 정신세계에서 영혼을 선으로 미는 것은 의지도 오성도 아니요, 선 자체가 심연으로 내려가 사랑을 낳고 키운다. 자연은 욕망 속에, 욕망은 선 속에 있다. 그것이 바로 우리 속의 신이다. 신=선>욕망>자연>성향(자발성)>행동의 부등식이 성립한다. 습관은 선의 성향을 키움으로써 행동하게 한다.

　V. 제5절은 습관의 원천인 자연적 자발성에도 습관의 법칙이 적용됨을 논하고 있다. 순수 오성과 추상적 추리력까지 습관의 법칙은 발견되며 그 원리인 자연적 자발성 역시 그러하다. 오성은 운동의 활동성과 동일한 방향으로, 그리고 감성이나 수동성과는 반대 방향으로 발전한다. 오성은 완전한 능동성이 아니다. 모든 지각과 관념은 어떤 다양성을 내포하고 있으며 운동의 상상을 포함한다. 그렇기 때문에 그것을 추론적 이성이라 부른다. 모든 운동은 어느 정도 수동을 내포한다. 대상이 추진력을 줄 때 오성은 완전히 수동인 것처럼 움직이며, 자기 자신이 운동할 때는 스스로 속에 수동과 능동이 결합된다. 여기서도 연속과 반복은 수동성과 능동성에 반대의 영향을 미친다. 수동적인 모든 지각이나 생각은 연장과 반복에 의해 점차 희미해지고 지워진다. 반대로 오성이나 상상이 관념이나 상들의 종합을 훈련할수록 종합은 더 쉬워지고 빨라진다. 동시에 그것은 의지의 독립적인 경향이 된다. 오성의 수동적인 운동 또한 점점 성향이 된다. 관념이나 상들은 물체들처럼 서로 끌리는 것이 아

니다. 그것들에는 운동의 원리가 없다. 관념연합이 습관을 설명하는 것이 아니라 습관의 법칙과 원리에 의해 관념연합이 설명된다. 그런 성향은 단일성과 개체성이 다양성으로 분산시키는 자연적 자발성이다. 습관이 의지와 운동을 끌고 가는 자연의 상태는 모든 의지와 운동과 사유의 조건이자 원천이다. 의지가 한계를 고정시키고 형태를 정하는 것은 영혼의 밑바닥에 소리 없이 흐르는 비의지적 자발성에 의해서이다. 모든 것에서 자연의 필연은 자유가 천을 짜는 날줄이다. 그러나 그것은 살아 있으며 욕망과 사랑과 은총의 필연이다.

이 절이 이야기하는 것도 결국 습관의 원천인 자연적, 비의지적 자발성도 자유에 근거한 것이며, 모든 자연적 필연은 자유가 천을 짜는 날줄에 불과하다는 것이다.

VI. 제6절은 지금까지 논한 내용들의 핵심을 요약하면서 결론적 판단을 내리고 있다.

오성과 의지는 한계와 극단들에만 관계한다. 한계에 대한 앎은 중간에 대한 앎을 포함하며 목적을 원하는 것은 수단을 원하는 것을 포함한다. 중간은 무한히 나누어질 수 있기 때문에 닳아 없어지지 않는다. 극단들은 그 연장의 어디서나 접촉한다. 직접적 지성은 관념이 존재와 혼동되는 구체적 사유이다. 직접적 의지는 소유하는 동시에 욕망하는 사랑이다. 그런 사유와 욕망, 즉 사랑의 운동 속에 실체화된 관념이 바로 자연이다. 자연은 구체적 연속성, 실재의 충만을 이룬다. 의지의 작품인 예술은 한계, 표면만을 공략한다. 자연은 내부에서 작업하며 오직 그것만이 심오함과 견고함을 성취한다. 학문은 사물의 관념성의 일반적 윤곽만을 구성한다. 오직 자연만이 그 실질적인 전체성을 부여한다. 학문은 외연적인 통일성 아래에서 윤곽을 그리지만 자연은 내포적 통일 속에서 실재의 동학을 형성한다. 자연의 최후의 바닥과 자유의 최고점 사이에는 하나의 힘의 발전의 크기를 나타내는 무한한 정도들이 있으며 학문의 조건인 연장성이 대립자들의 구별이나 간격과 함께 증가한다. 그것은 자연의 심연에 원리가 거주하여 의식에서 개화를 완성하는 나선과 같다. 그 나선을 습관이 다시 내려가게 하는 것이며 그것의 발생과 원천을 알려준다.

습관은 따라서 대립과 운동의 지역에 갇혀 있다. 그것은 순수 능동성, 즉 단순한 지각 아래에서 사유와 존재의 통일성, 신적인 동일성으로 남는다. 그리고 그것은 자연의 자발성 속에서의 이상과 현실, 존재와 사유의 불완전한 동일성을 그 최후의 목적과 한계로 가진다. 습관의 역사는 자유의 자연으로의 회귀 또는 오히려 자연적 자발성의 자유의 영역으로의 침입을 표현한다. 그것의 원리가 성립하는 기조는 오직 하나의 동일한 경향, 즉 존재의 원초적 법칙이며 가장 일반적인 형식인 바, 존재를 구성하는 행위 자체 속에 머물려는 경향이다.

습관은 결국 자연적 자발성이 자유로까지 확장되는 역사를 보여주는 현상이라는 것이 결론이다. 베르크손이 말했듯이 습관이라는 구체적 현상을 통해 '자연이 기계론적으로 설명되지 않고 오히려 물질과 다른 정신적 활동, 즉 자유가 화석화된 것'으로 봐야 한다는 말이다.

해밀턴, 철학적 단편들

역자 해제

「해밀턴, 철학적 단편들(Hamilton, Fragments phisophiques)」은 『두 세계지(Revue des deux mondes, T. 24 s.4, 1840)』에 실린 논문이다. 이 글은 뻬쓰(Peisse)에 의한 해밀턴의 『철학적 단편들』의 번역을 빌미로 스코틀랜드 학파를 비롯한 영국 철학의 방법론, 즉 현상의 관찰과 귀납 이외의 형이상학을 인정하지 않는 방법을 비판하고, 그 방법에 충실하면서도 독일 철학의 이념을 받아들인 꾸쟁의 철학과 또 칸트의 관념론을 비판한다. 그런 다음 구체적으로 살아 있는 영혼의 탐구를 주장하는 멘느 드 비랑을 옹호하고 영혼의 밑바닥은 결국 사랑임을 주장하는 논문이다. 그 내용을 요약하면 다음과 같다.

스코틀랜드 학파는 프랑스에서 거의 지배력이 없었고 그 영향도 점점 시들어가는 것으로 보인다. 최근 뻬쓰 씨는 해밀턴의 『단편들』을 번역하고 '서문'을 붙였는데 그것은 종말의 전조를 보여준다. 해밀턴 씨는 스코틀랜드 학파의 원리를 방어한 것으로 보이나 많은 점에서 스승들과는 멀어진 것 같다. 뻬쓰 씨는 철학의 권능을 제한시킬 필요성에 대해서는 해밀턴과 일치하는 것으로 보이지만 그 속에서 불편해 한다. 해밀턴 씨는 자신의 체계를 능가하며 뻬쓰 씨는 그 체계의 굴레를 거의 받아들이지 않는다. 그들의 성향과 욕망은 그들이 필연적으로 가둬져 있다고 믿는 범위를 넘어서지만 그 것을 넘어서는 것은 불가능하다는 것을 증명하려고 노력한다.

베이컨은 학문을 자연의 인식으로 축소시켰고 학문은 관찰과 귀 납에서 성립한다는 원리를 선언했으며 뉴턴이 그것을 강화했다. 스 코틀랜드 학파의 이론은 베이컨의 이론을 철학에 확장해야 한다는 생각 위에 정초하고 있다. 그들에 따르면 철학은 원인과 실체의 학 문임을 단념해야 한다. 관찰과 귀납에 의해 경험은 사실을 수집하 고 귀납은 법칙을 발견한다. 따라서 두 학문에는 동일한 베이컨의 방법으로 충분하다. 주프롸 씨나 롸예-꼴라르 씨는 정신의 학문 도 물리적 학문과 마찬가지로 관찰과 귀납에 의해 진행한다고 말한 다. 꾸쟁 씨도 마찬가지로 베이컨에게서 실험적 방법을 빌려 와야 한 다고 말하며 물리적 학문과 형이상학적 학문의 방법의 단일성을 강 조한다. 해밀턴 씨는 철학을 현상들의 관찰과 현상들의 법칙으로 의 일반화로 환원시켜야 한다고 말하면서 원인과 실체는 학문을 벗 어난다고 한다. 다만 그의 글에서는 철학과 물리적 학문의 평행을 볼 수가 없다. 뻬쓰 씨는 사유하는 존재에 관해 그 현상적 드러남 밖에 알 수 없다고 믿으나 스코틀랜드 학파의 방법에는 더 이상 아 무것도 기대하지 않는다. 스코틀랜드 학파는 경험과 귀납 이외에 그런 원천에서 오지 않은 진리들이 인간 지성에 있다고 인정한다. 그 것들은 본유적인 원리이며, 그것은 경험을 앞서거나 그것을 넘어서 는 데 사용된다. 경험 전체를 넘어서는 원리는 우리가 모든 현상에 그 원인이자 실체인 존재를 가정하게 되는 원시적 판단이며, 그렇게 하여 보이는 세계로부터 보이지 않는 세계로 상승한다. 스코틀랜드 학파의 이 두 번째 부분은 뷔피에 신부에 빚진 것이다. 그는 아마도 스코틀랜드 학파에 제일 진리에 관한 모든 이론을 제공했을 것이다. 스튜어트는 특히 철학을 사실의 권역으로 되돌아가게 하고 형이상학적 물음을 금지할 필요성을 강조한다. 그것은 철학으로부터 그 이름에 걸맞은 모든 대상을 추방하는 것이다. 프랑스 제자들은 거기에 동의하지 않으며 주프롸 씨는 적은 수의 요점들을 고정할 수 있다고 말한다. 꾸쟁 씨는 형이상학에 대한 어떠한 제한도 거부한다. 이것을 이해하기 위해서는 그 원천을 지적해야 한다. 그것은 독일에 있다. 칸트는 지성이 현상과 법칙 이외에는 대상으로 가질 수 없다는 것을 확립했다고 믿었다. 칸트의 증명은 초월적 관념들은 경험의 대상에 적용되었을 때에만 의미를 가진다는 비판에 근거한다. 이제 보이지 않는 세계는 학문이 풀 수 없는 문제에 불과하며 형이상학은 환영에 불과하게 된다. 그런데 초월적 관념론이 출현하자마자 현상을 넘어 물 자체뿐 아니라 절대적 원리를 파악한다는 철학이 나온다. 지성의 직접적 직관에 의해 절대의 파지에 들어간다는 것이다. 그것이 피히테와 셸링의 철학이다. 꾸쟁 씨는 셸링의 자연철학의 웅대함에 탄복하고 다만 그런 사변과 경험의 방법을 결합하여 자신의 철학을 성립시키려 했다. 독일 철학에서는 그 목적은 인정하지만 방법은 인정하지 않고, 스코틀랜드 철학에서는 그 목적도 인정하지 않고 방법도 잘못 적용했다고 본다. 꾸쟁 씨는 해밀턴 씨에게 학문이 자연, 신, 자아까지 도달하지 않는다면 우리에게 가르쳐주는 것이 무어냐고 항변한다. 이에 대해 뻬쓰 씨는 우리는 그것들이 있다는 것은 알지만 무엇인지는 알 수 없다고 말한다. 뷔피에 신부, 스코틀랜드 학파, 해밀턴 씨, 뻬쓰 씨는 모두 존재자들에 대해 그 '사실'은 알지만 '무엇'은 모른다는 입장이다. 그러나 한 존재자의 존재 사실을 인정하기 위해서는 그것이 무엇인지를 알아야 한다. 귀납은 우리에게 무엇을 배워 줄 수 있는가? 그 점에 대해 꾸쟁 씨가 내린 결정은 스코틀랜드 학파를 전혀 넘어서지 않는다. 그것이 적어도 셸링 씨의 견해이다.

결국 스코틀랜드 학파의 원리에 의존하는 철학은 존재에 대해 단순한 존재여부를 넘어서는 매우 한정된 추정 이외에는 아무것도 주장할 수 없다. 스코틀랜드 학파 중 한 사람은 그들의 원리를 합법적 선입견이라 불렀다. 그것이 참된 이름이 아닌가? 그리고 그 철학은 선입견 위에 세워진 추정 이외에는 아무것에도 도달할 수 없지 않은가?

칸트는 완전히 다르다. 그는 한 경험적 소여에 논리적으로 포함되어 있지 않은 원인을 덧붙인다는 것은 어떻게 이루어지는가를 묻는다. 결국 지성은 어떻게 선험적 종합판단을 하는가를 묻는 것이다. 그것은 형이상학의 가능성의 문제이다. 현재는 과거에 의해서 결정되는데 과거에는 현재 현상이 차지하는 위치에 그것이 있게 하는 무언가가 필요하다. 그것이 원인의 관념이다. 또 모든 현상은 시간 속에서의 일시적 출현이기 때문에 모든 것이 지나가지만 그 자신은 지나가지 않는 무엇인가가 있어야 한다. 그것이 실체의 관념이다. 이처럼 원인은 시간의 순서의 표상이며 실체는 그 양의 표상이다. 그것들은 경험에 필요한 형식이다. 결국 시간은 우리 지성의 형식에 불과하다. 칸트에게서 존재는 시간이라는 빈 형식의 이미지이며 무를 사물로 간주하는 것은 지성의 몽상이다. 이제 학문은 개별적인 것에서 좀 더 일반적인 것으로 올라갈 수 있을 뿐 실체, 원인, 실재성 같은 것은 학문에 금지되어 버렸다. 그런 결과에서 벗어날 수단은 없는가?

스코틀랜드 학파의 철학은 베이컨 이래 모든 영국 철학의 원리이다. 영국 철학은 프랑스에 도입되어 본성이 바뀌는 식물처럼 변신되었다. 프랑스 철학은 물질의 관점에서 정신의 관점으로 상승되었다. 로크는 인간 인식을 감각과 반성이라는 두 원천으로 환원했다. 꽁디약은 감각이라는 단 하나의 능력으로 환원한다. 그러나 그는 거기서 관념론으로 가지 않고 감각물의 저항을 통한 외부 세계의 존재의 인정으로 간다. 그의 제자인 데스튀 드 트라시는 감각하는 주체의 의지를 알아차리고 외부 대상의 저항도 인정한다.

데스튀 드 트라시의 제자인 멘느 드 비랑은 수동성과 능동성을 분리한다. 감각은 수동적인 겪음이며 그것으로 환원된 존재는 모든 변화로 상실되고 자기 자신을 잃는다. 인식은 오직 감각만인 것이 아니며 감각은 오히려 인식을 혼란스럽게 한다. 감각과 지각은 서로 떨어질 수 없지만 서로에 반비례한다. 감각이 수동으로부터 결과했다면 지각은 능동으로부터 결과했다. 능동의 의식은 의지적 운동으로부터 나온다. 의지적 운동은 노력의 의식에서만 존재하며 노력에 의해 우리는 저항을 극복하고 운동을 일으킨다. 운동적 활동성의 의식은 결과와 불가분적으로 연결된 원인의 직접적 인식이다. 멘느 드 비랑은 객관적 현상과 분리된 주관적 현상은 속 빈 추상에 불과하다고 한다. 그러나 해밀턴 씨처럼 지각과 의식을 무차별적으로 대체할 수 있는가? 로크는 감각과 반성을 구별했다. 살아 있는 단일성에서 연결되어 있지만 그 단일성 한가운데에서 구별된 것은 구별해야 한다. 인간의 인식은 외부에 완전히 몰두된 지각이 아니다. 그것은 반성과 접합된 지각이다. 의식에서 반성적 요소가 바로 자아이다. 의식을 가진다는 것은 자아와 함께 아는 것이며, 외부대상의 현재적 지각과 자신의 주체를 내포하거나 그것 자체이다. 결국 외부세계의 학문은 직접적 대상으로 현상들을 가지지만 의식의 경험은 원인의 경험이다. 철학자는 자신의 학문의 원리를 자신 속에서 느끼며 내적 시각으로 본다. 철학은 탁월한 의미에서의 원인과 정신의 학문이다. 그것은 정신적 삶의 중심에서 의지적 활동의 내적 경험에 확립된 주관적 반성의 학문이다.

칸트는 형이상학의 가능성의 문제를 제기했다. 지성이 선험적으로 현상에서 원리로 결론 내리는 판단의 중간항은 무엇인가? 스코틀랜드 학파는 그 문제의 존재도 모르므로 해결할 수가 없다. 칸트는 관념론으로 해결한다. 학문의 근거는 자아나 그것을 구성하는 인과적 활동들의 의식에서 찾아진다. 칸트는 도덕적 자유의 관념에서 그와 유사한 근저를 찾은 것 같다. 피히테는 후기 철학에서 멘느 드 비랑과 만난다. 자연주의와 추상적 관념론을 거친 후 독일 철학은 살아 있는 실재와 정신적 에너지의 관점에서 강화된다. 프랑스와 독일은 상이한 길을 통해 서로 만난다.

프랑스에서 멘느 드 비랑의 이론은 스코틀랜드 학파의 한가운데로 뚫고 들어갔으나 원리에서는 변화했고 결과에서는 제한되었다.

꾸쟁 씨는 인격의 동일성과 원인 개념의 원천에 대해서는 멘느 드 비랑을 따른다. 그러나 거기에 제한을 둠으로써 그것을 변질시키고 무효화시킨다. 우선 그는 의지가 자기 자신에 대한 인식을 획득하는 유일한 원천이 노력임을 부정한다. 그러나 꾸쟁 씨는 멘느 드 비랑에 대한 새로운 연구에 의해 그를 옹호하고 스코틀랜드 학파의 깃발을 포기한 것으로 보인다.

아직도 남은 것은 경험이 실체에 도달하는지 여부이다. 멘느 드 비랑은 우리의 첫 번째 내적 경험에서부터 현재 능력의 느낌과 함께 그것의 영속성에 대한 확실한 예감을 갖는다는 것을 보여주었다. 우리는 스스로에게 지속 가능한 힘으로 드러난다. 실체는 변화의 수동적 주체이며 우리는 자유로운 활동의 자격으로밖에는 우리 자신을 모르고 따라서 우리는 수동적인 우리 존재의 바닥에서 우리를 결코 알지 못하기 때문이다. 의지는 우리 자신에 대한 인식의 끝이요, 그 너머는 잴 수 없는 심연이자 밤이다.

노력은 노력 이전의 원천적 활동이며 그것이 자기 자신을 의지적 행동 속에 놓는다. 대상의 개념은 원하는 주체 속에 그것이 원할 만하다는 느낌을 가정한다. 의지가 대상의 추상적 관념에 의해 결정되기 위해서는 실재 현존이 우리를 흔들어야 한다. 선이 동기가 되기 전에 이미 영혼 속에 선행적 은총에 의해서처럼 영혼 자체와 전혀 다르지 않은 동인이 있어야 한다. 사유에 의해 행동하기 전에 그것은 존재에 의해 움직이며, 그것이 끝까지 의지 속에 있는 실재적인 것이다.

행동은 이미 행동으로 기울어진 이전의 성향에 그 원천을 가지며 능동적 힘은 경향을 기저로 가지고 경향이 행위와 실체 속에 있는 실재적인 것을 이룬다. 의지가 욕망에서 그 원천과 실체를 가지며 욕망이 의지의 경험의 실재적인 것을 이룬다. 그러나 욕망은 아직 의식의 밑바닥은 아니다. 의식이 탁월한 형태에서 대상과 주체의 대립이라면, 그리고 욕망 속에서 불완전한 결합을 직접적 조건으로 가진다면, 의식은 사랑 속에서 실재적 통합을 기저로 가진다. 그런데 사랑은 목적과 동일화된 완성된 실재성, 완결이다. 그것은 영혼의 실체이다. 전면적이고 충전적인 지성은 신에게만 가능할 것이다. 그것을 모색하는 반성과 영혼의 관계는 접근선과 곡선의 관계와 같고, 반성은 영혼으로 무한히 접근하려 할 것이다. 학문이 계산하고 공식을 추적하는 반면, 어둡지만 없어질 수 없는 의식은 우리 자신 속에서 발견된다.

영원한 사랑의 바탕으로부터 끊임없이 스스로 결정하는 경향 또는 불멸의 욕망 속에서 영혼을 발견한 후에도 그 너머에서 절대적으로 수동적인 주체를 요구할 것인가? 모든 행위 아래에 있는 주체는 영혼 자체의 벌거벗은 능력이거나 그 능력이 부여하는 형태에 의해서만 존재하는 것이 아니라면 무엇이겠는가? 실체는 정신 자체이다. 정신이 자연을 넘어 보는 것은 정신이 자신 속에서 보는 것이며, 그것이 보는 것은 자기 자신이다. 드디어 정신이 자신 속에서 보편적 원리, 실체, 본질을 사물의 제일 원리로 인정할 때가 아닌가? 정신은 오늘날 공허와 의심 속에서 죽어가는 것처럼 보인다. 이제 정신은 자기 자신으로 되돌아와 생명을 만든 믿음을 되찾을 것이다.

이미 『습관에 대하여』에서 나온 것처럼 여기서도 사랑>욕망>의지>
행동의 부등호, 또는 원천성이 다시 한 번 확인됨을 볼 수 있다.

헤밀턴, 철학적 단편들*¹

스코틀랜드 학파의 철학은 공교육에서가 아니면 프랑스에서 거의 지배력이 없었다. 일반적 무관심이 점점 더 버려둔 이 평화로운 영역에서 그것을 지지하던 자들에 의해서도 포기되어 그것은 이미 시들고 탈진하는 것으로 보인다고 생각된다. 그것은 고독 속에서 소리 없이 꺼지고 있다.

스코틀랜드에서 그것은 그 창시자들보다 목숨이 거의 더 길지는 못했다. 그것은 그들의 불충실한 제자인 브라운이라는 계승자와 함께 재탄생하는 것처럼 보였다. 헤밀턴의 『단편들』은 브라운을 라이드(Reid)와 더갈드 스튜어트(Dugald Stewart)와 나란히 위치시킨다. 삐쓰 씨는 방금 그 주요 부분을 번역했고 거기에 '서문'을 붙였는데,

---

*1   삐쓰(Louis Peisse)의 번역. 역자 서문과 주석, 부록과 함께, 1840.

그것은 사유의 힘과 문체의 광채에 의해 현대의 철학 문헌에서 매우 높은 자리를 역자 자신에게 부여한다. 그러나 이 출판은 그 저자들의 드문 재능을 입증해 주지만 스코틀랜드 학파의 생기를 재확인해 주려고 이루어진 것으로는 보이지 않는다. 그렇기는커녕, 거기서 발견되는 것은 그것이 이미 먹히고 있는 파국의 새로운 징후, 그것의 약점은 치유될 수 없다는 사실의 의미 있는 증거, 그것의 가까운 종말의 전조로 보인다.

에딘버러 대학의 논리학과 형이상학 교수인 해밀턴 씨는 특히 라이드의 글에서 발견되는 것과 같은 스코틀랜드 학파 이론의 대체로 충실한 제자이며, 동일한 힘으로 브라운의 가장된 회의주의, 골상학자들의 유물론, 그가 꾸쟁 씨와 셸링 씨의 합리주의라 부른 것에 대항하여 스코틀랜드 학파의 원리를 방어했다. 그러나 우리가 볼 것처럼 중요한 한 지점에서 그것과 멀어진다. 그 이외에도 많은 점에서, 그리고 그에게 고유한 자질 자체에 의해 스승들의 습관이나 정신과는 이질적이다. 그가 그토록 많은 증거를 보여주는 철학사에 대한 깊은 지식에서, 스콜라철학도 예외 없이 모든 시대의 형이상학자들에 대해 표방하는 높은 평가에서, 특히 아리스토텔레스의 논리학에 대한 선호에서, 라이드나 스튜어트의 방식이나 심지어 그들이 애호하는 의견들도 더 이상 찾아볼 수 없다. 굳이 말해야 한다면, 외견상 공정한 것처럼 보이지만 결국은 매우 배타적인 그 학파의 특징적인 반감도 더 이상 알아볼 수 없다.

뻬쓰 씨에 대해 말하자면 이론의 바탕에 대해서는, 그리고 주로 철학의 권능을 좁은 한계 내로 제한시킬 필요성에 대해서는, 그의 저자(해밀턴)와 일치하는 것으로 보인다면, 명백히 그 한계 속에서 더욱더 불편해 한다. 꾸쟁 씨가 해밀턴 씨에 대해 말한 것처럼, 그는 학자적 도리(vertu scientifique)에 의해 거기에 머물지만 그것에 고통받고 거의 분개한다. 그는 오늘날 상당히 좁은 전문성이라는 조건으로 감축된 철학의 굴욕을 불평한다. "반면, 철학의 고유하고 우월한 기능은 인간 정신의 모든 적용의 원리와 조건과 가능성을 결정하는 것이기 때문에, 그것은 사실 명상적이건 실용적이건 모든 개별 과학의 위에, 그리고 밖에 있다." 그는 그토록 칭송 받았던 스코틀랜드 학파의 신중성에서 우유부단밖에는 보지 않는다. 그는 그들의 기술, 열거, 분류의 방법에는 많은 경멸을, 그들이 약속하는 결과에는 적은 신뢰를 보낸다는 것을 드러낸다. 그가 인간의 이성에게는 접근이 불가능하다고 믿으나 "저항할 수 없는 법칙이 발견을 금지하면서도 탐구를 명령하는" 지역들에 대해 눈에 띄게 유감스러워한다. 그가 그것을 하는 것은 학문이 열망하나 그의 눈에는 불행하게도 "이타카의 환상과 유사하여 지평선의 부유하는 깊이 속에서 끊임없이 후퇴하는" 최고의 목적으로부터라고 말하는 것은 더 이상 적합할 수 없다. 해밀턴 씨는 그의 학식과 변증법의 모든 범위에서 자기 자신의 체계를 능가한다. 뻬쓰 씨는 그 체계의 굴레를 거의 받아들이지 않으며 특유의 조바심으로 그것을 흔든다.

그 뛰어나고 탁월한 정신들은 따라서 그들 자신의 이론에서 옹색함을 느낀다. 그들의 성향과 그들의 욕망은 매순간 그들이 필연적으로 가두어져 있다고 믿는 범위를 넘어서며, 동시에 그들 스스로에게 그리고 다른 이들에게 그것을 넘어서는 것은 불가능하다는 것을 증명하려고 노력한다. 그들은 그들에게 반박할 수 없는 것으로 보이는 원리에 의해 그것을 증명한다. 그들은 그들 자신의 이론이 얼마나 철학의 이상 아래에, 인간의 영혼이 생각하는 필요와 희망 아래에 남아 있는지를 보여주는 데 성공한다. 그들은 영혼의 무력함에 의해 영혼을 설득하며, 그것 자체가 영혼의 폐허를 완성시키기 위해서는 가장 잘 만들어진 것이다. 어느 때보다도 잘 연역된 결과가 원리를 고발한다. 결과가 원리로 새로운 빛을 돌려보낸다. 결과가 원리의 아직 숨겨진 악을 탐구하고 발견하게 한다.

베이컨이 학문을 개혁하려고 시도했을 때, 그는 우선 고유한 의미에서의 학문을 자연의 인식으로 축소시켰고, 동시에 학문은 사실들의 관찰과 유사한 것들을 접근시켜서 그 일반 법칙을 발견하는 귀납에서 성립한다는 비옥한 만큼이나 새로운 원리를 선언했다. 뉴턴은 그의 실례實例를 권위로 그 계율을 강화했다. 스코틀랜드 학파의 이론은 학문 일반과 특히 물리학에 관계되는 베이컨의 이론을 철학에 확장해야 한다는 생각 위에 정초하고 있다.

가상과 그 가상들을 나타나게 하고 그 가상들이 머무는 원리는 구별된다는 것, 즉 한편으로는 현상들과 다른 편으로는 그것들의 원인과 실체는 구별된다는 것은 주지하는 바이다. 학문은 본질적으로 사물을 그 원리에 의해 설명함으로써 사물에 근거를 주는 데서 성립한다는 것 또한 주지의 사실이며, 항상 사람들은 모든 학문이 더 우월한, 제일 원리들의 학문을 결정적으로 가정한다고 생각해 왔다. 철학이라 불리는 것이 그런 학문이다. (그러나) 스코틀랜드 학파에 따르면 철학이 (그렇게) 원인과 실체의 학문이라는 주장을 단념해야 한다. 우리가 실재에 관해 알 수 있는 모든 것은 우리가 관찰하는 사실이나 현상과, 관찰이 도달하지 않는 것에 관해 거기서 끌어낼 수 있는 결과들로 환원된다. 사실은 두 종류이다. 하나는 우리 감각에 들어오며 그것은 외적 현상들이다. 다른 것들은 내감(sens intime)만의 대상이며 그것은 내적, 정신적, 심리적 현상들이다. 전자는 물리적·자연적 학문의 영역에 속하며, 후자는 철학적 학문의 영역에 속한다. 이쪽이나 저쪽 학문에서 경험은 사실들을 수집하고 귀납은 그 법칙들을 발견한다. 따라서 두 학문에 오직 하나의 동일한 방법, 베이컨이 그 용법을 처방하고 진정한 규칙들의 윤곽을 그린(그들에 따르면) 방법으로 충분하다.

  그런 명제들은 라이드와 더갈드 스튜어트의 모든 작품을 채우고 있다. 우리는 여기서 그들의 해석자 주프롸(Jouffroy) 씨의 증언을 제시하는 것으로 만족할 것이다. 그는 그의 라이드의 번역의 서문에서 말한다. "스코틀랜드 학파가 철학에 가져온 공헌, 탁월한 공헌이 있다면 그것은 확실히, 인간의 정신을 대상으로 하고 내감을 도구로 하며 물리적 학문의 결과가 물질의 법칙의 결정인 것처럼 그것의 결과도 정신의 법칙의 결정이어야 하는 관찰의 학문, 사실들의 학문이 **물리학자들이 이해하는 방식으로** 있다는 생각을 정신에 영원히 그리고 더 이상 벗어날 수 없는 방식으로 확립한 것이다."[2]라고. ㅡ "그들을 읽었을 때 남는 것, 정신을 잡은 것, 정신을 몰두하게 하고 소유

---

[2] 200쪽.

하는 것은 **물리적 학문과 마찬가지로 관찰과 귀납**에 의해 진행하는 인간 정신에 대한 학문, 사실들의 학문이 있다는 관념이다."*3

라예-꼴라르(Royer-Collard) 씨도 마찬가지로 말했다. "인간 본성에 관한 관찰은 물리적 세계의 관찰과 같이 사실들의 검토에서 성립한다. 이것이 인간 연구의 첫 발자국이다. 두 번째는 사실들을 그 유사성과 차이에 따라 분류하는 데서 성립한다."*4 등등. 그리고 그는 또한 그 방법의 발견을 베이컨의 영광으로 돌린다.

꾸쟁 씨는 그 모든 점에서 스코틀랜드 학파 전체에 완전히 동의한다. 물리적 학문과 철학적 학문의 구별에 대해, 그 대상의 다기성과 유사성에 대해, 마지막으로 진정한 과학적 방법의 창시자(주장된 바)에 대해서도 동일한 의견과 동일한 언어이다. 그의 『단편들』[1]의 제2판 서문에서 그는 "어디서나 마찬가지로, 언제나 마찬가지로, 다른 곳과 같이 여기에서도, 나는 모든 건전한 철학의 출발점을 인간 본성의 탐구에, 따라서 관찰에 위치시키며, 관찰로부터 그것이 포함하고 있는 모든 결과를 끌어내기 위해 귀납과 추론에 말을 거는 방

---

*3   202쪽.
*4   『단편들』, 라이드의 불역본 제 Ⅲ권을 뒤따라, 404쪽.[2]

---

1   이것은 해밀턴의 『철학적 단편들』이 아니라 꾸쟁의 『철학적 단편들(Fragments philosophiques)』(Ladgrange., 제2판, 1833)을 말한다.
2   이 『단편들』은 뻬스가 번역한 해밀턴의 『철학적 단편들』이 아니라 주프롸가 번역한 『라이드 전집(Oeuvres complètes de Thomas Reid, chef de l'école écossaise)』(Sautelet, 1828)의 Ⅲ권 말미에 붙은 『라예-꼴라르의 강의 단편(Fragment des leçons de M. Royer-Collard)』을 말한다.

법에 찬성한다고 공언한다."고 말한다.

그리고 첫 번째 서문에서는 "베이컨에게서 실험적 방법을 빌려와야 한다."고 말한다. 다만 꾸쟁 씨는 베이컨이 자신의 방법의 적용을 물리적 학문에만 국한시키기를 원한 것은 잘못임을 지적하며, "관찰의 방법만을 사용해야 한다. 그러나 무엇이든 존재하기만 하면 모든 사실에 그것을 적용해야 한다. 따라서 그것의 정확성은 불편부당함에 있고 불편부당함은 연장성 속에만 있다. 이와 같이 하여 아마도 형이상학적 학문과 물리적 학문의 그토록 찾아 헤매던 결합, 하나의 다른 하나에 대한 체계적 희생에 의한 것이 아니라 다양한 **현상들**에 적용되는 **방법의 단일성**에 의한 결합이 이루어질 것이다." "경험은 그것이 적용되는 대상이 무엇이든 간에 동일한 조건과 동일한 규칙을 가진다."고 덧붙인다. 보는 바와 같이 물리학은 항상 철학과 짝을 이룬다. 많은 유사한 구절들 중에 현대 철학사에 관한 1829년의 13번째 강의가 시작되는 자연적 학문과 철학적 학문 사이의 평행을 또한 인용할 수 있을 것이다.

마지막으로 스튜어트의 『도덕 철학 소묘』에 대한 완전히 호의적인 보고에서 꾸쟁 씨는 "유일한 베이컨의 적자임을 주장하며 그토록 낭비되었으나 그토록 이해되지 않은 경험 학파의 자격을 요구하는 이 새로운 학파"의 원리들에 동의함을 소리 높이 선언한다.

라이드와 스튜어트, 그리고 그들의 프랑스 제자들처럼 해밀턴 씨는 철학을 **현상들**의 **관찰**과 그 현상들의 **법칙**으로의 **일반화**로 환원시켜야 한다는 의견이다.*⁵ 그는 여러 곳에서 존재 그 자체, 즉 원인

---

*5 『철학적 단편들』, 26쪽.

과 실체는 학문을 벗어난다고 반복한다. 다만 우리는 그의 글에서 그가 속한 학파가 도처에서 확립하는 철학과 물리적 학문들 사이의 평행을 더 이상 볼 수 없다. 그 점에 대한 어떤 의문이 그의 정신에 들어온 것 같다.

마지막으로 뻬쓰 씨는 아직도 사유하는 존재에 관해서는 그 현상적 드러남밖에는 알 수 없다는 의견이며, "그것이 드러날 때 그것을 인정하려고 시도할 수 있는 모든 것은 불가피하게 모순과 비가지성(inintelligibilité)에 부딪힌다."고 굳게 믿는다. 그러나 그는 스코틀랜드 학파의 방법에서는 더 이상 아무것도 기대하지 않는다. 그는 더 많은 것을 원하나 더 적은 것을 희망한다.

우리에게 사실들을 알게 하는 경험과 그것들로부터 법칙들을 얻는 귀납 이외에, 스코틀랜드 학파 철학자들은 그런 원천에서 오지 않는 진리들이 인간 지성에 있다고 인정한다. 그것들은 우리 속에서 발견되는 말하자면 본유적인 원리이며, 경험 자체를 이해하거나 그것을 앞서거나 심지어 그 한계를 넘어서는 데 사용된다. 경험 전체를 넘어서게 하는 원리들은 그것에 의해 우리가 모든 현상에 그 원리, 원인, 실체인 존재들을 가정하게 되는 원시적 판단이며, 그렇게 하여 우리는 보이는 세계로부터 그 원리인 보이지 않는 세계로 상승한다.

스코틀랜드 학파 이론의 이 두 번째 부분이 첫 번째 부분처럼 고유하게 그들에 속하는 것인지에 의문을 가질 수 있다. 뻬쓰 씨가 주목했듯, 라이드는 거의 알려지지 않은 작가인 뷔피에(Buffier) 신부에게 빚진 바가 매우 많다. 라이드 자신이 "나는 내가 읽은 형이상학 서적 대부분에서보다 『우리 판단의 제일 진리와 원천론(*Traité des premières vérités et de la source de nos jugements*)』에서 더 많이 독창적인 것을 발견했다. 뷔피에의 관찰들은 일반적으로 완벽히 정당한 것으로 보이며, 내가 완전히 인정할 수 없는 적은 수의 것들에 관해 말하자면 그것들은 적어도 매우 기발하다."고 말한다. 아마도 그 프랑스 철학자는 스코틀랜드 학파의 창시자에게 그의 제일 진리에 관한 모든 이론을 제공했을 것이다.

어쨌든 고유한 의미에서의 스코틀랜드 학파는 인간 지성에 내재하여 그것으로 하여금 경험의 범위를 넘어서게 미는 원리들이 인간 지성을 매우 멀리까지 가게 할 수 있다고는 생각하지 않았다. 현상과 법칙들 너머 실체와 원인들이 있다고 믿는 것이 우리에게 허락되어 있다는 것을 인정하면서도, 스코틀랜드 학파 철학자들은 귀납이 사실로부터 원인으로, 양상으로부터 실체로 결론 내리도록 허락하는 것이 아니라면 그런 존재에 대해 아무것도 알 수 없다고 생각하며, 그들은 그것이 매우 보잘 것 없는 것으로 축소된다고 평가한다. 스튜어트는 특히 철학을 물리학과 마찬가지로 사실의 문제의 권역으로 되돌아가게 하고 사실의 근거와 사물의 본성에 관한 형이상학적 물음들을 금지할 필요성에 대해서 강조한다. 그것은 간단히 말해 철학으로부터 그 이름에 걸맞은 모든 철학의 대상 자체를 추방하는 것임을 고백해야 한다.

스코틀랜드 학파의 프랑스 제자들은 결코 그런 판단에 동의하지 않았다. 주프롸 씨는, (그의 말에 따르면) 대부분의 형이상학자들의 무모한 체계와는 아무것도 닮지 않았지만 매우 넓은 결과들의 총체를 철학적인 문제에 적용된 귀납으로부터 바라지는 않으면서, 그러나 "철학은 인류의 행복과 희망을 위해서는 매우 높은 중요성을 가지며, 그 탐구에서 모든 학문의 친구들의 높은 평가를 받을 가치가 있기 위해, 그리고 스코틀랜드 학파의 주장이 부추기는 경향이 있는 그들에 대한 불공정한 경멸로부터 그들을 일으켜 세우기 위해, 오직 그것만으로도 충분할 적은 수의 주요 요점들을 확실한 방식으로 고정하기에 이를 수 있다."는 확신을 피력한다.

꾸쟁 씨로 말하자면 그는 원인과 실체의 학문, 존재자 자체의 학문, 또는 원한다면 형이상학에 대한 어떠한 제한도 인정하기를 거부한다. 그런 사실을 이해하고 평가하기 위해서는 해밀턴 씨와 꾸쟁 씨 자신과 함께, 그 원천을 지적해야 한다. 그것은 더 이상 스코틀랜드 학파가 아니라 독일에 있다.

스코틀랜드 학파의 창시자처럼, 그러나 전혀 다른 깊이와 재능을 가지고 칸트는 인간 지성은 현상과 그 법칙 이외에는 대상으로 가질 수 없다는 것을 확립한다고 믿었다. 그는 만약 우리가 외양을 넘어 그것의 근저와 같을 사물을 생각한다면 그런 생각으로부터 학문을 이끌어내는 것은 불가능하다는 것을 증명했다. 사람들이 뭐라 말하든 칸트의 증명은 어떠한 방식으로도 다음과 같은 기초 위에 서 있는 것이 아니라는 것을 덧붙이자. 즉, 인간의 지성이 경험의 자료를 넘어서게 되는 판단은 결국은 인간의 판단에 불과하기 때문에 그 대상들의 실재성에 관해서는 아무것도 확립할 수 없을 것이요, 그 대상들이 우리에게 강요될 때 갖는 필연성은 그것들의 절대적인 진실성에 대해서는 아무것도 보장하지 않는다는 것이다. 칸트의 증명은 초월적이라 주장되는 관념들의 비판, 즉 순수 지적인 존재들에 적용되면 그 관념들은 절대적으로 무의미할 것이며, 반대로 우리가 대상들을 생각하는 데 이용하는 규칙과 같은 경험의 대상들에 적용되었을 때에만 의미를 가진다는 결론이 도출되는 비판에 근거하고 있다. 거기서부터 그것은 오직 현상들을 지각하는 방식, 인간 지성이 그것들을 이해하는 형식(초월적인)이라는 결론이 따라 나온다. 이제부터 존재의 보이지 않는 세계는 학문에서는(다른 원천으로부터 오는 믿음에게가 아니라면) 더 이상 풀 수 없는 문제에 불과하며 형이상학은 환영에 불과하게 된다.

초월적 관념론이 존재하자마자 그 한가운데에서 옛 이론 중 어떤 것보다 아마 더 무모할 것이며, 그것이 영원히 그었다고 생각한 한계를 넘으면서 현상들 너머에 존재, 즉 물 자체뿐만 아니라 모든 존재의 절대적 원리를 파악한다고 주장하는 철학이 태어났다. 학문에 실재를 금하기를 원했지만, 그것은 추론이 아니라 직접적 시각, 지성의 직접적 직관에 의해 절대의 파지로 들어간다고 주장했다. 그것이 피히테의 철학이었고, 특히 『자연 철학(*Philosophie de la Nature*)』이라는 첫 형태에서의 셸링의 철학이었다.

꾸쟁 씨는 1817년 그의 방법과 방향, 일반적 관점들이 이미 확립된 때에 어떻게 그가 독일에서 자연철학과 접하게 되었는지를 이야기해 주었다. 그는 그것의 웅대함에 탄복했다. 꾸쟁 씨는 그 자신 웅대한 상상력을 가지고 있었고 높은 봉우리와 방대한 지평선을 좋아했으며, 독일 사변의 모든 범위를 그 자신의 체계에 포괄하기를 원했다. 그러나 관찰의 철학의 원리에 젖어 그것만의 도움으로 그 작업에 충분하기를 희망했다. 셸링 씨의 이론은 그에게 증명해야 할 최상의 가설로 보였고 결국에는 진실 자체로 보였으나 학문이 되기 위해서는 방법이 결여된 것으로 보였다. 그리고 경험의 방법과 사변의 결합에서 자기 철학의 독특한 성격과 고유한 장점을 성립시키기를 원했다.

그리하여 꾸쟁 씨는 스코틀랜드 학파의 철학이 인간 지성을 가두어야 한다고 믿은 한계들을 뒤로 물리면서 그 철학의 원리에 불충실하다고는 결코 이해하지 않았다. 그 철학과 함께 출발점은 사실의 관찰과 분석이라고 믿기를 결코 멈추지 않았다. 그는 다만 그 철학이 추론, 즉 특히 귀납에 자의적인 한계를 부과한다고 생각한다. 왜냐하면 그가 말하기를 "사실들이 한가운데에 숨기고 있는 결과들을 사실들에 돌려주는 것이 귀납"이기 때문이다. 그리고 그는 공개적으로 초월적인 형이상학, **존재론**을 열망한다. 이처럼 그런 특성만이 그를 스코틀랜드 학파의 심리학과 분리되게 한다. 그는 목표를 더 높이 위치시키고 방법에 더 큰 신임, 절대적이고 한계가 없다고 말할 수 있는 신임을 보낸다. 그는 "모든 물리학적 학문들을 그토록 높이 상승시키고 그토록 멀리 밀고 갔으며 인간 본성에만 의지하나 그것 전체를 감싸고 그것과 함께 무한에 도달하는 그 관찰과 귀납의 방법"*6을 **유일한 철학적 방법**이라 부른다. 무한, 절대, 그러한 것들은 물론 베이컨의 방법이 형이상학에 관계시킬 것이 틀림없는 용어들이다.

---

*6 『단편들』, 84쪽.

그런데 그것이야말로 독일 철학과 스코틀랜드 철학이 그 유명한 프랑스 철학자에게 권리 상으로는 잘 정초되지 않았으며 사실에 의해서는 잘 정당화되지 않은 주장으로 저항하는 것이다. 독일 철학은 목적은 인정하지만 방법은 인정하지 않는다.*7 스코틀랜드 철학은 목적은 환상에 불과하다고 생각하며 꾸쟁 씨가 목적에 도달하기를 원하는 방법에서는 진정한 방법의 잘못된 적용을 본다.

뻬쓰 씨가 방금 번역한 네 개의 소논문 중 하나에서 해밀턴 씨는 절대에 대한 앎을 제공한다는 셸링 씨의 주장과 꾸쟁 씨의 주장을 동시에 논박한다. 우리는 셸링 씨가 지성의 직접적이고 무매개적 시각을 통해 모든 사물의 절대적인 제일 원리를 발견한 것으로 믿었다고 이야기했다. 그런 **지적 직관**(피히테에 의해 칸트로부터 빌려온 표현)은 학문의 원리인 사유가 스스로를 존재와 절대적으로 동일하다고 인정하면서 인식의 주관과 객관이 더 이상 구별되지 않고 함께 통일되고 불가분적인 단일성 속에서 결정적으로 혼용될 행위일 것이다.

해밀턴 씨는 인식의 그런 지고의 양상을 부정하지만, 자신 속에서 사물의 절대적인 원리를 인식하는 것이 가능하다면 그것은 적어도 보통의 인식은 분리될 수 없는, 다양성과 나눔이라는 조건하에서는 아닐 것이라고 셸링 씨와 함께 고백하며, 꾸쟁 씨에는 대립되게 주장한다.

꾸쟁 씨는 독일의 현대 형이상학자들과 함께 상대적이고 한계가

---

*7 『단편들』, 알림글, IV쪽.

있는 것은 철학의 최종적인 진정한 대상일 수는 없을 것임을 인정한다. 그는 모든 종류의 한계와 관계가 최종적인 분석에서는 절대적이고 무한한 원리, 절대, 무한 그 자체를 요청한다고 믿는다. 그러나 독일 형이상학자들은 그런 절대가 사람들이 자주 말하듯 모든 의식보다 상위가 아니라면 적어도 인간 의식의 일상적 조건보다는 상위의 인식의 방식에만 접근 가능하다고 생각하는 반면, 그는 의식의 한가운데에서 관찰과 귀납에 의해 그것을 발견한다고 장담한다. 그런데 그는 의식이 필연적으로 인식하는 주관과 인식되는 객관의 대립, 대상 자체의 다양성, 그리고 일반적으로 제한과 **상대성**의 법칙이라는 조건에 종속된다고 생각한다. 분명 (거기에) 더하여, 신적 지성이 그런 법칙을 넘어서는 것을 거부한다. 해밀턴의 말에 따르면, "절대의 인식이 인간에게는 불가능하다는 것뿐만 아니라 지성의 가능성 자체에 대한 우리의 인간적 사고에 모순되지 않고는 신에게서도 그런 가능성을 생각할 수 없다는 것보다 더 완전한 자백을 원할 수는 없다. 우리의 저자는 그러나 여기서 어떠한 모순도 알아차리지 못하며, 증거도 설명도 없이 모든 차이와 모든 다수성의 부정 아래서만 알려질 수 있는 것의 인식을 그 둘의 긍정 아래에서만 알 수 있는 자에게 인정한다. ─ 꾸쟁 씨가 지적 직관을 포기하고 절대를 보존하기를 원하는 것은 오직 문제의 근본적인 난점들을 무시하면서만 그럴 것이다. 왜냐하면 모든 것을 포괄하는 단일성이 그 본질인 것 자체가 어떻게 다수성의 조건하에서 그런 단일성의 부정에 의해 알려질 수가 있을 것인가? 모든 차이의 동일성으로서만 존재하는 것이 어떻게 주관과 객관, 인식과 존재의 대립 속에서 그런 단일성의 부정에 의해 알려질 수 있는가? 그것들은 꾸쟁 씨가 해결하려고 시도하지 않은 모순들이다."

셸링 씨의 이론에 대항해서건 꾸쟁 씨의 이론에 대항해서건 해밀턴 씨에 의해 그토록 능란하게 제시된 논점들 속에 근거보다는 외양이 더 많다는 것을 보여 주는 것은 아마 불가능하지는 않을 것이다. 셸링 씨에 따른 절대의 앎은 모든 학문의 본성과 모순되며, 꾸쟁 씨에 따른 절대의 앎은 꾸쟁 씨 자신이 정의하는 대로의 절대의 본성과 모순된다고 말하는 것으로 그의 논의는 환원된다. 그리고 그것은, 인식은 항상 어떤 다양성을 내포하며 절대는 반대로 완전한 단일성이라는 원리 위에 서 있다. 아마도 두 이론에 참된 의미를 부여하고 그 외관적인 모순을 풀며 그것들을 하나의 유일하고 동일하며 깊은 진리 속에서 통합하는 방법이 있을 것이다. 다양성, 즉 그 발전의 법칙인 대립이 와서 점차 사라질 극단을 학문의 최종적인 끝으로 생각하는데 무엇이 이상할 것일까? 절대적 인식은 말하자면 (수학적인 것들에서와 마찬가지로) 반대되는 것들의 공통 척도와 최종적 근거가 있는 한계이며, 그것들이 혼동되는 장소가 아니라 부정과 제한이 극복되어 원리의 동일성 속으로 사라져가는 종착점이라고 생각하는 데 무엇이 그처럼 부조리한 것일까? 기발하고 통찰력 있는 한 저자가 삶의 영위에서 자주 만나며 표현하기가 매우 쉽지 않은 반대되는 것들의 그런 섞임 중의 하나에 대하여 다음과 같이 말한다. "그것은 횡설수설로 보인다. 그러나 그 횡설수설은 실행이 가끔 알게 하고 사변은 결코 들리게(聞) 하지 않는 종류의 것이다. 나는 모든 종류의 일들에서 그런 방식으로 그것을 알아차렸다." 아마도 사변은 그것을 듣게 하는 데 항상 무력하지는 않을 것이다. 삶뿐만 아니라 학문의 비밀인 차이들의 그런 신비스러운 단일성을 완전히 **이해하게** 하기 위해서가 아니라면. 그러나 우리는 그런 수수께끼의 열쇠가 스코틀랜드 학파의 이론에서 찾아질 수 있으리라고는 결코 생각하지 않으며, 해밀턴 씨는, 꾸쟁 씨가 자기 자신의 철학의 약속에 충실하기 위해서가 아니라면 원리와 정합적이기 위해서는 그와 마찬가지로 절대의 추구를 단념해야 한다는 것을 증명한 것으로 보인다.

그의 최후의 글들에서 꾸쟁 씨는 말도, 어느 지점까지는 사물 자체도 단념한 것으로 보인다. 그는 거기서 더 이상 거의 절대의 인식을 모든 사물의 유일한 제일 원리로 말하지 않으며, 단지 현상과 대립하는 존재 자체, 원인, 실체, 실재 존재의 인식에 대해서만 말한다. 뻬쓰 씨는 그의 탁월한 서문에서 그 영역에 관해서는 꾸쟁 씨를 따르는 반면 해밀턴 씨는 부득이하다면 가장 추상적이고 가장 상승된 의미에서 이해된 절대, 무한, **무조건적인 것**(l'inconditionnel)에 대해서만 논의했다.

그의 『철학적 단편들』의 최종판(1838) 앞의 알림글에서 꾸쟁 씨는 해밀턴 씨에게 건네는 말로 그의 평소의 열정을 담아 말한다. "당신은 존재론 없이 지내기를 감수합니다. 당신은 내게도 그렇게 하라고, 인간에게 인식하도록 주어지지 않은 것을 무시할 줄 알라고 권하십니다. 무슨 말을 해야 할까요? 말을 무서워하지 맙시다. 존재론, 그것은 존재의 학문, 즉 사실은 존재자들의, 즉 신의, 세계의, 인간의 학문입니다. 바로 이것이 그러니까 당신이 저에게 방법의 신중함에 의해 무시하라고 제안한 것입니다! 그러나 당신의 학문이 자연까지도, 신까지도, 자아까지도 도달하지 않는다면 그것이 저에게 가르쳐 주는 것이 무슨 소용이 있겠습니까?"*8 ─ 뻬쓰 씨는 답한다. "해밀턴 씨와 나 자신의 이름으로 우리의 학문이 신까지, 자연까지, 우리 자아까지 도달하지 못한다는 것을 부인하지는 않는다. 우리는 그 학문의 본성, 내용, 형식만을 논의한다. 우리에 따르면 존재자들에 대한 우리의 인식은 순전히 간접적이고 유한하며 상대적이다. 그것은 존재자들 자체를 그 실재성과 절대적 본질에서 도달하는 것이 아니라 다만 그것들의 우연적 속성, 양상, 관계, 제한, 차이, 질에서만 도달한다. ─ 우리에 따르면 존재자들에 대한 우리의 학문은 **그것들이 있다는 것**을 아는 것으로 환원된다. ─ 우리의 적대자들에 따르면 우리는 존재자들에 대하여 **그것들이 있다는 것**뿐만 아니라 **그것들이 무엇인지**도 알 수 있다."

우리는 존재자들에 대해 그것이 있다는 것이 아니라면 아무것도 알 수 없다는 생각은 우리가 위에서 말한 것처럼 그 모든 순수성에서의 스코틀랜드 학파의 이론, 라이드와 특히 스튜어트의 이론이다. 그것은 또한 뷔피에 신부의 이론이기도 했다. 그가 말하기를 "인간은 그의 이성에 의해 그가 이해하지 못하는 무언가의 존재를 인정하지 않을 수 없다."는 것이다. 가령 신적인 자연에 대해 '그는 그것이 있다는 것은 이해하지만 그것이 어떠한 것인지는 이해하지 못한다.' 여기서 스콜라철학의 표현을 사용하는 것이 허락된다면, 뷔피에 신

---

*8 XIV쪽.

190

부, 스코틀랜드 학파, 해밀턴 씨와 뻬쓰 씨에 따르면 우리는 존재자들에 대해 사실(quod)은 알지만 무엇(quid)은 모른다고 말할 것이다.

그러나 한 사물의 본성이나 본질에 대한 어떤 인식을 미리 또는 동시에 가지지 않고는 그것의 존재도 알 수 없다는 것을 우리는 지적할 것이며 뻬쓰 씨도(또한 뷔피에 신부도 함께) 확실히 그렇다고 고백할 것이다. 왜냐하면 한 존재자가 존재한다는 것을 인정하기 위해서는 그 존재자가 무엇인지를, 그리고 어떤 종류의 존재자의 존재를 인정한다면 그 종류가 무엇인지를 알아야 하기 때문이다. 다만 우리는 존재자들의 본질에 관해 일반적이며 결정되지 않은 개념만을 가질 뿐이며, 그것들과 현상들의 관계에 대해서는 외적이며 논리적인 사고밖에는 가지지 않는다고 주장할 수는 있다. 그런 추상적 결정이 우리를 들어가게 하는 보이지 않는 세계로 그 세계가 바탕을 이루는 이 보이는 세계의 성격들을 옮겨놓으면서, 이제 어느 지점까지 귀납은 그런 추상적 결정의 공허를 채우도록 허락되었는가? 그것이야말로 문제 전체이며 귀납적 인식이 더 하나 덜 하나 하는 것에만 관계된 것이다. 왜냐하면 경험은 우리에게 현상만을 보여준다는 원리에 동의하면, 그리고 다만 이성은(또는 원한다면 상식은) 기회가 되면 그 현상들이 실체와 원인들을 가정한다는 것을 우리에게 드러내 준다는 것을 덧붙이면, 이성은 거기서 실체와 원인들이 존재한다는 것 이외의 다른 것을 말하는 것이 아니며 그것들이 그 자체로 무엇인지를 말하는 것은 전혀 아니라는 것, 이성은 (기껏해야) 그것들의 존재와 현상들과의 일반적 관계를 가르치지 내적 본성은 아니라는 것,

따라서 결국 오직 귀납만이 그것에 대해 뭔가 더한 것을 배워준다는 것을 또한 고백해야 할 것이기 때문이다. 귀납은 우리에게 무엇을 배워줄 수 있는가? 오직 여기서만 꾸쟁 씨는 귀납의 자원에 관해 스코틀랜드 학파보다 더 기대한 것으로 보이지만 귀납이 그에게 많은 것을 더 주었다고는 보이지 않는다. 그의 체계는 윤곽과 일반적인 선線에 의해서는 방대하며, 거기에는 고고한 견해가 풍부하다. 그러나 신, 영혼, 물질의 본성에 대해, 존재자들의 본성과 그들의 내적 연관에 관해 그가 자신의 이론을 요약한 독단적 명제들은 스코틀랜드 학파의 사변의 한계를 전혀 넘어서지 않는다. 거기서 현대 독일 형이상학의 근저를 이루는 이론들과 유사한 아무것도 발견되지 않는다. 그것이 적어도 셸링 씨의 견해이다. 꾸쟁 씨의 철학에 대한 단호한 판단에서 그는 말한다. "꾸쟁 씨의 형이상학은 오직 삼단논법에만 의존하고 있다는 점에서, 특히 어떻게는 걱정하지 않고 '것'에만 만족한다(가령 신은 세계의 최고 원인이라는 것)는 점에서 칸트 이전의 형이상학과 전혀 다르지 않다. 따라서 그것이 현대의 체계들이 바라는 철학처럼 물 자체의 학문〔실재철학(real-philosophie)〕이기에는 거리가 멀다. 심리학적 근거 없이 객관적 학문을 인정하지 않을 뿐 아니라, 진실을 말하자면 아무것도 인정하지 않으며 이 방식으로든 저 방식으로든 거기에 도달하지 않는다. 그에 따르면 형이상학의 최고 꼭대기에 도달하는 것은 이성이 의식에게 한정된 원인(자아와 비자아) ㅡ 한정된 한에서 원인이 아닌 ㅡ 으로부터 그것에 존재를 부여하고 그것을 유지하는 고유한 의미에서의 원인, 진정한 원인으로 올라가도록 강요하는 필연성에 의해서이다. 모든 것은 그런 일반성

에 머무르며 그것은 각자가 보듯 고유한 의미에서의 학문을 털끝만치라도 약속하지 않는다."*⁹

그것은 단지 귀납의 방법을 사용하면서 아직 거기서부터 그것이 제공할 수 있는 모든 것을 끌어내지 않았기 때문일까? 그리고 그 위에 계속 무한한 희망을 정초할 수 있는가? 아마도 거기서부터 존재로 상승하기를 원하는 그 현상들은 우리에게 그 존재를 표현하지만 그것에게 고유한 것에서나 그것의 특정적인 성격에서는 아닐 것이다. 아마도 결과는 원인을, 양상은 실체를 표현할 것이다. 그러나 그 근저를 표현하기는커녕 우리를 그것으로부터 벗어나게 한다. 뻬쓰 씨가 바로 "그 상대적인 우연들은 대상의 절대적 개념을 실현하기는커녕 그것을 파괴하거나 또는 방해한다."고 말한다. 사람들은 또한 큰 식견을 가지고 말한다. 자연은 우리에게 신을 보여주지만 동시에 그것을 숨긴다고.

게다가 귀납은 잘못될 수 있는 유사성에 기초하고 있기 때문에 모두가 동의하는 바와 같이 다소간 그럴듯한 결과밖에는 결코 도달할 수 없을 것이다. 그것은 **추정**(présomption)밖에 낳을 수가 없다.

이처럼 스코틀랜드 학파의 원리 위에 의지하는 철학은 존재에 대해 단순한 존재여부를 넘어서는 매우 한정된 추정 이외의 아무것도 준다고 주장할 수가 결코 없다.

그 철학이 적어도 존재자들의 **존재**에 도달한다는 것은 사실인가? 실체와 원인의 '무엇'을 거부하면서 '것'은 남겨두는 것은 그것에게

---

*⁹ "꾸쟁 씨의 철학에 대한 셸링의 판단", *Revue germanique*, 1835. 10.에 번역됨.

너무 많은 것을 양보하는 것이 아닌가? 스코틀랜드 학파의 원리를 원리로 취하는 모든 철학을 그 학파가 요구하는 것으로 축소시킨 후 더 멀리 나아가 그 요구가 아직 과도하며 권리를 넘는 것임을 확립해야 할 것으로 보인다.

현상들을 본다는 것은 이성이 우리에게 현상들이 가정하는 어떤 실재의 존재를 발견하도록 결정하는 **기회** 또는 **상황**에 불과하며, 경우에 따라서는 변화와 성질의 지각에 **관하여** 그 지각이 저절로 원인과 실체를 드러낸다고 사람들은 우리에게 말한다. 표현의 막연함은 여기서 관념의 불충분성을 고발하는 것처럼 보인다. 단어들 아래에서 그것들이 잘 숨기지 못하는 공허, 간극을 느낀다. 어떻게 이성이 이처럼 현상에서 존재의 긍정으로 이행하는가? 어떻게 순수한 양상이 그것에게 실체의 필연성의 관념을 암시하는 기회가 되는가? 어떻게 한 사건에 대하여 이성은 갑자기 원인으로 상승하는가? 마지막으로 현상은 어떻게 이성으로 하여금 자신을 결과와 속성으로 생각하도록 결정하는 상황(circonstance)이 되는가? 스코틀랜드 학파 철학자들은 거기서 설명을 요청하지도 고민하지도 않는 하나의 사실을 보았다. 그것은 라이드의 언어로는 **어떤 영감과 암시의 능력**의 결과이다. 꾸쟁 씨에 따르면 이성의 **개시**이다. 셸링 씨는 묻는다. 그것은 따라서 일종의 지성의 숨겨진 성질의 신비스러운 결과인가? 그러나 만약 그렇다면 인간 이성은 이제 눈먼 본능에 의해서만 정당화될 것이며, 흄의 회의론은 승리한다.

스코틀랜드 학파 철학자 중 한 사람은 그들의 첫 번째 진리를 **합법적 선입견**이라 불렀다. 그것은 전혀 참된 이름이 아닌가? 그리고 그 철학은 **선입견** 위에 세워진 **추정** 이외에는 존재자들의 학문에 관해 사실상 아무것에도 도달할 수 없다는 것에 동의하지 않을 수 없지 않은가?

　칸트의 철학에서는 완전히 다르다. 거기서 우선 경험은 그것을 넘어서는 원리의 사고를 위한 기회일 뿐만 아니라 그 원리는 경험 자체의 필수불가결한 조건이며 말하자면 없어서는 안 되는 요소이다.[*10] 그와 같이, 인간의 지성은 분리되고 구별되는 두 능력의 합성이 아니라 자코비의 표현에 따르면 **단일한 조각의 전체** 또는 적어도 유기적 전체이다. 둘째로 초월적 관념론은 그것이 경험의 기반과 법칙으로 삼는 원리를 설명 없이 남겨두지 않는다.

　어떤 판단(예: 모든 사건은 원인이 있다)에서 지성은 경험의 한 소여(사건)에다 거기에 논리적으로 포함되어 있지 않은 무언가(원인)를 덧붙인다는 것이 어떻게 이루어지는가 하고 칸트는 묻는다. 지성이 개념 A에 사전事前 설명 없이 그와 이질적인 개념 B를 결합하게 하는 미지의 원리(x)는 어떤 것인가? 결국 어떻게 지성이 선험적으로 **종합 판단**을 내릴 수 있는가? 그것은 그에 따르면 형이상학의 가능성의 문제 자체이며, 철학의 운명은 거기에 달려 있다. 스코틀랜드 학파 철학에서는 전혀 문제가 없는 곳에서 비판철학의 창시자는 모든 합리적 과학의 근본 문제를 찾아낸다.

　두 체계 중 어떤 것이 참인가? 스코틀랜드 학파와 거기서 파생된

[*10] 주프롸 씨는 이미 그런 차이를 지적했다(라이드 번역의 서문, CLVIII쪽).

학파와 같이 이성의 필연적 원리에서 원시적 믿음, 즉 신비로운 본능의 설명할 수 없는 개시를 인정해야 하는가 아니면 칸트와 같이 그것의 정당화를 모색해야 하는가?

우리는 한 사물에 대하여 그것이 존재한다는 것을 믿기 위해서는 일반적인 방식으로 그것이 무엇인지를 이미 알아야 한다는 것을 주목케 했었다. 믿음은 어떤 과학에 앞설 수는 없다. 오직 그것으로부터라도 이성이 현상 밖에 그것 너머 보이지 않는 존재자의 존재를 인정하기 위해서는 현상의 인식이 그 **기회**를 제공하는 것으로는 충분하지 않다는 것이 따라 나온다. 이성이 그 밖에 자신의 믿음의 대상으로부터도 무엇이든 어떤 인식을 가져야 한다. 현상 이외에는 다른 직접적 인식의 대상이 없고 사실의 봄 이외에는 다른 시각이 없다면 이성이 그런 인식을 어디서 끌어낼 것인가? 도대체 어떤 실재에서 자신의 믿음이 관계된 관념을 길어 낼 것이며, 어떤 직관으로부터 그런 사고가 그에게 올 것인가?

칸트의 체계에서는 지성이 선험적 종합 판단에서 관찰의 대상과 사고의 대상이라는 두 이질적 항을 연결하기 위해 의존하는 매개항이 있다.─『순수이성비판』의 저자가 말하기를 "우리는 현상을 시간 속에서 계기하는 것으로밖에는 지각할 수가 없다."는 것이다. 시간은 일반적 관념과 같은 단순한 개념이 아니다. 그것은 우리가 필연적으로 모든 사실을 위치시키는 개별적 장소와 같다. 그것은 **선험적 직관**이거나 **상상력**이다.*¹¹ 그런데 현상들은 확고한 지속 속의 계기

---

*11 공간도 마찬가지이다. 반대로, 스코틀랜드 학파 철학은 시간과 공간을 **개념**(conception)으로 친다.

처럼 시간 속에 있다. 그와 같은 것이 원인과 실체를 선험적으로 인정하는 판단의 기반이다. 모든 현상은 시간 속에 위치를 가지고 있고, 그것이 일어나는 현재가 결정되는 것은 과거에 의해서이다. 따라서 과거에 현재 현상이 차지하는 그 위치에 그것이 있게 하는 무엇인가가 필요하다. 그 원칙, 그것이 **원인**의 관념이다. 두 번째로, 모든 현상은 시간의 지속 속에서의 일시적인 출현이기 때문에 그것을 생각하기 위해서는 그 속에서는 모든 것이 지나가지만 그것 자신은 지나가지 않는 무엇인가에 그것을 대립시켜야 한다. 그 원칙, 그것이 **실체**의 관념이다. 이처럼 원인은 시간 속에서의 현상들 사이의 관계의 표현에 불과하며, 실체는 현상의 시간과의, 지속 자체와의 관계의 표현에 불과하다. — 원인은 시간의 순서의 표상이며, 실체는 그 양의 표상이다. 그것들은 경험에 필요한 원칙의 형식(또는 **도식**)에 불과하다.

그런데 시간은 칸트의 이론에서 그 자체 실체적인 사물이 아니라 단지 사실을 떠올리는 유일하게 가능한 방식, 따라서 우리 지성의 단순한 형식에 불과하다. 따라서 원인과 실체는 인간 지성의 조건의 상징적 실현 이외의 다른 것이 아니다.

따라서 우리가 모든 현상은 원인이 있고 실체 속에서 일어난다는 것을 긍정할 때, 어떤 것이든 한 현상을 표상하기 위해 우리 정신에 필수불가결한 원칙을 표명하는 데 불과하다. 시간의 관념은 우리가 현상에서 지적인 것〔또는 **본체적인 것**(noumène)〕으로 이행하는 중간 항이다. 시간은 현상의 상상의 필연적인 형식이며 지적인 것은 그 **형식**의 실현된 이미지라는 매우 단순한 이유에서.

이처럼 선험적 종합 판단은 설명된다. 지적인 것의 **실재성**은 사라지고 환상으로 쓸려간다. 그러나 적어도 그것을 놓은 **관념**과 판단은 합리적으로 정당화되었다.

칸트의 체계에서 존재는 시간이라 불리는 빈 형식의 실망스러운 이미지이며, 그 무를 사물로 간주하는 것은 지성의 몽상이다. 스코틀랜드 학파 철학에서 유령 자체가 공상적이며 몽상은 불가능하다. 왜냐하면 그 철학에서는 현상의 세계와 지적인 것의 세계 사이에 어떠한 연결도 없기 때문이다. 이성은 첫 번째에서 두 번째로 아무 지지대 없이, 매개항 없이 이행하며 그 판단은 공허에 관계한다. 그것은 자신의 필연적 관념의 **대상**들의 **실재성**을 정당화하지 않을 뿐 아니라 **관념**의 **가능성**도 정당화하지 않는다. 그것에 의미를 할당하지 않는다. 진실을 말하자면 그것이 분명 하나의 개념인지 헛된 말인지를 우리가 의심하게 내버려 둔다.

그 출발점을 현상들의 관찰에서 취하면서 학문은 따라서 더 멀리 가지 않는다. 기껏해야 그것은 개별적 사실들에서 동일한 그 사실들의 일반적인 표현으로 올라갈 것이며, 또한 가장 좁은 일반화로써는 사실들의 단순한 경험에서 충분한 정당화가 발견되지 않을 것임을 사람들은 자주 보여주었다. 그러나 그것은 어떻든 실체와 원인, 존재자들, 실재적 존재는 과학에게 금지되어 있다. 그것은 근거 없고 이유 없는 가상의 세계에 머물러야 한다.

그와 같은 결과에서 벗어날 수 있는 아무런 수단도 없는가? 그런 결과는 확실한 것으로 간주되는 원리로부터 나온다. 그 원리가 잘못된 가정, 틀린 편견에 불과하다면 어떻게 될 것인가?

스코틀랜드 학파 철학의 원리는 베이컨 이래 모든 영국 철학의 원리이다. 베이컨과 홉스, 로크, 라이드는 어떤 경험도 원리나 실체를 대상으로 가지지 않고 오직 현상만을 가질 뿐이라는 근본적인 점에서 일치한다.

우리는 과학의 역사와 우리나라에서의 우리들 사이의 과학의 역사에서 불모로 보이는 것만큼이나 비옥한 반대 원리를 곧 재발견할 것이다.

영국 철학은 프랑스에 도입되어 귀화한 것으로 보였다. 그러나 거기서 그것의 자연스러운 과실인 유물론을 낳은 후 베이컨과 로크의 사유는 데카르트와 말브랑슈의 나라에 떨어져, 기후가 바뀌면 본성도 바뀌는 식물과 같이 비밀스럽게 변신되었다. 프랑스 철학은 우리가 표시하려고 시도할 단계들을 따라 물질의 관점에서 정신의 관점으로 상승되었다.

로크는 모든 인간의 인식을 두 개의 원천으로 환원했다. 외부 현상의 관념을 제공하는 감각과 영혼이 감각에 의해 도달된 관념에 대한 자신의 작업을 의식하는 반성이 그것이다. 꽁디약은 주지하는 바와 같이 로크가 지적한 두 사실을 단 하나의 능력으로 환원한다. 그에 따르면 인간은 그 전체가 감각 속에 있다. 그런데 감각은 그것을 경험하는 자의 존재방식, 그 인식 능력의 방식이다. 꽁디약은 그의 첫 작품인 『인간 인식 원천론(*Traité de l'origine des connaissances humaines*)』을 다음과 같은 말로 시작한다. "비유적으로 말해 우리가 하늘까지 올라가건, 심연 속으로 내려가건, 우리는 전혀 우리 자신으로부터 벗어나지는 않으며 우리가 알아보는 것은 결단코 우리 자신의 사유에 불과하다."

거기서부터 흄이 로크의 이론을 밀고 간 극단까지는 한 발자국에 불과했다. 왜냐하면 만약 감각에 의해서가 아니고서는 아무것도 알려지지 않는다면 그 현상들로부터 그것들이 나타내는 대상의 실재성을 끌어내는 것은 불가능하기 때문이다. 또한 거기서 그것을 경험하는 주체의 실재성을 끌어내는 것도 불가능하다. 그러나 그런 관념론의 경사면에서 꽁디약은 곧 정지점을 만났다. 감각 자체가 점점 더 깊이 반성할수록 점점 더 관념화에 거역하는 것으로 발견되는 실재를 그에게 가르쳐준다.

『감각론(*Traité des sensations*)』의 제2판의 첫머리에 놓인 그 작품의 합리적 발췌에서 그는 말한다. "한편으로는 우리의 모든 인식은 감각으로부터 온다. 다른 한편 우리의 감각은 우리의 존재방식에 불과하다. 그렇다면 어떻게 우리는 우리 밖에서 대상들을 볼 수가 있는가? 왜냐하면 우리는 다르게 변형된 우리 영혼밖에는 보지 못해야 하기 때문이다."라고.

"나는 그 문제가 『감각론』의 초판에서는 잘못 해결되었음을 인정한다. — 우리는 후각, 청각, 미각, 시각 등의 감각과 함께 인간은 냄새, 소리, 맛, 색깔을 믿을 것이며 외부 대상에 대한 어떠한 인식도 갖지 않을 것임을 증명했다. — 그가 움직이지 않는다면 촉각과 함께 하더라도 동일한 무지 속에 있을 것임도 마찬가지로 확실했다. — 그 인간에게 물체가 있다고 판단하게 하기 위해서는 세 가지가 필요하다. 첫째는 그의 사지가 움직이도록 결정되어야 한다는 것, 둘째는 촉각의 주요 기관인 그의 손이 그와 그를 둘러싸고 있는 것과 관계를 맺어야 한다는 것, 그리고 마지막으로 그의 손이 겪는 감각 중 반드시 물체를 나타내는 것이 하나 있어야 한다는 것이다. ─ 따라서 촉각은 물체에 대한 어떤 인식도 우리에게 주지 않거나, 우리가 촉각에 빚지고 있는 감각 중 우리 자신의 존재방식으로서가 아니라 오히려 다른 연속적인 것의 인접성에 의해 형성된 연속적인 것(즉, 연장성)의 존재방식으로서 볼 수 있는 것이 하나 있을 것이다. 우리는 그 감각 자체를 연장적이라 판단할 수밖에 없다."

『감각론』의 제2판에서 그는 덧붙인다. "그런 감각은 그것으로부터 우리가 물체의 불가입성을 결론 내리는 감각, 고체성 또는 저항의 감각이다."라고. ─ "따라서 소리, 색깔, 냄새의 감각과 같이 고체성의 감각이 (따로) 있는 것이 아니다. 전자의 감각들은 자신의 육체를 모르는 영혼이 자신을, 그리고 자기 자신만을 발견하는 변화처럼 자연스럽게 알아차리는 것이다. 후자의 감각의 속성은 하나가 다른 것의 밖으로 배제되는 두 사물을 동시에 표상하는 것이기 때문에, 영혼은 고체성을 자기 자신밖에는 발견하지 못하는 변화처럼 보지 않을 것이다. 영혼은 필연적으로 그것을 배제하는 두 사물을 발견하는 변화처럼 볼 것이며, 따라서 두 사물 속에서 볼 것이다. 그러므로 이것이 바로 영혼이 자신으로부터 자신 밖으로 옮겨가는 감각이며, 어떻게 그것이 물체를 발견할 것인지가 이해되기 시작한다."[*12]

그러나 꽁디약이 외부세계의 현현을 발견하는 저항은 의도되지 않고 무반성적인 손의 운동에 대한 우리 자신의 몸의 저항이다. 이

[*12] 『저작집』, Ⅲ권, 185쪽.

첫 번째 분석이 얼마나 거칠고 불완전한가가 충분히 느껴진다.

꽁디약의 제자이자 계승자는 더 멀리 나아간다. 내 손의 운동이 멈춰질지 내가 어떻게 알 것인가? 하고 데스튀 드 트라시가 『이데올로기』에서 말한다. 내가 그 운동을 알아야 하고 그것이 존재하기를 멈추었다는 것을 알기 위해서는 그것이 무엇인지를 알아야 한다. 나에게 그것을 가르쳐주는 특별한 감각이 필요하다. ─ 이처럼 꽁디약이 멈추었던 외부 저항으로부터 반성은 이미 운동의 내적 느낌으로 후퇴한다.

그러나 그것으로 충분한가? 나의 팔은 그것을 멈추는 물체를 만난다. 나의 운동 감각은 멈추고 나는 더 이상 그런 존재방식을 경험하지 않는다. 나는 그것을 예고 받았다. 그것은 사실이다. 그러나 물체가 존재한다는 것을 모르는 나는 그 결과의 원인에 대해서는 아직 아무것도 모른다. "적어도 내가 그 존재방식의 변화에 의해 나의 운동 감각의 멈춤을 일으킨 것이 나의 자아와는 다른 존재라는 것을 인정하는 데로 반드시 이끌릴지는 증명되지 않았다. 나는 예전에 그럴 것이라고 믿었지만 내가 지나쳤다고 생각한다. 따라서 이런 발견을 불가피하게 만들기 위해 아직 우리 능력 중 다른 것에 도움을 요청해야 하며 그것은 의지의 능력이다. 그것과 함께 우리에게는 더 이상 아무것도 결여된 것이 없을 것이다. 왜냐하면 내가 움직이고 어떤 감각을 느낄 때, 나의 운동이 멈추고 나의 감각이 멈추지만 나의 욕망은 여전히 남아 있다면, 나는 그것이 오직 나의 느끼는 능력의 효과만은 아니라는 것을 무시할 수 없기 때문이다. 그것은 모순을 내포할 것이다. 나의 느끼는 능력은 그 힘의 모든 에너지로써 멈추는 감각의 연장을 원하기 때문이다."*13

데스튀 드 트라시는 『이데올로지』의 합리적 발췌에서 그런 발전을 요약하면서 말한다. "한마디로 원하고 행동하는 방식으로 유기화된 존재가 자신 속에서 의지와 행동, 그리고 동시에 그런 원하고 느낀 행동에 대한 저항을 느낄 때 그는 자신의 존재와 그가 아닌 어떤 것의 존재를 확신한다. 한편으로는 **원하고 느낀 행동**, 다른 한편으로는 **저항**, 이것이 바로 우리 자아와 다른 존재자들 사이의 느끼는 존재와 느껴지는 존재 사이의 연결이다."

그런 소박한 기술에서 감각의 관찰로부터, 그런 외적이고 표면적인 관점으로부터 조금씩 주체의 심연으로 물러나는 심리적 반성의 진행을 참관하는 것은 재미있는 것으로 보인다.

그 지점에 도달한 데스튀 드 트라시는 외부 세계가 의지에의 저항에 의해서만 자신을 그러한 것으로 알게 한다면, 의지는 내부 세계의 자연적인 현시이며 주체의 의식은 대상의 인식과 내밀하게 연결되어 있다는 것을 지체하지 않고 알아차릴 수 있었다. 『이데올로지』에서 그는 또한 의지적 운동 없이 오직 감각만으로 자기 자신의 인식에 도달할 수 있다는 것을 인정한다. "감각을 느낄 뿐인 한, 자기 자신의 존재만이 확실할 뿐이다."

같은 작품의 한 장(XIII장 169쪽)에서 그리고 합리적 발췌에서 그는 "우리는 무차별적으로 **그것은 나에게 달려 있다**거나 **그것은 나의 의지에 달려 있다**고 말하므로 우리는 어떤 다른 것보다 더 의지의 능

---

*13 『이데올로지』(1827년판), 86쪽.

력과 우리 자아를 혼동한다."고 지적하기 시작한다.

『의지와 그 효과론(*Traité de la volonté et de ses effets*)』에서 고유한 의미에서의 감성이 우리 자신에게 우리의 자아, 인격을 알게 해주는 데 충분하다는 것은 그에게 이제 **그럴 듯하게** 보일 뿐이며, 또한 자아는 감성에서 기껏해야 자기 자신밖에는 알지 못하기 때문에 다른 존재와의 대립을 통해 자신을 알지는 못하며, 그 자아는 자신에게 무한자나 무한정자이지 하나의 **개체성**이나 구별되는 **인격성**은 아닐 것이라고 고백한다. 이처럼 자아가 현상하는 것은 "고유하게는 의지라 불리는 감성의 양상"에서이다. **인격**과 **고유성**(propriété)의 관념이 태어나는 것은 의지의 능력으로부터이다.

야릇한 언어의 혼동에 의해 데스뛰 드 트라시는 그의 스승 꽁디약과 함께 아직도 의지를 감성의 양상이라 부른다. 행동은 아직도 열정의 한 양상으로 되어 있다. 그러나 말은 남아 있다면 사태는 분명 바꾸었다. 활동성은 개인적 생존의 근거요, 심지어는 사회생활의 원리가 되었다. 『의지와 그 효과론』은 정치 경제론이다.

감각주의에서 새로운 이론을 밝혀내고 그 이론이 태어나게 된 잘못된 철학의 폐허 위에서 그 이론을 제일 원리의 반열로 높이는 것은 데스뛰 드 트라시의 제자에게 남겨진 일이었다. 프랑스에서의 철학의 그러한 개혁자는 멘느 드 비랑이었다.

멘느 드 비랑은 수동성으로부터 꽁디약이 감각이라는 공통 명칭 아래에 그것과 혼동했던 능동성을 철저하게 분리해 내는 것으로 시작하였다.[14] 고유한 의미에서의 감각은 완전히 수동적인 겪음

────────
[14] 그의 첫 작품, 『습관』에 관한 논저에서.

(affection)이다. 그것으로 환원되는 존재는 그의 모든 변화로 흡수되고 자기를 상실할 것이다. 그것은 연속적으로 각각의 변화들이 될 것이며, 자신을 찾지도 구별되지도 않을 것이며 결코 자기 자신을 알지 못할 것이다. 인식이 오직 감각이기는커녕 감각은 인식에 섞이면서 그것을 혼란시키고 어둡게 하며, 이번에는 인식이 감각을 보이지 않게 한다. 거기서부터 해밀턴 씨가 지각 이론에 대한 그의 주목할 만한 논문에서 지적한 법칙이 나온다. 즉, **감각과 지각은 비록 떨어질 수 없지만 하나는 다른 것에 반비례한다.** 이 근본적 법칙을 멘느 드 비랑은 약 30년 이전에 발견하고 그 모든 응용을 추적했다. 그는 특히 그 원리를 천착했는데, 그것은 즉 감각은 수동으로부터 결과했으며 지각은 능동으로부터 결과했다는 것이다.

이제 능동의 의식은 어디서 태어나는가? 멘느 드 비랑은 데스튀 드 트라시처럼, 그리고 그들 이전에 슈탈처럼 대답한다. 의지적인 운동에서라고.

결국 우리의 의지적 운동의 의식은 노력의 의식에서만 존재하며, 노력에 의해 우리는 저항을 극복하고 운동을 일으킨다. 외부 자연에서와 마찬가지로 의식에서도 작용은 반작용을 내포한다. 우리에게 대립되는 반작용은 감각에 의해 스스로를 우리에게 알린다. 작용은 우리의 운동의지의 현재적이고 직접적인 의식에서 저절로 알려진다.

그런 운동의지에 대한 의식은 한편으로는 운동, 다른 한편으로는 그것을 일으킨 의지라는 두 사실의 합성이 아니다. 운동은 여기서 그것을 존재하게 한 행위로부터 떨어진 것으로 우리에게 주어지지 않았으며, 의지의 행위는 그것이 이루어지는 현재의 운동 밖에서는 우리에게 알려지지 않았다. "따라서 여기서 두 사실, 종적으로 다른 두 양상이 있는 것이 아니라 하나의 사실, 하나의 동일한 능동적인, 또 본성에 따라 수동적인 양상만이 있으며 그 결과 그것을 소멸시키거나 파괴하지 않고는 두 구성적 요소 중 하나를 고립시킬 수 없다는 것을 분명히 본다."*15고 멘느 드 비랑은 말한다. ─ "원해진 노력은 두 요소가 합성된 하나의 유일한 사실, 두 항으로의 유일한 관계이다. 본성을 바꾸지 않고는, 구체적인 것에서 추상적인 것으로 이행하지 않고는 그중 하나를 다른 것으로부터 고립시킬 수 없다."*16

이처럼 운동적 활동성의 의식은 원인의, 즉 그 결과와 불가분의 사실로 연결된 원인의 직접적 인식이다. 그것은 단순한 능력의, 결과와는 분리된 원인의 추상적 인식이 아니라 작용하는 원인, 그리고 그 실재적인 효능에서의 원인의 인식이다. 그런 원인은 나 자신, 내가 자아를 새기는 **비자아**(non moi)와 대비되어 외적 기호에서 드러나는 자아이다. 실재적인 원인은 나의 의식의 **대상**만인 것이 전혀 아니며, 아는 **주체**이고, 사실을 말하자면 의식 자체이다.

스코틀랜드 학파 일반은 의식을 외부 현상의 지각과 분리하고 그것을 내적 현상의 인식 또는 자아의 변화로 정의한다. 거기가 해밀턴 씨가 스코틀랜드 학파와 멀어지는 주요 지점이다. 그는 스코틀랜드 학파가 거기서 논리적 구별을 실재적 차이로 간주했으며, 분리된 능

---

*15 『작품집』(수집 및 편집 꾸쟁 씨), 374쪽.

*16 위의 책, 372쪽.

력으로 제쳐둔 내감은 이성의 존재(être de raison)에 불과하다고 매우 잘 지적했다. "주체와 객체는 그들의 상호 조율과 대립에서만 우리에게 알려진다. 모든 자아의 개념은 비자아의 개념을 반드시 내포한다. 나와 다른 것에 대한 모든 지각은 지각된 대상과는 구별되는 것으로서의 지각하는 주체의 인식을 내포한다. 인식의 어떠한 행위에서는 대상이 지배적인 요소인 것은 사실이다. 어떠한 다른 행위에서는 그것은 주체이다. 그러나 하나가 다른 것과의 관계 밖에서 알려지는 것은 아무것도 존재하지 않는다."라고 그는 매우 잘 말했다.

이처럼 내적인 **주관적** 현상들은 모든 **객관적** 요소(적어도 상상된)로부터 고립되어 실재적인 아무것도 없는, 완전히 헛되고 속이 빈 순수 추상이다.

아리스토텔레스, 슈탈, 칸트는 모종의 연장성 속에서 표상된 어떤 이미지 없이는 분명한 사유는 전혀 없다는 것을 계속적으로 확립했다. 그러므로 베이컨의 다음과 같은 명제에 매우 참된 의미를 부여할 수 있다. 즉, Mens humana si agat in materiam, naturam rerum et opera Dei contemplando, pro modo materiae operatur atque ab eadem determinatur; si ipsa in se vertatur, tanquam aranea texens telam, tunc demum indeterminata est, et parit telas quasdam doctrinae, tenuitate fili operisque mirabiles, sed quoad usum frivolas et inanes(인간의 정신이 물질 속에서 작업하면 사물의 본성과 신의 작품을 명상하면서 물질의 측정에 몰두하고 그것에 의해서만 결정된다. 그것이 자신에게로 방향을 바꾸는 바로 그때에는 결정을 못 내리고 거미줄을 짜는 거미처럼 실과 작업의 미세함은 경탄스러우나 쓸

모가 없고 공허한 것에까지 이론의 거미줄을 생산한다). 스코틀랜드 학파에 의해 단죄된 그 명제는 반대로 그들의 추상적인 심리학을 단죄한다. 이처럼 외적 현상과 내적 현상에 동일하고 나란히 적용될 수 있는 방법을 발견한 공로를 베이컨에게 그의 의사에 반하여 인정하지 말고, 철학자로서의 그의 영광을 그가 받기를 원한 곳에서, 즉 내감의 **추상적 현상학**이라 부를 수 있는 것의 단죄에서 인정해야 한다.

그러나 다른 한편, 해밀턴 씨가 생각한 것처럼 외부대상의 지각과 우리에게 고유한 것의 의식 사이에 어떠한 확실한 구별을 할 여지가 없으며 지각이라는 말을 의식이라는 말로 무차별적으로 대체할 수 있다는 것이 사실인가? 로크는 절묘하게도 대상의 인식(그가 감각이라 부른)으로부터 그가 **반성**이라 칭한 것을 구별했다. 그는 반성이 대상과는 별도로 떨어져 존재하는 인식 능력이 아니라는 것을 잘 알았다. 그는 그것을 영혼이 지각에 대한 작업 자체에 대해 취하는 인식이라 정의했다. 그러나 그는 여전히 그것을 원천적 요소로서의 지각과 분리했다. 살아 있는 단일성에서 연결되어 있는 것을 분리해서는 안 되지만, 그 단일성의 한가운데 자체에서 구별되는 것을 구별해야 한다. 완전한 인식, 즉 인간의 인식은 결코 동물에서처럼 전체가 외부 대상에 몰두해 있는 단순한 지각이 아니다. 그것은 반성된 지각, 라이프니츠의 **통각**(aperception)이다. 즉, apperceptio est perceptio cum reflexione conjuncta(통각은 반성과 접합된 지각이다).

그런데 의식 또는 통각에서 무엇이 반성적 요소인가? 그것은 **자아**(moi)이며 자아 자체이다. 자아 없이는 의식도 없다. 왜냐하면 **의식**

을 가진다는 것은 그 말이 그 자체로 말하듯이 **자아와 함께**,[3] 자아 속에서 아는 것이기 때문이다. 그러나 자아는 행동, 에너지이다. 이처럼 의식은 어떤 외부 **대상**의 현재적 지각을 내포할 뿐만 아니라, 활동의 현재적 느낌, 그 자신의 주체를 내포하거나 또는 본질적으로 그것이다. 그 자체로서, 개인적 활동의 밖에서 별도로 생각된 내적 현상은 감각주의 학파와 스코틀랜드 학파가 뭐라고 얘기하든 **자아**의 **의식**의 **주관적** 현상이 전혀 아니다. 그것은 멘느 드 비랑이 월등한 방식으로 확립한 것이다. 게다가 **비자아**는 **자아**에 대립해서만 가능하다면, 개인적 활동 밖에서 생각된 현상은 **자아도 비자아도** 표현하지 않는다는 결론이 나온다. 따라서 스코틀랜드 학파의 심리학과 해밀턴 씨의 심리학 자체는 정신도 물질도 영혼도 신체도 없는 추상의 권역에서, 그림자의 왕국에서, 공허의 영역에서 움직인다.

Quo neque permanent animae neque corpora nostra,

Sed quaedam simulacra modis pallentia miris.

(거기에는 영혼도 우리의 육체도 없고 놀랍도록 창백한 어떤 유령들만 남아 있다.)

꽁디약과 보노(Bonnot)가 그들의 생명을 부여받은 석상을 그렇게 하듯, 내적 현상을 그 자체로서 그리고 단순한 관찰의 대상으로 생

---

3   의식은 불어로 'conscience'인데 그것은 '함께 안다'는 뜻이다. 이때 '함께'
     를 저자는 '자아와 함께'라 해석한다.

각하는 한, 그런 **객관적** 관점에서 그리고 말하자면 밖에서 생각하는 한, 그것은 빈 형식과 원인의 학문, 공허한 논리이다. 그것은 사유의 **주체**의 살아 있는 학문, 주관적 학문(말의 깊은 의미에서), 정신의 학문이 전혀 아니다.

이처럼 외부 세계의 학문은 직접적 대상으로서 **현상들**만을 가지지만 의식의 경험, 통각은 **원인**의 경험이다. 물리학자나 박물학자는 자신의 앞에 다양한 외관의 변화하는 세계를 보며 그것을 정도에 따라 일반적 법칙으로 환원시킨다. 철학자는 자신의 학문의 원리를 자신 속에서 느끼며 내적인 시각으로 본다. 그 자신이 그 원리이며, 그 자신이 자신 속에서 일어나는 것의 내재적 법칙이며 원인이다.

원인을 추상하는 것은 멘느 드 비랑과 함께 분명히 말해야 하는 바, '내적 인간에 관한 모든 앎을 변질시키고 파괴하는 것'이다. 그렇다면 어떻게 그와 같이 '인간 영혼의 능력이나 사실에 관한 학에 베이컨의 방법의 신중치 못한 적용'을 거부할 것인가? 어떻게 거기서 그와 같이 철학에 대한 가장 암울한 오류를 보지 않을 것인가? 그렇다면 베이컨의 딸이라는 칭호의 영예를 스스로에게 베푼 학파의 근본적 공리는 무엇이 되는가? 그것은 이제 그 학파를 추락으로 이끌 것임에 틀림없는 primum falsum(제일 오류)에 지나지 않는다.

철학을 수학적인 것에 동화시키려 하고 그것의 방법에 의해 취급한 것은 17세기 철학의 오류였다. 철학을 물리학에 동화시키고 자연적 방법의 멍에 아래 전력을 다해 복종시킨 것은 18세기 영국 학파의 오류였고 특히 스코틀랜드 학파의 오류였다. 철학은 수학적인 것처럼 정의에 기초를 둔 학문도, 실험 물리학처럼 피상적 현상학도 아니다. 그것은 탁월한 의미에서 모든 사물의 **원인**과 **정신**의 학문이다. 왜냐하면 그것은 무엇보다 먼저 그것의 살아 있는 인과성에서 내적인 정신의 학문이기 때문이다. 그것은 자신만의 관점을 가지며, 그것은 데카르트가 지적했으나 사유 일반이라는 잘 정의되지 않은 권역에서 떠다니게 남겨두었으며 라이프니츠가 더 잘 결정했고 지금은 프랑스 철학의 독창적 진보에 의해 정신적 삶의 중심에서 의지적 활동의 내적 경험에 확립된 주관적 반성의 관점이다.

데카르트는 철학의 구조물을 앉힐 수 있을 aliquid incon-cussum(뭔가 흔들리지 않는 것)을 찾았다. 그런 기반이 발견되었다.

우리는 칸트가 형이상학의 가능성의 문제를 제기하는 것을 보았다. 지성이 선험적으로 현상에서 원리로 결론 내리는 판단의 근거는 무엇인가, 즉 그런 판단의 중간항은 무엇인가? 스코틀랜드 학파는 그 문제를 해결할 수 없으며 그 존재도 모른다. 칸트는 그것을 관념론으로 해결한다. 그에게 **선험적 종합** 판단의 중간항, 현상과 존재 사이의 중간항은 상상의 순수한 법칙이자 형식이며, 존재는 따라서 상상적 사물이다.

그러나 이제 의식은 인식의 모든 추상적 형식과 법칙 아래에서 현상과 존재의 구별되는 두 세계를 통일하는 실재적 원리를 발견했다. 거기서 이성은 개념작용의 설명뿐만 아니라 믿음의 정당화도 발견할 것이다.

그런 주장의 증명은 우리가 그은 한계를 넘을 것이다. 다른 곳에서 그 증명을 시도할 것을 제외하면 우리는 멘느 드 비랑과 함께 다음과 같이 말하는 것으로 만족할 것이다.

"이성은 분명 인간 영혼에 내재하는 그 본질을 구성하는 능력이다. 그것은 절대의 능력이라고 말할 수 있을 것이나, 그 능력은 원시적으로도, 헛되게도 작동하지 않는다. 그 대상을 매개자 없이 파악하지도 않는다. 그 본질적 매개자, 이성의 그런 선행자는 원시적 자아이다.—학문과 믿음은 그 근거와 필연적 받침점을 자아 또는 그것을 구성하는 인과적 활동의 의식에서 갖는다."*17

칸트 자신은 그의 관념론 아래에서 그런 심오한 이론을 예감했던 것으로 보인다. 실재의 학문에 대한 추상적 변증법의 요구를 무너뜨린 후 그는 그런 학문의 새로운 기초를 도덕적 자유의 관념에서 찾는다. 그가 사변적 이성에 거부한 것을 실천적 이성에 부여한다. 사람들은 그런 구별에서 자주 모순만을 보았다. 그것은 이제는 사라질 수 없는 심오한 진리의 불완전한 표현이었다.

칸트의 제자인 피히테는 자주 그토록 분명히 잘못 이해되는 그의 철학의 마지막 형태에서 멘느 드 비랑과 만난다. 『의식의 사실들(Faits de la conscience)』(1813)에 대한 강의에서 우리는 다음과 같은 그 자신의 말을 읽을 것이다.

"경험과 인식의 우월한 권역 사이의 중간항은 의지에 의한 의지 자신의 직관에서 발견된다. 자아가 한 지역에서 다른 지역으로 이행하는 것은 그런 직관에서이다."*18

---

*17 『작품집』, 389~390쪽.

*18 『의식의 사실들(Tatsachen des Bewustseyns)』, 464쪽.

자연주의와 추상적 관념론의 새로운 시대를 거친 후, 독일 철학은 오늘날에는 결국 살아 있는 실재와 정신적 에너지의 관점에서 강화되고 더 커지게 된 자신을 재발견했다. 셸링 씨는 행동에, 인격에, 자유에 미래 형이상학의 기반을 놓는다. 프랑스와 독일은 그토록 상이한 길을 통해 결국은 만나며, 데카르트의 조국은 사유로, 그리고 감히 말하건대 심장과 영혼으로 라이프니츠의 조국과 만난다.

프랑스에서는 멘느 드 비랑의 이론은 이미 어떤 지점까지 스코틀랜드 학파의 이론의 한가운데로 뚫고 들어갔으나, 원리에서는 다소간 변화했고 결과에서는 제한되었다.

롸예-꼴라르 씨의 가르침에서 남은 단편들에서 우리는 그가 원인 개념의 원천에 대한, 그리고 인격이 자신 속에서 발견하는 성격들을 모든 외부 원인으로 옮겨 놓는 원시적 판단에 대한 멘느 드 비랑의 이론에 동의하는 것을 본다. 그러나 롸예-꼴라르 씨는 여전히 라이드의 방법에 굳게 고착된 채 남았다.

꾸쟁 씨는 의지와 자아 또는 인격의 동일성과 원인 관념의 원천에 대해 멘느 드 비랑의 이론을 채택한다고 선언한다. 그러나 동시에 그가 멘느 드 비랑의 이론에 부과하는 제한에 의해 그것을 변질시키고 무효화시키는 것으로 우리에게는 보인다. 우선 그는 인간의 의지가 자기 자신에 대해 최초의 인식을 획득하는 유일한 원천이 노력임을 받아들이기를 거부한다. 그는 운동기관이 제거된 단지 신경조직만을 가정하며, 거기서 의지가 산출되고 또한 인정될 것임을 주장한다. 그것은 멘느 드 비랑이 예견하고 미리 논박한 가설이다. 자아는 원천적으로 그것이 아닌 것과의 대비 속에서만 자기 자신에게 드러난다. 그런데 그 자아는 그것이 만나는 저항에서만 그 **비자아**를 알아본다. 꾸쟁 씨 자신이 어디선가 말하듯, "정신이 그 반대와 함께 우리에게 주어지고, 밖이 안과 함께, 자연이 인간과 함께 주어지는 것"도 그와 같다. 운동의 조건들, 따라서 저항의 운동도, 비자아의 운동도, 자아의 운동도 제거해 보라. 그러면 의지의 의식은 불가능하다. ─ 두 번째로 꾸쟁 씨는 지성이 모든 원인을 자아의 이미지로, 즉 지적이고 자유로운 힘으로, 요약하자면 정신으로 생각한다는 것을 받아들이기를 거부한다. 여기서 꾸쟁 씨는 그가 믿는 것으로 보이는 것처럼 멘느 드 비랑과 롸예-꼴라르 씨의 의견으로부터만 멀어지는 것이 아니라, 스코틀랜드 학파의 이론으로부터도 명확하게 멀어진다. 우리는 본성에서 우리가 소유하고 있는 것과 다른 지적 능력에 대해서는 어떠한 관념도 가질 수 없으며 활동적 능력에 대해서도 마찬가지라는 것을 라이드는 서슴없이 표방했고 또 증명하는 것으로 보인다. 그는 덧붙인다. "따라서 만일 한 존재자가 어떤 행동을 생각할 수도 원할 수도 없음에도 불구하고 그것의 실행인일 수 있고 그것을 일으킬 능력을 가질 수 있다고 누군가가 주장한다면, 그는 내가 이해 못할 언어를 말하는 것이다."*[19]라고.

꾸쟁 씨가 아직도 멘느 드 비랑의 근본 원리에 두어야 한다고 믿는 제한이 무엇이든, 몇 년 전 그 스승의 이론의 새로운 연구에 의해 그는 그것의 가장 중요한 결과 중의 하나를 인정하기에 이른 것으로

---

*19 『작품집』, 불어 번역, 355쪽 이하.

보인다. 멘느 드 비랑의 작품들의 앞에 꾸쟁 씨가 쓴 서문에서 그는, 철학은 원인의 직접적 인식을 출발점으로 가지기 때문에 베이컨의 방법이 거기에 적용될 수는 없다는 것을 인정할 준비가 된 것으로, 따라서 스코틀랜드 학파의 깃발을 포기하기에 가까워진 것으로 보인다.

그 학파의 통찰력 있는 해석가 주프롸 씨는 그의 마지막 작품에서 멘느 드 비랑의 원리를 인정하고 심리학을 추상적 현상학으로부터 인격의 살아 있는 중심으로 옮긴다. 주프롸 씨는 우리는 우리의 개인적 인과성에 대한 직접적 느낌을 가진다고 항상 말했다. 섬세한 분석의 작품인『심리학과 생리학의 구별의 합법성에 관하여(*Sur la légitimité de la distinction de la psychologie et de la physiologie*)』라는 최근 논문에서 그는 덧붙인다. "의식이란 무엇인가? 그것은 자아가 자기 자신에 대해서 가지는 느낌이다. ─ 인간이 그 증거(그의 이중성에 대한 증거)를 가지고 있다면, 그는 한 유일한 상황에만 그것을 빚지고 있다. 그것은 그가 자신 속에 현상과는 다른 것에 대한 의식을 가진다는 것이며 현상을 일으킨 원리, 그것을 구성하고 그가 자아라고 부르는 것의 원인에 도달하는 것이다. ─ 그렇게 오랫동안 그런 증거가 철학자들의 주의에서 벗어나게 한 것은, 의식은 우리 속에서 개인적 원리의 행위들과 변화들에만 닿을 수 있을 뿐 원리 자체에는 전혀 도달할 수 없다는 정신에 뿌리박힌 오래된 의견이다. ─ 따라서 심리학으로부터 **영혼은 그 행위와 변화에 의해서만 우리에게 알려진다**는 공인된 명제를 지워야 할 것이다. 영혼은 각 행위에서 원인으로서, 각 변화에서 주체로서 스스로를 느낀다." 거기서부터 베이컨

의 방법, 따라서 스코틀랜드 학파의 경험론의 명백한 배제까지는 한 발자국이다.*20

그 대가들이 만든 젊은 학파는 확실히 새로운 길로 그들을 따를 것이다. 더 오래 외국의 이론에 복종한 채 머무는 것은 진실로 inventa fruge, glandibus vesci(곡식이 발견되었는데 도토리로 양식을 삼는 것)이다.

아직도 알아야 할 것으로 남은 것은 **경험은 원인에도 실체에도 도달하지 않는다**는 스코틀랜드 학파의 공리가 포함하고 있는 두 명제 중에 적어도 두 번째의 것은 아직도 존속하는지 아니면 첫 번째처럼 경험 자체에 의해 논박되는지 하는 것이다. 내적 경험의 고유한 주체인 원인은 실체가 아니며, 그런 의미에서 그것은 아직도 현상에 불과하다. 즉, 보이지 않는 근저, 미지의 **기체**의 표피적 변화에 불과하다.

멘느 드 비랑은 우리가 우리 자신에게 드러나는 첫 번째 내적 경험에서부터, 우리는 현재 능력의 느낌과 함께 그것의 영속성의 확실한 예감을 갖는다는 것을 보여주었다. 우리는 우리 자신에게 지

---

*20 1825년 익명으로 된 듀갈드 스튜어트의 번역의 서문에서 파르시(Farcy)는 이미 말했다. "귀납은 참되고 유일한 철학적 방법으로 생각될 수 없다.— 귀납은 우리에게 관계를 파악하고 떨어진 결과를 예견하는 현명함을 준다. 그러나 정신을 자기 자신에게로 물러나게 하는 반성과, 외적 결과로부터 스스로를 결론짓는 대신에 항상 살아 있는 행동에서 스스로를 파악하는 습관을 주지는 않는다." Si qua fata aspera vincas(만약 당신이 거친 운명을 통해 이겨낸다면)!

속 가능한 힘으로 드러난다. 따라서 첫 번째 경험에서부터 우리는, 현재 행동이라는 일시적이고 상대적인 사실 속에서 우리 자신이 어떠하다고 아는 바로 그것이 우리 존재의 절대 속에서 우리 자신이라는 것을 믿는다. 이 심오한 형이상학자는 말한다. "이처럼 절대적인 것과 상대적인 것은 힘이나 자유로운 활동의 느낌에서 일치한다고 말할 수 있다. 그리고 거기에, 오직 거기에만 완전히 다른 의미에서는 안다는 것과 믿는다는 것의 이중적 능력과 그토록 대립되는 베이컨의 다음과 같은 사유가 적용된다. 즉, Ratio essendi et ratio cognscendi idem sunt, et non magis a se invicem differunt quam radius directus et radius reflexus(존재 근거와 인식 근거는 동일하며, 직사광선과 반사광선보다 서로로부터 다르지 않다). 왜냐하면 여기서 생산력의 직접적인 내적 지각은 직사광선처럼 의식이 파악하는 첫 번째 빛이 아닌가? 그리고 힘이나 자유로운 활동의 반성적 의식은 자기 자신으로부터 나오지 않고 사유에 직접적인 대상을 부여하는 것으로서 말하자면 절대의 한가운데서 반사되는 빛과 같지 않은가?"*21

그러나 동시에 멘느 드 비랑은 우리는 실체라는 자격을 가진 우리 자신을 철두철미 모르고 있으며 그런 의미에서 절대 속에서 우리인 것에 대해 밝혀주는 직접적 빛도 반사적 빛도 전혀 없다고 덧붙인다. 왜? 실체는 변화들의 수동적 주체이며, 우리는 자유로운 활동의 자격으로밖에는 우리 자신을 모르고, 따라서 우리는 수동적인 것 속

---

*21 『작품집』, 250쪽.

에서 그리고 우리 존재의 바닥에서 우리인 것을 결코 알지 못할 것이기 때문이다.

이처럼 의지는 우리 자신에 대한 인식의 끝일 것이다. 그 너머는 잴 수 없는 심연이요, 침투할 수 없는 밤이다.

반대로 의식 속에서 의지는 자기 충족적일 수 없을 것이며 그것과 구별되는 실체적 실재성 밖에서 의지는 추상에 지나지 않는 것으로 보인다.

의지는 그것이 운동을 일으키는 노력 속에서 자기 자신에게 드러난다는 것을 우리는 보았다. 그러나 노력은 움직이는 것의 저항을 가정하며, 저항은 그것이 대립하는 운동을 가정한다. 따라서 의지가 자신이 운동을 시작하는 것을 보는 것은 노력의 행위에서가 전혀 아니다. 멘느 드 비랑 자신이 인정했듯이 노력은 발전되면서 저항을 야기하는 그 이전의 경향을 가정한다. 그것은 노력 이전의 원천적 활동이며, 그것이 저항에 의해 반사되어 자신을 소유하게 되고 자기 자신을 의지적 행동 속에 놓는다.

운동적 의지로부터 순수 의지로 올라가 보자. 모든 의지는 일반적으로 도달해야 할 목적이나 실현해야 할 선善처럼 대상이 가능한지에 대한 사고를 가정한다. 그런데 대상의 개념은 선의 개념처럼 그것을 원하는 주체 속에 그것이 원할 만하다는 느낌을 가정한다. 의지가 그 대상의 추상적 관념에 의해 결정되기 위해서는 따라서 실재 현존이 이미 비밀리에 우리를 흔들어야 한다. 선이 **동기**(motif)가 되기 전에 이미 영혼 속에 선행적 은총에 의해서처럼 어떤 **동인**(mobile), 그러나 영혼 자체와 전혀 다르지 않은 동인이 있어야 한다.[4] **사유**에 의해 행동하기 전에 그것은 **존재**에 의해, 존재 속에서 움직이며, 그것이 끝까지 의지 속에 있는 실재적인 것이다.

라이프니츠는 말했다. 행동은 이미 행동으로 기울어진 이전의 성향에 그 원천을 가지며, 능동적 힘은 **경향**을 기저와 실체로 가지고 경향이 행위와 실체 속에 있는 실재적인 것을 이룬다고. ─ 우리는 의지가 욕망에서 그 원천과 실체를 가지며 욕망이 의지의 경험 자체의 실재적인 것을 이룬다고 말하면서 그 명제들의 내적이며 진정한 의미를 준다고 믿는다.

그러나 욕망은 아직 활동의, 따라서 의식의 밑바닥은 아니다. 그 자신은 더 물러난 밑바닥을 가진다. 그것을 건드리고 그것을 끄는 대상은 그것과 이질적이고 외적인 것으로서 아직 영혼을 그 깊이에서 도달하고 그 힘을 흔들러 가지는 결코 않을 것이다. 욕망하기 위해서는 모르면서 미리 마음에 들고 그 욕망의 대상 속에서 편안해야 한다. 그 속에 어떤 방식으로 그의 고유한 자산과 축복을 놓아야 한다. 그 속에서 스스로를 미리 느끼고 마음속으로는 그것과 이미 통일되어 있음을 느끼고 거기에 다시 결합하기를 열망해야 한다. 즉, 욕망은 모든 정도의 사랑을 감싸야 한다.*[22] 의식이 탁월한 형태에

---

*22 Amor complacentiae, benevolentiae, unionis(애호, 호의, 통합의 사랑).

---

4   'motif'나 'mobile'은 모두 운동의 이유 또는 동기인데 'motif'는 운동의 목적, 'mobile'는 운동의 직접적 원인, 즉 그 원동력을 가리킨다.

서 의지 속에서의 대상(비아)과 주체(자아)의 이상적 대립이라면 그
것들의 욕망 속에서의 불완전한, 말하자면 반은 이상적이고 반은 실
재적인 결합을 직접적 조건으로 가진다면, 의식은 사랑 속에서의 그
것들의 실재적 통합을 기저로 가진다.

그런데 사랑은 더 이상 의지처럼 그것이 그 힘을 실현해야 하는
아직 완전히 이상적인 **목적**으로 가기로 결심하는 **원리**의 추상적 행
위가 아니다. 따라서 실체의 단순한 양상도 아니다. 심지어 더 이상
욕망처럼 원리가 그것으로부터 받아들이는 직접적 행동 아래 그 목
적으로 변형되면서 거기서 끊임없이 실현되려는 경향을 가지는 운
동만인 것도 아니다. 그것은 그 목적에 통합된, 그것과 동일화된 원
리의 완성된 실재성, 완성, 완결이다. 그것은 더 이상 영혼의 양상이
아니라 영혼의 실체이다.

아마도 전면적이고 충전적인 지성은 신에서만 가능할지 모른다.
아마도 그런 의미에서 그것을 모색하는 반성과 영혼의 관계는 "점
근선과 곡선의 관계와 같을 것이며, 그것은 무한 속에서만 곡선에
도달할 것"이다. 그러나 그 무한 속에서 점근선이 그 자체 곡선에 접
근하는 것처럼 반성은 적어도 끊임없이 영혼에 접근한다. 반성은 모
든 사유의 끝이자 완성일 것처럼 그것을 예견하고 예언한다. 그리고
학문이 계산하고 공식을 추적하는 반면, 어둡지만 없어질 수 없는
의식을 누가 자신 속에서 알아보지 못하고 심장 속에서 발견하지 못
하는가?

영원한 사랑의 바탕으로부터 외적 현상들의 조절된 연쇄에 따라
살아 있는 법칙처럼 끊임없이 스스로 결정하는 경향 또는 불멸의 욕

망 속에서 영혼을 발견한 후,*23 아직도 그 너머에 절대적으로 수동적인 주체를 요구할 것인가? 모든 행위 너머에 있는 또는 오히려 아래에 있는 주체는 존재의 단순한 가능성, 즉 실현된 순수 개념인 영혼 자체의 벌거벗은 능력이거나, 그런 능력이 현상하고 그려지며 그것이 부여하는 형태에 의해서만 존재하는 물질이 아니라면 무엇일 것인가? 단지 영혼에서뿐만 아니라 모든 사물에서 그것이 무엇이겠는가? 현상들의 수동적 기체는 상상에 의해 실현된 추상에 지나지 않으며, 정신의 내적 활동 속이 아니면 진정한 실재는 없다.

사람들은 그것을 현상으로 환원하고 그것에게 그 지적 밑천, 즉 실체를 금지하기를 원한다. 밑천, 실체는 반대로 그 본성이 이해되고 소유되는 것인 정신 자체이다. 정신이 자연 위에서 그것을 넘어서 생각하는 것은 정신이 자신 속에서 보는 것이며, 그것이 보는 것은 자기 자신인 것이다. "왜냐하면 정신은 보이지 않는 것이 아니라 유일하게 보이는 것이다." 드디어 정신이 그의 밖에서 그의 작품인 타성적 물질의 우상 속에서 자신을 찾기를 거부하고 자신 속에서 보편적 원리, 실체, 본질을 모든 사물의 제일 원리로 인정할 때가 아닌가? ― 합법적 지배권을 잃고, 자신의 고유한 중심으로부터 쫓겨나

---

*23 라이프니츠(에르트만 편집), 158쪽: "Animam, vel formam animae analogam, ...id est nisum quemdam seu vim agendi primitivam, quae ipsa est lex insita, decreto divino impressa(영혼 또는 영혼과 유사한 형태…. 그것은 어떤 노력 또는 첫 번째 행동의 힘이다. 그 힘 자체는 신적인 결정에 접목되고 그 자국이 찍힌 법이다)".-191쪽: "실제의 본성은 나의 의견으로는 현상들이 순서에 따라 나타나는 조절된 경향에서 성립하므로."

자기 자신으로부터 추방당한 정신은 오늘날 공허와 의심 속에서 죽어가는 것처럼 보인다. 그것은 자기 자신의 소유로 되돌아와 생명을 만든 믿음을 되찾을 것이다.

『19세기의 프랑스 철학』마지막 제36장

역자 해제

『19세기의 프랑스 철학』은 1867년 세계 박람회를 위해 19세기의 프랑스 철학 전반에 관한 보고서 형식으로 쓰인 책이다. 베르크손이 말하고 있 듯이 19세기의 프랑스 철학의 문헌들을 모조리 다 읽고 쓴 책이다("그 는 모조리 읽었다. 모두를 읽은 후 그는 다음으로 모든 것을 지배하기 위해 도약했다.", 본서, 위의 39쪽). 그러므로 19세기의 프랑스 철학 전반에 관 해 알고 싶은 사람에게 권할 책으로는 이만한 것이 없다. 이 책은 이 책 대로 따로 번역되어야 할 것이다. 우리는 그것을 다 번역하지 않고 특히 라베쏭의 철학이 잘 드러나는 마지막 장만을 번역했다. 이 책이 19세기의 프랑스 철학을 주로 다루고 있는 것은 사실이지만 이 책의 시각은 전체 철학의 시각이다. 그러므로 시작서부터 프랑스 철학에서 시작하는 것이 아니고 소크라테스부터이다. 그러니까 마지막 장은 마치 프랑스 철학 이 나아가고 있는 방향을 이야기하고 있는 것 같지만 기실은 철학 전체 가 나아가고 있는 방향이자 나아가야 할 방향을 이야기하고 있다. 우리 가 번역한 마지막 장에서도 라베쏭은 "이 작업의 틀이 그것을 포함했다 면 최근 우리와는 다른 나라들이 탄생케 했던 중요한 철학적 사고방식 속에서 우리나라가 생산한 이론들에서 지배하거나 지배적으로 되기에 가까운 것으로 보였던 것과 완전히 유사한 경향들을 보여주는 것은 쉬 울 것이다."(184쪽)라고 말하고 있다. 그것은 이 책의 틀에서 벗어나지만 않았다면 다른 나라에서도 이 책에서 보이는 것과 유사한 사고방식을 보여줄 수 있다는 이야기이고, 그것은 곧 이 책의 시각이 단지 19세기의 프랑스 철학에만 국한된 것이 아님을 말하는 것이다. 그리고 이 책이 내리고 있는 결론은 철학이 정신론적 실재론 또는 실증주의(réalisme ou positivisme spiritualiste)로 향하고 있다는 것이다. 이 부분은 베르크손에 따르면 20년 동안 철학 공부하는 학생들이 외우고 다닌 구절이었다는 것이다(30쪽). 학생들이 다 그랬는지 베르크손만 그랬는지는 모르겠지만 평소 베르크손이 말하는 태도로 보아 전자가 사실에 가까웠을 것이다. 어쨌든 그것이 베르크손에서 결정적인 결실을 거둔 것은 사실이다. 베르크손의 철학이라는 결실은 단지 프랑스 철학뿐만 아니라 철학 전체가 올바른 방향으로 갔을 때 거둘 수 있었던 결실과도 다르지 않다고도 볼 수 있다. 그 점에서 이 책은, 그리고 마지막 장은 철학 자체가 나가야 할 길을 제시했다고 말해도 아무 손색이 없다.

완전한 의미에서의 요약은 아니지만 이미 한 책의 요약으로 볼 수 있는 마지막 장을 다시 요약하는 것보다는 중심적 내용만을 부각시키자. 라베쏭은 우선 모든 방법 중에 가장 중요한 것으로 분석과 종합을 들고 있다.

분석은 한 대상이나 관념을 그 요소들로 풀어 헤치는 것이며 그들의 재료로 해체하는 것이다. 전체를 요소로 풀어 헤치고 요소를 또 다른 것으로, 그렇게 하여 해체될 수 없는 요소에까지 다다르는 것은 전체를 설명했고 그것을 완전히 설명한 것이라고 보일 수 있다. 그것은 전체의 속성이 요소의 속성과 거의 다르지 않은 사물들, 기하학적이나 기계적인 사물들에 대해서는 아마도 진실일 것이다. 그런데 낮은 질서에 대해서 참이라 발견한 것을 상위의 질서로 넓히는 것은 대상을 해체하면서 정당화한다고 믿는 것이다.

종합은 반대로 사물들 속에서 재료들의 결합의 방식, 즉 형상을 생각하는 것이다. 사물들이 다른 것과 어떻게 조합되고 합성되는지를 생각하는 것이다. 그것은 합성, 복잡성의 관점이다. 그런 관점은 본질적으로 예술의 관점이다. 예술은 특히 합성하고 구성하는 데서 성립하기 때문이다. 특히 시詩는 가장 멀리 떨어진 대상을 끊임없이 접근시키고 결합시킨다. 그것은 창조적인 면에서 과학 자체의 관점이기도 하다. 과학의 귀납은 분석에 어떤 추측의 기술을 결합시키지 않는다면 거의 진전하지 못한다. 그런 추측하는 기술은 그 사물을 그 최후의 부분까지 해체한 후 유비에 의존하면서 그들의 관계를 설명하는 가설을 형성하는 데서 성립한다. 그 가설은 조합과 합성의 방식이다. 합성, 구성, 종합은 분석의 반대이다.

분석은 해체에서 해체로 점점 더 기초적인 재료로 내려가면서 모든 것을 형태도 질서도 없는 절대적 불완전성으로 해체하려는 경향을 띤다. 상위의 것을 하위의 것으로 데려감으로써, 사유를 생명으로, 생명을 운동으로, 운동조차도 완전히 수동적인 무기물의 관계의 변화로 끌고 감으로써 분석은 모든 것을 관성적인 것과 마비로 환원시킨다. 아무것도 하지 않고 아무것에도 작용하지 않는 것은 아무런 존재도 아니라는 것이 사실이라면, 분석은 점차 무로 향한다고 말할 수 있다.

종합은 합성에서 합성으로 점점 더 높고 점점 더 물질적 한계를 넘은 구성에까지 올라가서 모든 것을 아무것도 한계 지우지 않는 절대적 완전성에 의해 설명하려는 경향을 띤다. 그것은 따라서 점차적으로 무한으로 향한다.

그런데 철학적 이론들은 주로 유물론이나 관념론으로 향하고 있는 것으로 보인다. 유물론은 사물에 대해 우리 감각이 보여주는 것만을 인정하고 주로 분석의 방법을 취하며, 관념론은 추상을 통해 형성하는 관념들 속에 사물의 본질적인 것을 포함한다고 믿으며 주로 종합의 방법을 취하는 것으로 보인다. 그러나 사실은 그 둘 모두 다 유사한 방법을 사용하고 있다. 전자는 사물을 그 물질적 요소로 해체하고 후자는 사물들을 우선은 일종의 종합에 의해 한 관념으로 관련시킨 후 다음으로 그 첫 번째 종합으로부터 점점 더 포괄적인 종합으로 올라간다고 믿지만 실제로는 관념을 그 질료인 논리적 요소로 해체하는 것이다. 둘은 모두 상이한 길로 실재의 완성과 충만함으로부터 멀어지는 유사한 길을 따르며 공허와 허무라는 동일한 심연으로 향한다.

유물론은 분석적 단순화의 길을 통해 우연적인 것으로부터 본질적인 것으로 도달한다고 생각하지만 모든 것을 실재의 최소한인 물리적 존재의 가장 일반적이고 가장 기초적인 조건으로 해체할 뿐이다.

관념론은 특수하고 차이가 나는 성격을 우연적인 것으로 제거하는 일반화에 의해 지적인 질서에서 가장 높은 것과 완전함의 이상에 도달하기를 원하면서 그것이 따르는 것으로 믿고 나아가는 것과는 반대로 모든 것을 완전성과 가지성의 최소화인 가장 기초적인 논리적 조건으로 환원한다.

결국 유물론과 관념론은 모두 허무주의로 향하고 있다. 하나는 분석해봐야 결국 텅 빈 공간과 죽은 운동밖에는 아무것도 남지 않는 물질이라는 허무로, 다른 하나는 공허한 일반 관념으로서의 존재라는 이름의 허무로 향한다.

　이 두 허무주의를 피하는 방법은 무엇인가? 허무가 아닌 살아 있는 실재 존재, 즉 생명의 구체적 실재로 파고들어야 한다. 그것이 정신론적 실재론 또는 정신론적 실증주의의 의미이다. '실재론 또는 실증주의'라는 것은 단지 꽁뜨적인 실증주의, 즉 관찰 가능한 것 (즉, 눈에 보이는 것)이나 측정 가능한 것만을 실증적이라 인정하는 것이 아니라 실재하는 것 모두를 실증적이라 인정하는 것을 말한다. 즉, "실증적인 것은 실재적인 것(Le positif, c'est le réel)"이라는 철학이다. 이럴 때 단지 물질적인 것뿐만 아니라 심리적인 것, 정신적인 것, 심지어 정신을 넘어서는 것조차 그 실재성이 인정되는 한 모두 다 학문의 대상으로 들어오고(그러므로 초심리학도 가능하다), 그중에서도 정신적인 것이 물질적인 것보다 더 우위의 존재임을 인정할 수 있는 철학이 가능한 것이다. 정신주의적 실재론 또는 정신론적 실증주의란 살아 있는 정신을 파고들어서 최고의 원인인 존재까지 파악하자는 철학이다. 그것은 물질의 파악에 익숙해져 있는 우리 지성에게는 어려운, 잘 파악되지 않는 존재자의 존재를 파악해야 하므로 베르크손의 표현대로 "쟁기를 멘 소가 밭을 갈듯이" 부단히 계속해서 진행해야 할 작업이다. 그것은 무궁한 작업이 될 것이다. 그렇게 할 때만 철학은 허무에 빠지지 않고 생명이라는 실재 속으로 파고들어 갈 수 있을 것이다.

문장이 좀 호흡이 길고 내용 자체가 어려워서 이해하기가 쉽지는 않을 것이다. 다만 분석과 종합, 유물론과 관념론에 대한 논의(245쪽 이하) 이후에서 정신론적 실재론을 결론짓는 데(264쪽)까지는 물질에 대한 정신의 우위와 자연에서의 진정한 원인은 물질보다는 정신이라는 것을 확보하기 위한 논의라 생각하고 읽어 주시기를 바란다.

『19세기의 프랑스 철학』마지막 제36장

이상의 설명에서 결론으로 나오는 것을 몇 마디로 요약해 보자.

전 세기를 지배하던 철학적 이론들에 따르면, 즉 중세가 만족하던 불완전하게 정의된 초감각적 원리들에 대한 무시에서 나오는 이론들과 예전에는 잘 알려지지 않았던 규칙성과 항상성이 이제 모든 것을 설명하기에 충분한 것으로 보였던 물질적 현상들에 대한 거의 배타적인 몰두에서 나온 이론들에 따르면, 모든 것은 물체와 그들의 관계로 제한될 것이고, '자연 철학'이라 불렸던 것은 물리적·정신적 결론들과 함께 모든 철학을 구성할 참이었다. 그 세기의 초엽에 사람들은 일반적으로 그런 이론들이 우리가 자연을 넘어서는 관념과 믿음을 가지는 것에 대해서도, 자연 자체에 대해서도 충분한 보고를 하지 않는다고 생각하기에 이르렀다. 감각은 가르쳐주지 않지만 우리 지성이 요구하고 스스로에게 증명되는 그런 원리들에 대한 믿음을 회복시켜 주던 한 철학[1]이 형성되었다. 그것이 곧 우리들 사이에서 우위를 차지했고 커다란 권위를 가진 스승들에 의해 공교육에 도입되었으며 요즘까지 거의 홀로 지배했다.

그러나 그 사이 모든 인식의 제일 원천은 현상들에 도달할 뿐인 경험에서 발견되고, 따라서 자연 과학의 방법인 관찰의 방법이 유일한 방법이라는 이전 세기에 인기가 있던 사유에 지배되어, 새로운 철학은 적어도 다른 방법을 차입하지 않는 한 그것이 회복하고 싶어하던 원리들에 대해 불완전한 개념과 불충분한 증명을 줄 수 있을 뿐이었다. 그것이 행하는 데 만족한 것처럼 진행하면, 주장한 원리들은, 칸트가 말한 것처럼 우리가 그에 따라 사물들을 질서와 단일성의 어떤 조건하에 표상할 것이나, 실제로 존재하는 아무것도 거기에 대응하지 않을 어떤 단순한 사고방식들로 환원되지 않는다고 증명할 것은 아무것도 없었다.

이처럼 최근의 시기는 문제되는 철학이 그런 준칙을 그들의 최후 결론으로 밀고 간 자들에게서 감각적 현상들 너머 자연이 조정되는 것은 사실이지만 모든 실재성이 제거된 관념성밖에는 인정하지 않는 이론, 따라서 관념론의 체계라 부를 수 있는 것을 구성하는 이론에 도달하는 것을 보았다. 그 관념론은 사실 모든 실재를 관념으로 환원하는 절대적 관념론이 아니라, 경험이 알게 하는 현상들에 실재성을 부여하면서 현상과 다르나 더하여 현상들을 설명하는 데 도움

---

1   꾸쟁 이후의 절충주의 철학.

을 주는 것[2]에 단순한 관념에 속하는 종류의 존재만을 부여하는 완화된 관념론이다.

감각적 현상들의 가지적 원리들에 너무도 적은 실재성밖에 주지 않던 형이상학을 대면하여 그 철학은 그 유일한 현상들로 모든 것을 환원하는 곳에서 다시 태어나지 않을 수 없었고 우리 시대는 아닌 게 아니라 실증주의의 이름 아래에 새로운 유물론이 다시 태어나는 것을 보았다.

그러나 유물론이 그토록 많은 접대를 받던 시대 이래로 사태는 많은 면에서 변했다.

우리는 이 설명의 도중에 유물론은 일반적으로 사람들이 자연의 물질적 기초를 형성하는 기초적 조건과 가장 단순한 특성을 생각하는 과학, 즉 수학적·물리학적 과학에 원천을 가지지만, 반대로 특히 유기체의 위계질서에서 위로 올라갈수록 영혼의 접근처럼 느껴지는 살아 있는 사물들은 말하자면 정신론과 그에 더하여 도덕적·미적인 것을 가르치는데, 왜냐하면 거기서는 전체, 질서, 조화의 고려가 부분의 세부에 대한 고려를 지배하며, 다른 말로 하면 형태에 대한 고려가 질료에 대한 고려를 지배하기 때문이라는 것을 주목하게 할 기회를 한 번 이상 가졌다.

그런데 우리 시대에는 더 복잡하고 더 높은 질서의 사물에 종사하는 과학에 대한 어떠한 고려도 없이, 생명 과학과도, 예술과도, 그 기

---

2 가령 현상을 설명하는 원리 같은 것. 바로 다음에 나오는 "감각적 현상들
   의 가지적 원리" 등등.

초를 이루는 시와도, 그리고 일반적으로 지적이고 정신적 질서의 연구들과도 관계없이 자연의 질료가 대상인 과학에 갇힌 채 남는 일이 예전처럼 그렇게 자주 일어나지는 않는다. 이제부터 그 강력한 영향력 아래에서의 유물론은 거의 자신에게 충실한 채 남지 않으며 점점 수정되고 변질되어 어떤 다른, 다소간 정신주의의 자국이 찍힌 이론으로 변화한다.

우리는 실제로 실증주의의 이름을 가진 이론이건 그와 가깝게 유지하던 이론이건 모든 존재하는 것을 기하학적이고 기계적인 요소들의 다소간 복잡한 합성과 그들 운동의 전달이라는 생경한 기계론에 환원하는 것으로 시작한 후 결국은 결합 자체의 이유를 설명하기 위해, 적어도 동시에 그토록 복잡하고 그토록 조화로운 높은 질서의 사물들과 그 운동의 원천이 관계될 때 유기적이고 창조적인 어떤 관념에, 그것이 논박한다고 제안했던 철학이 끌어들이는 원리들과 매우 유사한, 한마디로 동시에 운동적이고 목적적인 어떤 원인에 호소하는 것을 본다. 우리는 결국 우리 시대의 다소간 유물론적인 이론들 역시, 정신론으로부터 다소간 멀어진 거리에서, 일종의 관념론에 도달하는 것을 보았다.

하나는 사물의 질료만을 생각하며 다른 하나는 형상 또한 생각한다고 말할 수 있는 그 두 반대되는 종류의 철학에 관련시켜야 하는 원인, 한편으로는 그 가장 낮은 지점에서의 가장 기초적인 상태에서의 존재와, 다른 편으로는 가장 높은 지점에서의 존재, 완전하고 절대적인 존재에 대한 지배적인 몰두에서 명백히 발견되는 원인이 아니라 좀 더 정확한 이해를 구하기를 찾는다면, 따라서 더 이상 그런 원인이 아니라 그들의 직접적 결과를 찾는다면, 다른 말로 해서 그 철학들이 정신을 향하며 정신을 완전히 대립되는 결과로 이끄는 상이한 두 길이 어떤 것인지를 탐구한다면, 그 두 길은 분석과 종합이라 불리는 모든 방법의 두 큰 부분에서 추종되는 길임을 발견할 것으로 우리에게 보인다.

사람들이 알기를 제안하는 모든 대상은 그 요소에서나 그 형상의 단일성에서 생각될 수 있다. 요소는 재료들이다. 형상은 그것들의 조립의 방식이다. 한 대상이나 관념을 해체한다는 것, 그것들을 그 요소들로 풀어 헤치는 것은 그들의 재료로 풀어 헤치는 것이다. 전체를 요소로 풀어 헤치고 요소를 또 다른 것으로, 그렇게 하여 해체될 수 없는 요소로까지 다다르는 것은 그 전체를 설명했고 그것을 완전히 설명한 것이라고 보일 수 있다. 그것[3]은 속성들이 요소의 속성과 거의 다르지 않은 사물들, 즉 부분들이 완전히 전체를 설명하고 전체를 선험적으로 정당화할 수 있는 기하학적이고 심지어는 기계적인 사물들에 대해서는 아마도 진실일 것이다. 따라서 물질의 일반적 조건들 전체를 형성하는 낮은 질서에 대해서 참이라고 발견한 것을 상위의 질서로 넓힌다면 그것은 어떤 것이든 대상을 해체하면서 정당화한다고 믿는 것이다.

반대로 사물들 속에서 재료들의 결합 방식, 즉 형상을 생각할 수 있다. 사물들이 다른 것과 어떻게 조합되고 합성되는지를 생각할 수 있다. 그것은 합성, 복잡성, 종합의 관점이다. 그런 관점은 본질적으

---

3   전체를 요소로 풀어 헤치는 설명.

로 예술의 관점이다. 예술은 특히 합성하고 구성하는 데서 성립하기 때문이다. 그것은 특히 시의 관점인데, 시는 가장 멀리 떨어진 대상을 끊임없이 접근시키고 결합시키고 결혼시킨다. 그것은 마지막으로 과학 자체의 관점이다. 과학이 예술의 본성을 띠고 특히 창조적인 데에서 주어진 것들을 합성하는 기술은 적어도 분석만큼이나 문제 해결에 도움이 된다. 귀납은 매우 자주 특히 분석의 작품인 사실의 요소들을 열거하는 데서 성립한다고 묘사된다. 그러나 미분과 그토록 많은 다른 중요한 발견들의 저자[4]가 오래 전에 말했듯이 "관찰들을 수집하는 데서 성립하는 작업처럼 생각된 귀납에 어떤 추측의 기술을 결합시키지 않는다면 거의 진전하지 못할 것"이다. 그런 추측하는 기술은, 그가 적합하게 말했듯이, 그리고 우리가 본 것처럼 우리 시대의 저명한 발명가가 최근에 분명하게 설명하면서 다시 말했듯이, 그 사물을 그 최후의 부분까지 해체한 후 유비에 의존하면서 그들의 관계를 설명하는 가설을 형성하는 데서 성립한다. 그 가설은 조합과 합성의 방식이다. 합성, 구성, 종합은 분석의 반대이다.

발명의 원천은 제일 원인들의 특성들을 알게 해주는 분석이라고 라이프니츠가 말한 것은 사실이다. 그러나 방법의 문제로 그가 더 깊이 뚫고 들어가기를 원했던 곳에서 그는 분석은 사물을 요소들로 해체하면서 특히 판단에 봉사하지만 발명에 도움을 주는 것은 종합이라고 말했다.

종합이 과학 특히 대상이 매우 복잡하고 매우 높은 과학에서 큰

---

4   라이프니츠.

쓸모가 있다면, 그것은 모든 물리적·감각적 경험을 초월하는 학문, 즉 철학에서는 더욱더 큰 쓸모가 있다.

우리의 종합적 판단은 사물들이 현상처럼 우리 경험에 제공했고 제공할 수 있는 총체 속에서 사물의 요소들을 통합하는 데 그치지 않는다. 감각적 경험이 우리에게 제공하는 모든 것을 넘어갈 수 있는 다른 것들도 있다. 그것은 칸트가 선험적 종합판단이라는 이름 아래에 밝힌 것이다. 그러나 거기서 우리가 그 아래에서만 대상들을 상상하는 감각적 질서의 조건들을 경험의 대상들에 적용하는 것만을 보면서 아마도 그것은 그 원리를 충분히 높이 찾은 것 같지 않다. 우리의 감각이 우리에게 제공하는 대상들을 선험적 종합판단에 의해 연장성과 지속의 법칙에만 복종시키는 것이 아니라, 연장성과 지속의 법칙 자체가 아마도 그 파생에 불과한 더 상위의 법칙에도 복종시킨다.

우리는 완전함이 필요하고, 우리 속에 그 전형을 가지고 있다. 그 전형에 따라 우리는 모든 것을 판단한다.

아무것도 무로부터는 오지 않는다고 고대의 지혜는 태초부터 말했다. 라이프니츠는 이유가 없는 것은 아무것도 일어나지 않으며, 아무것도 존재하지 않는다고 말했다. 우리가 이미 보고했던 스피노자의 말에 따르면 영원의 상하에서가 아니라면 적합한 아무것도 없다. 근본적으로 등가의 준칙인 무한과 완전의 형상 아래에서 더 일반적으로 말할 수 있을 것이다. 아무것도 무에서부터 나오지 않는다면, 절대적 존재에 비교하면 모든 상대적 존재는 무에 불과하므로 분명 모든 것은 결정적으로 무한하고 절대적인 존재로부터 나와야 한다. 모든 것이 이유가 있으므로 이유에서 이유로 가면 모든 것은 스스로를 정당화하는 것, 즉 역시 무한과 절대에 의해서 정당화되어야 한다. 거기서부터 우리가 선험적으로 모든 사실에 원인을 부여하는 종합판단이 나온다.

데카르트는 말했다. "한 사물이 시작되고 한 사물이 새롭다고 판단하는 것은 감각이 설명하지 못하는 사유나 지성작용이다. 그것은 '순수 지성작용(intellection pure)'이다." 그는 (다음과 같이) 덧붙일 수도 있었을 것이고 그것은 아마도 그의 생각이었을 것이다. 그것은 없는 것에 대립되는 있는 것의 관념, 시작되는 것에 대립되는 영원한 것의 관념, 모든 시작과 모든 끝이 비교되고 측정되는 것의 관념을 내포하는 지성작용이라고.

해밀턴이 거기에 더하여 말했고 우리가 이미 보고했듯이, 절대적으로 말하여 무언가가 시작된다는 것은 이해될 수 없다. 그것이 철학자들 사이에 인과성의 공리라 불리는 것의 근저이다. 무언가가 우리에게 시작되는 것으로 보인다면 우리는 그것에게 곧바로 말하자면 우리가 원인이라 부르는 것에서 보다 앞선 존재를 가정한다.

그것이 전부가 아니다. 모든 일어나는 것은 어디서 올 뿐만 아니라 어디로 간다. 우리는 원인이 시작의 이유와 함께 방향이 향하는 끝의 이유도 또한 포함하고 있다고 생각한다. 모든 원인은 이처럼 모든 곳에서 결과를 초월하고 그 무한성의 유한을 감싸는 것처럼 생각된다.

그것은 칸트가 생각했듯 단지 모든 현상은 우리에게 모든 방향에서 그것을 제한하지만 그 한계를 부여할 수 없을 시간과 공간에 의해 결정되어 있는 것으로 보이기 때문인 것만은 아니다. 그것은 감각적이고 외적인 존재의 조건 아래에서 현상은 변화나 운동이기 때문이다. 운동은 그 다수성이 가진 하나인 것의 설명을 위해 그것이 진행된 뭔가 단순한 것을 요청하기 때문이다. 존재하는 중인 것 같으며 불완전한 사물인 그 운동이 그 진전의 매순간 그것이 획득하는 것을 제공하며 따라서 현실적으로 그것이 되고 있는 것인 원리를 내포하고 있기 때문이다. 운동이 그 원천에서처럼 나오는 그 원리, 즉 운동의 필연적인 근거이자 실체는 경향 또는 노력이다. 그것은 그것이 나타나는 운동처럼 감각과 상상의 대상은 아니지만 의지라는 유일한 전형 속에 우리의 가장 내밀한 의식만이 우리에게 알게 하는 노력이다.

물리적·기계적 현상들의 세부가 문제될 뿐이라면, 적어도 우선적으로는 한 현상의 이유를 설명하기 위해 다른 현상으로 충분하다는 것이 절대적으로 불가능한 것으로 보이지는 않는다. 자체적으로 불완전한 것을 설명하기 위해서는 항상 완전하고 완벽하고 절대적인 것에 이르러야 한다는 것을 잘 보지 못할 수는 있다. 유기적 존재에 대해서는 다르다. 매우 복잡한 한 기계가 우리 앞에 있다. 거기에 더하여 빠스깔이나 라이프니츠 같은 사람의 통찰력 있는 눈으로 그것을 살펴보면 무한으로 가는 복잡성이다. 그러나 여기서는 모든 것이 공모하며 일치한다. 여기서 우리는 더 이상 단지 막연하고 비결정적인 방식으로 원인이 필요하다고 생각하지 않는다. 우리는 원인이 우리가 만든 기계에 대해서, 우리 기술의 작품에 대해서 그것이 구성되고 조율되는 관념, 모든 조각을 하나의 동일한 목적에 협력하게 하는 사유인 것과 유사한 무엇이어야 한다고 생각한다. 다시 말해서 유기적 존재의 그토록 복잡한 단일성 앞에 우리가 그것을 하나의 원인에 관계시키는 종합판단이 결정되고 완성된다. 현상들의 설명을 위해 운동의 원리로 생각된 능동인이나 힘의 관념, 불완전하고 비어 있는 것 같은 관념에 머무는 대신에 우리는 이제 그 작업의 시작부터 목적으로 종착점을 내포하고 있는 원인이라는 관념에 ─ 더하여 적어도 상대적인 그 완전성이 그 속에만 그 완성을 발견하는 그 모든 요소의, 그 속에서만 그 사용을 발견하는 그 모든 수단의 존재 이유이며, 목적적이라는 것 자체에 의해 능동적인, 능동적인 동시에 목적적 원인의, 우리 내적 경험에 더 접근하고 더 충만한 관념에 ─ 도달한다. 그와 같은 것이 유기적 존재들 앞에서, 더 좋게는 지적이며 도덕적인 존재들 앞에서 우리가 그것을 열망하는 것이 존재 자체인 완전성의 관념 자체에 의해 그것들이 가진 불완전한 것을 완성하는 종합판단이다.

그것은 아마도 정확하게 이해하지는 못할지라도 종합의 적용에 의해 우리가 매우 상이한 출발점으로부터 동일한 관념론으로 수렴하는 것을 본 모든 이론이 도달하는 지점이다.

그 길에서는 어떠한 특수하고 불완전한 관념에도 멈출 수가 없다. 플라톤, 칸트, 우리가 보고해야 했던 대부분의 관념론적 이론들의 저자들과 함께, 모든 특수한 이론들이 부분적 측면, 불완전한 적용, 한계만을 제공하는 최고의 이상에 점차적으로 도달해야 한다.

분석은 해체에서 해체로 점점 더 기초적인 재료로 내려가면서 모든 것을 형태도 질서도 없는 절대적 불완전성으로 해소하려는 경향을 띤다. 오귀스뜨 꽁뜨가 유물론에 대해 그토록 심오하게 이야기했듯이, 상위의 것을 하위의 것으로 데려감으로써, 사유를 생명으로, 생명을 운동으로, 운동조차도 완전히 수동적인 무기물의 관계의 변화로 데려감으로써 분석은 모든 것을 라이프니츠의 표현에 따르면 관성적인 것과 마비로 환원시킨다. 고대가 이미 보았고 아리스토텔레스와 라이프니츠가 보여준 것처럼 아무것도 하지 않고 아무것에도 작용하지 않는 것은 진정으로 아무 존재도 아니라는 것이 사실이라면, 분석은 오직 그것만 적용되면 점차적으로 무로 향한다고 말할 수 있다.

종합은 합성에서 합성으로 점점 더 높고 점점 더 물질적 한계를 넘은 구성에까지 올라가서 모든 것을 아무것도 한계 짓지 않는 절대적 완전성에 의해 설명하려는 경향을 띤다. 그것은 따라서 점차적으로 무한으로 향한다.

그러나 관념론이 우리가 도달한 것을 본 상이한 체계들에서 한 것처럼 사람들은 질료가 그 형상을 취하는 합성의 원리를 물질적 다양성이 조율되는 단일성의 일반적 관념 아래에서만 생각하는 데 그친다. 그 단일성은 게다가 이런저런 나무를 나무 일반과 구별할 때처럼, 종을 유와 구별할 때처럼 특수하고 차이가 나는 상황들을 잘라냄에 의해서밖에는 정의되지 않으며, 플라톤과 말브랑슈가 그들이 '이데아'라 부른 것을 이해한 것으로 보이는 것도 적어도 우선적으로는 그와 같은 방식이며, 그때 이상(l'idéal)은 종국적 완전성이어서 그에 비하면 그것이 설명하기를 원하는 현상들이 불완전함이고 시작에 불과하게 될 뿐인 대신에 실제로는 그것의 소묘나 매우 요약적인 계획을 나타내는 것에 불과하다. 이렇게 생각된 이상은 관념적이라는 이름을 취한 미학도 마찬가지로 그렇게 생각했는데, 그런 이상은 관념론이 원한 것처럼 고유하게 물질적 현상이 포함되는 형상이나 단일성은 전혀 아니었고, 반대로 한 도형이 더 단순한 도형을 포함하듯이, 한 개념이 더 기초적인 개념을 포함하듯이 그 현상이 포함하는 조건이었다. 이렇게 생각된 이상은 그러므로 우선 거기에 이르는 것으로 보이는 것처럼 종합의 길에 의한 것이 전혀 아니고 분석의 길에 의한 것이다. 자연의 운동이 향하는 목적처럼 표현되었으나 더 자세히 들여다보면 그 속성들을 제거해버리고 존재를 환원하는 더 단순한 상태의 사고밖에는 발견할 수 없었으며, 관념에서 관념으로 가면 완전에서 완전으로 가서 절대적 완전으로 올라가는 것으로 믿지만 반대로 단순화, 따라서 점진적인 일반화에 의해서 우리 오성에서는 추상이 내려갈 수 있는 최후 단계의 표현에 불과하며 모든 결정이 없어지면 헤겔이 지적했듯이 순수 무의 관념과 혼동되는 것과 완전히 가까워지는 그런 '존재' 일반의 관념으로 걸어가면서 아리스토텔레스가 플라톤주의자들에게 비난했듯이 완전성의 어떤 지점의 단계에서 최후의 불완전성으로 내려갈 뿐이다.

이상과 같이, 그처럼 다른 두 이론[5] 중 하나는 사물에 대해 우리

---

5   유물론과 관념론.

감각이 보여주는 것만을 인정하며, 하나는 오성이 추상에 의해 그것에 대해 형성하는 관념들 속에 사물의 본질적인 것을 포함한다고 믿지만 그 둘 다 모두 유사한 방법을 사용한다. 첫 번째는 사물을 그 물질적 요소로 해체하고, 두 번째는 사물들을 우선은 일종의 종합에 의해 한 관념으로 관련시킨 후 다음으로 그 첫 번째 종합으로부터 점점 더 포괄적인 종합으로 올라간다고 믿지만 실제로는 관념을 그 질료인 논리적 요소로 해체하는 것이다. 둘은 모두 상이한 길로 실재의 완성과 충만함으로부터 다양하지만 마찬가지로 멀어지는 유사한 길을 따르며 공허와 허무라는 동일한 심연으로 향한다.

유물론은 분석적 단순화의 길을 통해 우연적인 것으로부터 본질적인 것으로 도달한다고 생각하지만 모든 것을 실재의 최소한인 물리적 존재의 가장 일반적이고 가장 기초적인 조건으로 해체할 뿐이다.

관념론은 특수하고 차이가 나는 성격을 우연적인 것으로 제거하는 일반화에 의해 지적인 질서에서 가장 높은 것과 완전함의 이상에 도달하기를 원하면서 그것이 따르는 것으로 믿는 걸음과는 반대의 걸음에 의해 모든 것을 완전성과 가지성의 최소화인 가장 기초적인 논리적 조건으로 환원한다.

그것은 관념론이 유물론과 마찬가지로 진정한 종합의 길을 따라 본질적인 것에 도달하기 위해 분석의 작품인 잘라내고 무시해야 할 우연적인 것이 무엇인지를 알아차릴 유일한 관점에 위치하지 않았기 때문이다. 그것은 본질적인 것을 직접적으로 그리고 한복판에서처럼 알아보는 것인 관점이며, 실재와 완전성이 하나이며 일치하는 내적 활동의 그 절대적인 것을 의식하는 관점이다.

사람들이 말하듯이 우리가 우리 자신 속으로 들어올 때 감각과 느낌, 상상, 관념, 욕망, 의지, 기억의 세계, 한계도 바닥도 없는 움직이는 대양이지만 모두 우리의 것이며 우리 자신 이외의 다른 것이 아닌 대양의 한가운데에 있는 우리 자신을 발견한다. 어떻게 우리의 것이며 어떻게 우리 자신인가? 그 내적 다수의 소용돌이의 매 순간, 매 장소에서 우리는 그 달아나는 다양성으로 그 연결이 단일성―그것들을 형성하는 작용 자체 이외의 다른 것이 아니다―인 조합과 총체들을 형성하기 때문이다.

왜냐하면 우리가 우리 자신인 그 원인이 어떤 방식으로 그것이 하는 것을 하는지를 찾는다면, 잠재되어 있어서 우리의 복잡한 개인성을 감싸는 알려지지 않은 힘들이 협력하고 조정되는 질서와 목적을 사유에 의해 결정하는 데서 그 행동이 성립한다는 것을 발견하기 때문이다. 우리는 어떤 대상, 어떤 관념 또는 어떤 관념의 표현을 제안한다. 기억의 깊은 곳으로부터 곧바로 그것이 포함하고 있는 보고寶庫로 사용될 수 있는 모든 것이 나온다. 우리가 이런 운동을 원하고 지성의 받아쓰기를 말하자면 감성의 언어로 번역하는 상상의 매개적 영향 아래 우리 존재의 바닥으로부터 원해진 운동이 종착점이자 완성인 기초적인 운동들이 나타난다. 온순한 재료의 벽과 탑들에서 고대의 우화에서처럼 노래의 부름에 이와 같은 일이 일어나고 마치 저절로 인 것처럼 (모든 것이) 배열되었다.

우리 사유가 제안하고 그것의 완전성의 높이에서처럼 우리의 낮은 힘들을 자신에게 부르는 관념은 무엇인가? 이러저러한 한계 속에서 그것이 닿을 수 있을 능동적 실재성의 가장 높은 지점에서의 우리의 사유 자체이다. 그것이 끌어들이고 그 속에서 그 완성, 그 실현을 발견하는 그런 힘들은 무엇인가? 역시 관념들, 우리 것이기도 한 관념들이다. 그러므로 그것이 자신 밖에 있는 것 같고 자신과 낯선 상태에서이기는 하지만 아직 우리 사유이다.

우리 경험에 따르면 모든 내적 삶의 충력은 그것이 말하자면 잠재적 존재밖에는 가지지 않는 확산과 혼동의 상태로부터 의식의 단일성에서의 재구성의 연속적 운동에 의해서 능동적 존재로 다시 불러오고 다시 데려오며 잠과 꿈의 상태로부터 끊임없이 각성의 상태로 거슬러 올라오는 지적 행동이나 사유이다. 우화의 돌들이 그것들을 부르는 음률에 복종한다면 그것은 그 돌 속에 어렴풋하고 비밀스럽긴 하지만 그 또한 음률인 무엇, 발성되고 표현되면 그것이 능력에서 현실로 이행하게 하는 무엇이 있기 때문이다.

우리 속에서 일어나는 모든 것의 원인이 우리 사유의 상대적인 완전성이라면 그런 상대적 완전성은 그 자체 절대적 완전성인 자신의 원인이라는 것을 덧붙여야 한다.

우리의 인격은 지적 의지에서 성립하는 것으로서 고대의 표현을 따르면 우리가 하나의 재능(génie)이라는 것의 총체 속에, 즉 특별한 발생적 원리 또는 하나의 신, 즉 제국이 자신의 한계를 가지는 특별한 신 안에 있다. 그 재능, 그 신은 절대 선이고 무한한 사랑인 보편적 신의 상위의 덕, 그것이 참여하는 상위의 덕에 의하지 않고서는 아무것도 생산하지 않으며, 아무것도 할 수 없다. 그 위대한 신은 유명한 말에 따르면 "우리와 멀지 않은 것"이다. 우리가 우리의 사고를 비교하고 측정하는 또는 오히려 우리 속에서 그것들을 측정하는 상위의 측도, 우리 관념들의 관념, 이성의 이성은 "우리의 내부보다 더 내부에 있는 것"이다. ―"그 속에서, 그에 의해서 우리는 우리가 가진 생명적이고 운동적이고 존재적인 모든 것을 가진다." 그것은 우리가 그것인 것보다 더, 끊임없이, 우리 자신과도 낯선 수많은 관점에서 우리라고 말할 수 있을 것이다.

말브랑슈는 우리가 어두운 감정밖에는 가지지 않는다고 생각한 우리 자신을 제외하고 우리는 모든 것을 신 안에서 본다고 말한 반면, 아마도 우리는 신 안에서만 스스로를 보기 때문에 모든 것을 신 안에서 본다고 말해야 할 것이다.

요약하자면, 우리는 종합적 작업에 의해서 한 사건에 관해 그것을 단지 그것에 앞선 사건에 관여시키는 것만은 아니며 더 일반적이고 더 단순한 사건으로 해소할 뿐만 아니라―그것은 물리적 원인이라 불리는 것의 결정의 두 단계[6]인데―그것을 진정한 원인에, 즉 상위의 완전성의 행위에 관계시킨다.

그러나 분석에 대립하여 특별하게 철학적 방법인 종합적 작업에는 필요한 원리가 있다. 그 원리는 높은 철학, 형이상학의 고유한 의미에서의 방법(단순하고 불가분적인 작업에 아직도 방법이라는 이름을 줄 수 있다면)이다. 그것은 우리가 참여하는 절대에 대한 우리 자신에 의한, 우리 자신에 대한 반성 속에서 최후의 원인 또는 이유의 직

---

6   앞선 사건에 관여시키는 것과 더 단순한 사건으로 해소시키는 것.

접적 의식이다.

모든 관점(perspective)은 한 점에, 한 점에만 상대적이다. 다른 모든 곳에서 보면 그것은 부조화와 불일치를 제공할 뿐이다. 그 점에서 보면 그것은 모든 부분에서 정당하게 되고 조화로운 총체를 이룬다. 세계이거나 보편적 조화인 보편적인 관점은 관점으로서, 유일한 관점으로서 무한과 절대를 가진다.

무한한 현명함과 사랑인 완전한 인격의 절대는 우리의 불완전한 인격이 형성하는 체계와, 따라서 모든 다른 존재가 형성하는 체계가 이해되는 중심적 관점이다. 신은 영혼을 듣는 데, 영혼은 자연을 듣는 데 도움을 준다.

우리 존재의 그런 내적인 구성은 직접적 의식이 우리에게 알게 해주는 것으로서 유비는 그것을 다른 데서, 그리고 어디서나 그것을 재발견하게 해준다. 유기체의 그런 유일한 전형에 따라 우리는 유기적 존재라 불리는 모든 것을 생각한다. 유기적 존재는 그 복잡성이 어떠하건 그런 복잡성 자체의 대비에 의해 더 명백해지는 것으로서 그들 운동의 시작(원리)과 끝(목적)을, 또는 더 잘 말하자면 그것이 그 끝이라는 것 자체에 의해서만 시작인 원인을 자신 속에 가지는 사물이다. 그것은 신처럼, 영혼처럼, 더 적은 정도에서이기는 하지만 자기 자신의 원인인 사물이며, 크건 작건 인격체의 유비인 사물이다.

영혼 다음으로 우리가 그것이 직접적인 관계에 있는 것, 즉 유기체를 생각한다면 우리는 그것의 기능 중 가장 높은 것과 아마도 다른 모든 것의 최후의 설명을 찾아야 할 기능은 스스로를 움직인다[7]

는 것임을 볼 것이다. 유기체를 스스로에게 운동을 주는 기계라 말하면서가 아니라면 어떻게 더 잘 정의할 것인가?

아리스토텔레스는 이미 유기체 중 가장 높은 것, 즉 인간이라는 유기체는 의지적 운동과 그 도구의 우월성에 의해 다른 모든 것과 탁월하게 구별된다고 말했다. 피조물 중 가장 완전한 것에서 가장 높은 완전성을 가지고 다른 모든 것 위에 이처럼 일어나는 그런 자발적 운동의 기능은 유기적 단계에서 더 내려갈수록 더 혼동되는 다른 형태들 아래에서는 다른 모든 것이 완성되는 보편적 기능이 아닌가?

끌로드 베르나르가 바로 최근에 설명했고 이전에『실험의학 서론 (Introduction à la médecine exrérimentale)』에서 발전시킨 것을 더 높은 명료성을 가지고 요약한 관념에 따르면 유기적 신체 안에서 일어나는 모든 현상은 그 자체 물리적이고 화학적인 현상들, 무기적 사물이 우리에게 제공하는 것과 아주 유사하며 우리 기술이 재생할 수 있는 현상들로 환원된다. 특별한 것은 생명체에서 그런 현상들이 이루어지는 방식이며, 그런 방식의 장치를 수단으로 한 형성을 우리는 이해할 수 없고 우리의 기술은 그런 방식을 흉내 내는 데 절대적으로 무력하다는 것이다. 물리·화학적 현상들이 생명체 내에서 이루어지는 그런 특별한 방식은 생명체가 자발적 결정에 의하여 그런 결정이 그 자연에 대해 상대적인 환경 앞에서 부분들에, 그 조건에서

---

7   유기체를 "스스로 움직이는 것", 즉 자발성이라 정의한 것은 플라톤 이래 의 전통임을 한국에서는 이미 박홍규가 지적한 바 있고, 라베쏭도, 베르크 손도 그것을 따르고 있다.

곧바로 이런저런 물리·화학적 현상들이 일어나며 따라서 전체 유기체가 스스로를 움직이는 기계로 정의될 수 있는 것처럼 유기체가 무한히 구성되는 기관들 각각은 운동의 특별한 자동적 도구로 정의되는 그러한 상황을 준다고 덧붙일 수는 없을 것인가? 더하여 그 기계들 자체, 그 특별한 장치들은 우리를 넘어서는 기술의 산물로서 기초적인 자발적 운동들의 조화로운 협조의 기술 지도 아래에서의 결과라고 말할 수 없을 것인가? 결국 우리가 살아 있는 기계들이 어떻게 형성되고 수선되는지를 이해하지도, 따라서 그것들을 흉내 낼 수도 없다면, 그것들이 슈탈이 본 것처럼 모든 상상의 조건을 벗어나며 따라서 계산과 추론의 대상이 될 수 없는 기본적인 자발적 운동의 결과이기 때문이라고 말할 수 없을 것인가?

그리고 무기적 물체의 유기화, 즉 결정체화라고 감히 부를 것이 일어나는 감지할 수 없는 체내 운동에 대해서도 마찬가지라고 또한 추측할 수 있을 것이다. 유기체 속에서건 다른 것 속에서건 물리적이고 화학적인 현상들에 대하여 그것들을 기계적 현상의 특수한 형태로 환원하는 것과, 그런 운동을 유기적 존재의 결정과 매우 유사한, 진정으로 의도적인 결정에 의해서밖에는 보고할 수 없을 친화력이나 인력에 의해 설명하는 대신에 데카르트와 라이프니츠의 물리학의 일반적 원리에 적합하게 그것들을 주변 물체들의 충격(impusion)의 단순한 결과로 해소하는 것은 현재 과학의 경향이다. 그리고 충격·충돌에, 그리고 거기서 결과하는 운동의 전달에 도달하면 그것을 어디서나 만난다는 것에 의해 우리가 익숙하게 되었으며 스스로 충분히 설명되는 것으로 보이기 때문에 그토록 단순한 현상은 모든 것이 설명된 것으로 보인다고 꾀비에는 말했다. 따라서 다소간 유기화된 존재의 모든 기능과 모든 물리·화학적 현상들을 충격에 의한 운동의 전파로 환원하는 보편적 기계론의 이론은 과학 자체로 또한 보인다.

그토록 단순한 현상은 그러나 자세히 생각하면 그 자체에 아직 도처에서 그것이 대체하기에 도움이 되기를 원하는 것, 즉 자발성을 가두고 있음이 발견될 것이다.

충격에 의한 운동의 전달에는 수동적인 것밖에는 아무것도 없는 것으로 보인다. 라이프니츠는 그러나 거기에서 용수철과 탄성의 사실을 보여주었고 그 사실은 그가 보게 한 것처럼 상상하면서밖에는 생각되지 않는다. 충돌하는 물체의 운동이 충돌되는 것에서 다시 태어나기 위해 거기서 없어지기 때문이 아니라, 상호 작용과 반작용에 의해 그 부분들이 앞서 생기를 받았던 내적 운동이 전체의 전이의 운동으로만 변형되고 상호적으로 그렇기 때문이다. 그런데 충돌에서의 운동이 사라지고 태어나는 대신에 단지 변형된다면, 따라서 그 많은 만남을 통해 항상 동일한 운동량이 존속한다면, 그것은 물체가 일단 어떤 운동으로 활력을 받으면 거기서 유지되기 때문이다. 그런 타성을 케플러가 처음으로 기계론에 도입했고, 그것이 기계론의 첫 번째 원리가 되었으며, 그 속에서 라이프니츠가 확실히 그 자체로서 의지에 반대되는 영속하는 경향을, 변화하지만 근본적으로는 유사한 본성의 분해(résolution)와 함께 보여주었다. 영혼 속에는 그 본질을 구성하는 행동을 보존하며 그것이 외부의 영향에 의해 방해받을 때 그 행동을 회복하려는 내적인 경향인 것, 즉 타성은 그 결과인 충력과 함께 물체 속에서 그러하다.

　이처럼 살아 있는 존재는 그 특별한 자격으로도 우리 속에서 자기 자신을 아는 영혼과 유사한 무엇을 나타내지 않는다는 것과 그것들을 무기물의 조건으로 환원시킬 수 있는 것조차 인정하면서도, 무기물에 대해서는 더 강한 이유로 질서와 단일성의 모든 원리를 잘라내고 무기물을 외부 운동의 우연에 의해 전체가 유지되는 물질적 입자들의 단순한 덩어리로 환원하는 것을, 즉 고유하게 유물론인 이론을 인정하면서도, 가장 생경한 물질이 그 운동에서 따르는 법칙들을 이해하기 위해서는 아직 그런 물질의 관념에, 사람들이 보통 그것을 가리키는 힘이나 능력이라는 모호한 명명 아래에 아직도 의지나 사유의 유비나 파생인 무언가의 관념을 결합시키지 않을 수 없다.

　더 있다. 그리고 운동의 다양한 법칙들과 독립적으로 운동 일반이라는 관념만이라도 그것이 제공하는 물질적이고 외적인 것과는 다른 무언가를 내포하고 있다. 정신에서 행동의 관념이 길어 내어지는 원천을 그렇게 잘 지시할 줄 알았으나 그것 자체에 의해 그것의 본성에 아무것도 나누어주지 않게 될까 두려워했던 데카르트는 운동을 연장성에서의 물체의 연속적 관계만으로 정의했다. 라이프니츠는 물체가 차지하는 각 위치에 그것이 다른 곳으로 이행하려는 경향을 가진다는 것을 덧붙이지 않으면 움직이는 한 물체가 그것이 차지하는 각 위치에서 정지하고 있다는 것과 무엇에서 다른지를 지시할 수 없을 것임을 보여주었다. 따라서 모든 운동은 결국 경향이다. 경향과 노력은 운동에 있는 실재적인 것이라고 라이프니츠는 말했다. 모든 나머지는 관계에 불과하다. 그러므로 그가 또한 말했듯이 물체는 다른 물체로부터 그들 경향의 한계나 결정 이외에는 받지 못한다. 경향 자체는 그 원래의 방향과 함께 그것들에 내재하며 그 원천을 찾기 위해서는 그것들을 만든 힘까지 거슬러 올라가야 한다. 그것은 근본적으로 아리스토텔레스가 이전에 운동을 설명하기 위해서는 현상들의 연속 밖에 영원하다 할지라도 그가 생각한 것처럼 그 자신은 움직이지 않으나 말하자면 운동의 내적인 원천인 것이 나오는 비물질적 작용 속에 있는 제일 원동자까지 거슬러 올라가야 한다는 것을 밝힌 증명이다. 『예정조화(Harmonie préétablie)』[8]의 저자는 모든 것은 기계적으로 이루어진다고 말했는데, 그것으로 그는 모든 현상이 다른 현상 속에 결정적인 이유를 가진다는 것을 의미했다. 그가 덧붙이기를 그러나 기계론 자체는, 물질 밖에서 찾아져야 하며 형이상학만이 알게 해주는 원리를 가진다는 것이다.

그것에 의해 그가 의미하는 것은 각 운동이 이전의 운동에 물리적 조건을 가진다면 그 운동은 최후의 분석에는 선과 미의 능력만이 설명하는 행동에 그 능동 원리, 그 원인을 가진다는 것이다. 그가 말했다. "운동의 법칙들이 그 결과인 기계론의 원리들은 기하학적이건 물질적이건 순전히 수동적인 것으로부터 끌어낼 수 없을 것이며 수학적인 것들의 공리만으로도 증명될 수 없다. 동적 규칙들을 정당화하기 위해 영혼에 관계되며 기하학자들보다 적지 않은 정확성을 가진 적합성(convenance)의 원리와 실재적인 형이상학에 도움을 받아야 한다."

---

8   『예정조화론(Traité de l'harmonie préétablie)』을 의미하는 듯함.

그는 또 말했다. "기계론의 원천은 원초적 힘이다. 다른 말로 하면 그것에 따라 파생된 힘 또는 맹렬함이 그 힘으로부터 태어나는 운동의 법칙은 선과 악의 지각 또는 가장 적합한 것에서 흘러나온다. 능동인은 이처럼 목적인에 달려 있다. 정신적 사물들은 인식의 순서에서 그렇듯이 본성에 의해서도 물질적인 것에 선행한다. 왜냐하면 플라톤과 데카르트가 지적한 것처럼 우리는 우리에게 내밀한 영혼을 신체보다 더 내적으로 보기 때문이다" 그 두 이름에 아리스토텔레스도 붙일 수 있었을 것이다. 아마도 또한 그에게는 그 기억될 만한 구절의 용어들보다 더 너머로 가는 것도 허용되었을 것이다. 물리적 원인은 능동인이 아니고 연속의 질서가 완전의 정도를 목적에서 수단으로 반대 방향으로 나타내는 조건에 불과하기 때문에 아마도 그는 능동인은 목적인으로 환원된다고 말하는 것이 허용되었을 것이다.

그런 방식으로 우리가 그렇게 자주 인용한 그 심오한 사유가가 또한 말한 것처럼 "원인과 결과의 연결은 견딜 수 없는 숙명성을 야기하는 것은 분명 아니고 오히려 그것을 제거하는 수단을 제공"한다.

모든 것은 그 이유가 있다고 라이프니츠는 말했다. 거기서부터 모든 것은 그 필연성을 가진다는 것이 따라 나온다. 그리고 사실 필연성이 없으면 확실성이 없으며, 확실성이 없으면 학문이 없다. 그러나 두 종류의 필연성이 있다. 논리적 필연성인 절대적 필연성과 도덕적 필연성이며 자유와 화해되는 상대적 필연성이 그것이다. 두 종류의 이유가 있다. 논리적인 이유와 적합성의 이유이다.

절대적 필연성이 있다. 그것은 최후의 분석에서 한 사물은 그것인 것이 아닐 수가 없다는 원리나, 한 사물을 포함하는 것은 또한 그 사물이 포함하는 모든 것을 포함한다는 모든 추론의 기초인 다른 원리가 나오는 동일성의 원리로 환원된다. 추론은 보이는 것처럼 점진적인 방식으로 단순한 것에서 복잡한 것으로 나아가는 것이 아니라 반대로 복잡한 것에서 단순한 것으로 퇴행에 의해 나아가는 것임을 지적하자. 추론한다는 것은 한 관념에서 그것이 포함하고 있는 관념으로, 즉 그것 없이는 그 관념도 있을 수 없을 더 기초적인 관념으로 결론짓는 것이다. 결과란 고유하게는 조건이다. 두 번째로, 상호 포함의 관계로부터 결과 되며 그 점에서 서로 비교되는 관념들 속에서 발견되는 필연성은 수학에서 일어나는 필연성이며 양에 적용된 논리에 불과하다는 것을 지적하자.

다른 종류의 필연성은 가장 좋은 것이라 믿는 것을 하기로 결정하는 필연성이다. 그런 필연성은 첫 번째처럼 전혀 자유를 배제하는 것이 아니다. 반대로 그것을 내포한다. 현명한 자는 잘하지 않을 수가 없다. 그가 덜 자유스러운가? 그것은 열정이 굴복시킨 자이며, 그런 사람은 선과 악 사이에서 불확실하게 떠다니는 사람이다. 현명한 자는 선을 선택하면서 동시에 가장 자유로운 의지와 함께 틀림없이 그것을 선택한다. 그것은 아마도 선, 아름다움은 사랑과 다른 것이 아니기 때문이며, 사랑은 그것의 모든 순수함에서의 의지이고 진정한 선을 원하는 것은 스스로가 스스로를 원하는 것이기 때문이다.

라이프니츠가 말했다. "기하학적인 것은 도처에 있으며, 도덕적인 것도 도처에 있다." 즉, 도덕적인 것에까지 기하학적인 것이 있으며, 기하학적인 것에까지 도덕적인 것이 있다는 것이다. 왜냐하면 도덕적인 사물, 영혼과 의지의 사물은 거기서 동일성과 차이의 관계, 평

254

등과 불평등의 관계가 조우되는 한 기하학적 필연성에 복종하며, 다른 한편 기하학이 그 발전에서 모든 순수한 도덕적 필연성을 배제한다면 그럼에도 불구하고 최근에 그것을 가장 잘 천착한 작업들에 의해 판단할 때 기하학은 모든 것을 신의 자유로운 법령에 의존케 한 데카르트가 아마도 그것을 이해한 것처럼 절대적이고 무한한 의지의 감각적 표현으로 아마 생각되어야 할 조화의 원리들을 첫 번째 기초로 가지고 있는 것으로 보인다. "사람들은 수학적인 것들이 선의 관념과 공통적인 아무것도 절대로 가지지 않는다고 주장한다. 질서, 비율, 대칭이 아름다움의 매우 커다란 형상들이 아닌가?"라고 아리스토텔레스가 말했다.

기하학적 질서는 그 전체에서 도덕적 질서와 대립되기 때문에 배타적 관점에서 취한 기하학은 철학으로부터 멀어질 수 있을지라도, 플라톤이 철학자가 우선 기하학자이기를 원한 것은 헛된 일이 아니다.

이제 자연은 유물론이 가르친 것처럼 모두 기하학인 것도, 따라서 모두 절대적 필연성이나 숙명인 것도 아니다. 거기에는 도덕적인 것이 들어간다. 자연은 우연성과 의지를 배제하는 절대적 필연성과 그것들을 포함하는 상대적 필연성이 섞여 있는 것과 같다. 그것이 다가 아니다. 도덕적인 것이 거기서 주가 되는 것이다. 자연은 어느 정도 그 규칙적 흐름을 혼란스럽게 하는, 그러나 천착해 보면 아직 동일한 법칙에 들어오는 우연적인 것들을 무시한다면 도처에서 단순한 것에서 복잡한 것으로의, 불완전에서 완전으로의, 약하고 어두운 생에서 점점 더 기운차고 전체가 점점 더 가지적이고 지성적인 생으로의 부단한 진보를 제공한다. 게다가 거기서 각 단계는 앞선 것에 대해서는 목적이며, 뒤따르는 것에 대해서는 조건이나 수단 또는 질료이다.[9] 거기서부터 절대적 필연성과 상대적 필연성은 서로 반대의 두 방향을 향한다. 논리학에서는 그 조건에 대한 명제의 절대적 필연성이 있다. 자연에서는 목적에서 수단으로의 유사한 필연성이 있다. 목적은 수단을 끌고 오기 때문이다. 반대로 목적은 의지를 결정하는 상대적 필연성과 함께 함이 아닌 방식으로는 강요되지 않는다. 그것이 일반적인 방식으로 어떤 사건도 절대적이고 기하학적인 필연성으로는 결코 후속의 사건을 끌고 오지 않는 이유이다. 한 사건이 원인으로 주어질 수 있는 것은 고유한 의미가 아닌 우회된 의미에서 이외에는 아니다. 그것은 실제로 요소 중 하나, 위에서 보았듯이 우리의 자유 의지가 결정되는 동기의 본성을 가진 상대적 필연성, 사람들이 결정한다고 말하는 원인이 스스로 결정하는 것을 방해하는 것이 아니라 반대로 그것을 내포하는 도덕적 필연성의 부정적 요소에 불과하다. 유물론이 자연에서 고유한 의미에서의 필연성을 그 진행의 반대 방향으로만 보는 대신에 그것을 직접적 방향으로 시간의 진행하는 방향에 따라 본다고 믿는 것은 대상의 외양을 뒤집는 일종의 신기루에 의해 속으면서이다.

　이 세계에서의 숙명성은 적어도 사물의 규칙적 흐름에 관해서는 우연을 제쳐 놓으면 외양에 불과하다. 자발성과 자유는 참된 것이

9　일반적인 목적-수단의 관계가 뒤집혀 있다. 기하학적 질서와 도덕적 질서가 반대이기 때문이다.

다. 생경한 기계론이나 순수 우연에 의해 모든 것이 일어나는 것과는 멀리, 완전, 선, 아름다움으로의 경향의 발전에 의해 모든 것은 이루어진다. 그 경향은 무한이 그것에 의해 사물들을 움직여지게 하며 그 속에서 측정되는 무게처럼, 사물들을 미는 내적 충력처럼 사물들 속에 있다. 맹목적 운명을 겪는 대신에 모든 것은 복종하며, 기꺼이 모든 신적 섭리에 복종한다.

인류의 태초 시대의 믿음으로 되돌아가서 자연에서는 모든 것이 매 순간 모든 예견을 놀라게 하고 모든 과학을 불가능하게 만들 자의적 의지에 의해 이루어진다고 믿어야 함을 말하는 것이 아니다. 그것이 원리인 생명처럼 의지가 모든 것의 바닥에 있다면 의지는 생명처럼 정도를 가진다.

무한 속에서, 신 안에서 의지는 그 자체 절대적 선과 미와 구별되지 않는 사랑과 동일하다. 우리 속에서 의지는 그 내적 법칙인 사랑으로 가득 차 있지만, 말하자면 그것들이 그려지는 환경에 의해 변질된, 절대 선의 이미지를 그에게 제공하는 감성과 교류하고 있어서 완전히 자유로우면 항상 추구할 그 무한한 선에 대해 확신하지 못하고 그 독립의 일부를 넘겨주는 불완전한 선들 속에서 자주 방황한다. 우리 존재의 낮은 요소들에 의해 우리가 속해 있는 자연 속에서 의지는 이성의 미광微光에 의해서만 밝혀지는데 자연을 그에게 표현하는 형태, 완전히 수동적인 복종으로 따르는 것으로 보이는 특별한 형태의 강력한 매력 아래에 있는 것과 같다. 그럼에도 불구하고 육체적 삶의 그 어두운 지역에까지 그것들의 첫 번째 원천에서 운동을 설명하는 것은 선과 미에 대한 일종의 어두운 관념이라는 것, 결정적으로 물리적 필연성이라 불리는 것은 라이프니츠가 말한 것처럼 자유가 아니라면 적어도 자발성을 배제하기는커녕 반대로 내포하고 있는 도덕적 필연성에 불과하다는 것은 또한 사실이다. 모든 것은 규칙적이고 항상적이지만 근본적으로 의지적이다.

자신에 대한 반성이라는 내적이고 중심적인 관점에서 영혼은 그러므로 자신을 보는 것만이 아니라 또한 그 근저에서처럼 그것이 나온 무한도 본다. 스스로를 보고, 자신과는 다소 다르며 점점 단계를 따라 물질의 분산 속에서 모든 단일성이 사라지고 모든 활동성이 현상들의 연쇄 아래로 사라지는 것으로 보이는 그 극단적 한계에까지 스스로를 알아본다. 그런 관점에서 자연 속에서 발전되는 모든 것을 영혼 속에서 찾기 때문에 영혼이 모든 형상의 장소라는 아리스토텔레스의 문장을 이해한다. 그때 모든 대상이 우리에게 영혼이 그 상태들의 계기에서 지나가는 국면들을 공간 속에서 형상에 의해 나타내는 것처럼 보이기 때문에 물체는 순간적 정신이라는 라이프니츠의 문장을 이해한다. 마지막으로 영혼 자체는 그 생의 진전에서 연속적 방식으로 순수 정신이 공동의 현재처럼 포함하고 있는 것을 계속적 방식으로 펼치기 때문에 높은 플라톤 이론의 모든 정신을 간략한 공식으로 요약한 것인 바, 유한한 것의 다양성 속에서 발전되는 것은 무한이 단일성으로 집중하는 것이라는 동일한 사상가들의 다른 문장을 이해한다. 자연은 정신의 굴절이나 확산과 같다고 말할 수 있을 것이다.

그런 관점이 진정한 앎의 관점이라면 그것이 모든 학문의 배타적인 관점이 되어야 한다고 말해야 하는 것인가? 분명히 그렇지는 않다. 자연적 현상들은 시간과 공간 속에서 양의 법칙 아래에서 다른 현상과의 정해진 관계에 따라 일어난다. 그런 조건을 결정하는 것은 이성의 인도 하의 경험의 일이다. 양적·수학적 특수성과 함께 물리적 원인이라 불리는 것의 연속적 결정 속에서 학문들이 다루는 사실들의 세부 속에서 다양한 학문들은 다른 방법을 따를 필요가 없다. 그리고 낮은 학문들의 방법의 최후 판관인 지성의 상위의 학문은 그러나 여기에 해야 할 아무런 직접적 개입이 없다.

"머리 뒤로부터의 생각을 가지고 모든 것을 그것에 따라 판단해야 한다. 그래도 역시 사람들처럼 말해야 한다."고 빠스깔이 말했다. '머리 뒤로부터의' 생각은 각 개별 학문에서 그것에 고유한 언어, 물리적 외양의 언어를 말하는 것을 방해하지 말아야 하는 것으로서 형이상학적 생각이다.

그것은 또한 정신적인 것의 학문은 자연적인 것의 학문에 대해 결코 아무것도 할 수 없다는 말이 아니다. 자연적·물리적 학문이 어떤 지점까지는 형이상학에 독립적이라는 것은 사실이다. 게다가 그것이 형이상학에 많은 도움이 된다는 것도 사실이다. 우리는 그것의 말하자면 더 거친 이미지를 제공하는 감각적인 것 속에서가 아니라면 쉽게 순수 가지적인 것(의 말)을 듣지 않는다는 것이 우리의 체질이기 때문이다. 그리고 그런 이유로 자연에 대하여 모르는 만큼 영혼에 대해서도 모른다고 말할 수 있다. 그러나 감각적인 것은 가지적인 것에 의하지 않고는 이해되지 않으며 자연은 영혼에 의해서만 설명된다는 것 또한 진실이며 상위의 진실의 것이다. 유기적 존재들의 학문에서 히포크라테스와 아리스토텔레스에서 하비(Harvey), 그리모(Grimaud), 비샤(Bichat), 끌로드 베르나르에까지 기능들의 결정적인 목적에 대한, 수단들의 조화로운 협조에 대한, 다소 명백한 가정의 도움을 받지 않고서는 아무 중요한 것도 발견된 적이 없다. 물리학에서 가장 중요한 법칙들은 가정들을 사용함으로써 나왔다는 것이 크건 작건 고백되었다. 모든 것은 가능한 한 가장 짧은 길을 통해, 가장 단순한 수단에 의해 이루어진다는 것, 항상 가능한 한 가장 작은 힘을 사용하여 최대한의 결과가 이루어진다는 것은 모두 현명함의 일반 규칙의 변양들이다. 일반적이거나 기초적인 우주론에서는 특히 코페르니쿠스와 케플러 이후 보편적 조화에 대한 표명되거나 암묵적인 믿음의 어떤 적용에 의해 암시받지 않은 어떠한 위대한 발견도 없었다.

그러므로 배타적 물리학이 모든 형이상학을 절대적으로 추방하거나 대체할 수 있다고 믿을 때, 문자 그대로 그것은 자신이 하는 것이 무엇인지 모르고 있다고 말할 수 있다. 뉴턴은 "물리학이여, 형이상학을 조심하라!"라고 말하곤 했다. 그것은 "물리학이여, 사유를 보존하라!"라고 말하는 것이었다고 헤겔은 어디선가 지적했다. 그러나 누가, 특히 어떤 학문이 모든 사유 없이 지낼 수 있는가? 자기가 모르게라도 매 순간 모든 것은 결국 가지적이며, 따라서 지성에 적합하다는 원리를 사용하지 않는 과학자는 특히 발명가는 하나도 없다. 그리고 가장 위대한 발명가들은 그것을 가장 많이 사용한 자들이다. 경험이 물리학적 원인이라는 이름 아래에 단순한 조건들밖에는 발견하지 못하는 현상들의 물질적 세계에서 경험은 비물질적 정신과 다른 것이 아닌 동시에 능동인이자 목적인인 진정한 원인의 관념에 의해 빛을 받지 않고서는 방향을 잡을 수 없고 앞으로 나아갈 수 없을 것이다. 따라서 정신이 분명 보편적 실체로 보이는 것과 마찬가지로 그것은 또한 보편적 빛이다.

그와 같은 것이 앞서 논의된 것에 따르면 우리 시대의 철학적 운동이 도달해야 하는 것으로 보이는 가장 일반적인 결과들이다. 그토록 많은 다른 차이들에도 불구하고 대부분의 체계들이 일치할 준비가 된 것으로 보이는 관념론의 이론들이 그들의 자연스러운 보충처럼 거기로 향한다. 우리가 설명한 몇몇 다른 이론들에서 그런 결과들이 다소 분명한 선으로 그려졌다. 그리고 마지막으로 그것들이 이론의 총체를 형성할 미래가 가까운 것처럼 예견하는 것은 쉬운 일이다.

최근의 동요에 피곤하여 정신을 흔드는 성질의 것으로 볼 수 있는 모든 것을 두려워하던 우리의 마지막 혁명에 이어진 날들에, 철학은 호의보다는 공포의 대상이 되었다. 철학이 오래 전부터 공교육에서 차지하던 부분을 많이 감소시키고 그것을 적어도 이름으로라도 논리학으로 환원시켜야 한다고 믿었다. 동시에 교육의 그 부분에 특별한 선생들을 받아들이기 위해 확립된 연례 시험을 제거했다. 철학 연구는 거기에 괴로워했고 어느 기간 동안 철학은 과거보다 덜 연구되는 것으로 보였다. 그러나 그런 사태로부터 사반세기 이래로 우리의 학교에서 홀로 지배했던 이론의 전통이 완전히 중단된 것은 아니지만 그 힘과 영향력을 잃었다는 결과가 나왔다. 그 권위에서 벗어나 자신에게 자유롭게 남겨진 정신에서 새로운 사유의 아마도 이전에 존재했던 싹들이 발전되었음에 틀림없다. 몇 년 전 현 공교육 장관의 첫 번째 행위였던 법령에 따라 철학은 국가의 학교에서 옛 호칭과 더불어 예전에 차지했던 자리를 되찾았고 그것을 가르칠 책임을 맡을 교수들을 받아들이기 위한 특별 시험이 부활되었다. 그 시험의 부분인 공개시험, 여러 젊은 스승들이 생생한 광채를 던졌던 시험에서 절충주의의 도래 이후 홀로 지배했던 이론들 대신에 그 이론들과 그와 유사한 이론들이 최근에 자리를 내주어야 했던 관념을 향해 표명된 경향이 일어나는 것을 사람들은 보았다. 우리는 또한 그런 경향으로 표시된 것처럼 최근 문과대학의 가장 높은 시험이나 그 연구가 특별히 속하는 우리의 아카데미에 의한, 철학이나 철학사의 문제에 대해 매년 열리는 시험에 제출된 하나 이상의 작업을 인용할 수 있을 것이다. 그러므로 많은 신호에 따라 일반 성격이 정신론적 실재론 또는 실증주의(réalisme ou positivisme spiritualiste)라 부를 수 있을 것이 지배할 철학적 시대가 멀지 않은 것으로 예견하는 것이 허용된다. 그것은 정신이 모든 다른 존재가 파생되고 의존하고 있다고 인정하며 자신의 행동 이외의 다른 것이 아닌 존재에 대해 자기 안에서 취하는 의식을 발생 원리로 가진다.

그 표현의 의미를 정확히 하고 그 범위를 정의하기 위해 아직 몇 마디의 말을 허용하시기를.

정신적 행동, 사유, 의지는 우리가 감각 질에 대해 그렇게 하듯이 그것과 다른 주체의 방식을 의미해야 하는가?[10] 라이프니츠는 적어도 그의 표현을 문자 그대로 취한다면 다음과 같은 것을 의미했을 것이다. 그는 사유가 영혼의 방식이 아니라 그 실체, 그 존재 자체라는 대담한 견해에서 데카르트를 감히 따를 수가 없을 것이다. 그러나 추론이 우리를 제일 원인에게처럼 인도하는 행동이 다른 사물의 방식이라는 것을 어떻게 이해할 것인가 하고 형이상학의 정초자[11]는 말했고 그것은 옳은 것으로 보인다. 제일 원인일 것은 그 다른 것일 것이거나 그것들을 통합된 채로 유지할 제삼의 것일 것이며, 하나는 다른 것을 나오게 할 것이다. 그러므로 제일 원인을 우선 존재하며 거기다가 스피노자가 생각한 것 같은 실체처럼, 사유를 속성으로 그리고 아마 다른 속성들도 가지고 있으면서 그 존재의 바닥이 사유가 아닌, 아리스토텔레스의 말처럼 사유하는 돌과 같을 실체처럼 사유할 무언가로 생각하지 말자. 반대로 다른 모든 것은 그 한계밖에는 제공하지 않는 최초의 절대적인 존재, 완전한 유일한 실체는 사유라는 것을 인정해야 한다. 존재하는 것과 사유하는 것은 엄밀하게 말하자면 이미 고대의 파르메니데스가 말한 것처럼 동일한 것이다.

거기서부터 제일 원인이 자신에 대해서 갖는 의식, 우리의 고유한 의식의 유형이자 모든 지성과 모든 생명의 근원적 원천에 의해 무한한 존재가 스스로를 명상하면서 자신의 사유에 의해 그 사유 자체와

---

10 주체가 따로 있고 그것이 '정신적 행동, 사유, 의지'하는 것인가, 아니면 '정신적 행동, 사유, 의지' 자체가 바로 주체인가 하는 문제에서 전자의 입장을 말한다.

11 아리스토텔레스.

는 다른 무엇을 생각한다는 것을 의미하지 말고, 완전하고 절대적인 사유는 소유학파의 형이상학에 왕관을 씌우는 정형에 따르면 사유의 사유라는 것을 의미해야 한다는 것이 따라 나온다.

그런 사고방식이 우리를 넘어선다는 것은 사실이다. 우리는 주체와 객체의, 사유와 존재의 대립, 구별의 조건 아래에서만 지성을 이해한다. 그렇다고 무한과 절대에서 그런 조건이 사라지는 것을 인정할 수 있고 인정해야 하는 것을 방해받는 것은 아니다. 아리스토텔레스와 데카르트의 견해를 완전히 인정하기를 가끔 주저하던 사람 자신이 높은 이성으로 말했다. "다양한 관념들이 어떻게 신의 단순성과 양립할 수 있는지를 이해할 수 없을 것이다. 그러나 우리는 진실이 우리에게 알려지도록 놓아두지 않는, 그리고 거기에 달려 있는 다른 것들을 정당화하기 위해 사용할 권리가 있는 통약 불가능한 것과 수많은 다른 것들을 또한 이해하지 못한다."

신이 자신의 원인이라고 이미 언급한 데카르트의 명제에 대해서도 마찬가지이다. 그것의 의미는 저자가 설명한 것처럼 한 사실에 대해 그것을 설명하는 원인으로 거슬러 올라가면서 이성이 처방한 걸음을 따라가면 신에 도달하여 마찬가지 방식으로 그 존재의 이유를 찾을 때 그의 밖에서는 어떤 이유도 가질 수 없고 따라서 그것을 '자신의 원인인 것'으로 정의할 수 있음을 발견한다.

많은 사람들이 인정하기 어려웠으나 칸트는 우리가 이미 말한 것처럼 모든 다른 증명의 필연적 기초임을 옳게 보여주었던 증명인 신의 존재에 대한 선험적 증명이 나오는 세 번째 명제에 대해서도 또한 마찬가지이다. 그것은 곧 신 안에서는 본질과 존재, 다른 말로 하면 잠재성과 실재성, 가능성과 현실성이 하나라는 것이다. 현실적 원인이 실현으로 이끄는 가능성을 생각하는 유한한 사물로부터 그 것의 한계의 제거에 의해 무한한 존재의 사고로 올라간다면, 그것의 가능성은 아무것도 한정 지을 수 없고 방해할 수 없는 무언가의 가 능성이며 그것 자체에 의해 실재 존재를 포함한다는 것을 발견한다.

무한 속에서 사실과 원인, 본질과 존재가 하나라는 그 두 명제는 이성과 경험이 혼동되는 유일하고도 동일한 실증적 관념의 등가의 추상적 표현처럼 서로를 내포하고 있다. 그리고 그런 관념은 완전하 고 절대적인 존재의 완전히 능동적인, 따라서 완전히 정신적인 본성 의 관념이다. 그것은 사유, 의지, 사랑의 대상과 주체가 사유, 의지, 사랑 자체인 유일하고도 동일한 사물에 불과하다는 것이 거기서부 터 따라 나오는 본성이다. 그런 관념은 물질적 의지처가 없는, 말하 자면 스스로가 스스로의 양분을 주는 불꽃이다. 그와 같은 것이 다 른 곳 어디서나 분리되어 있는 대립항들이, 살아 있고 빛나는 통일 성 속에서처럼 혼융되는 유일한 사고방식이다.

이제 감각적 현상들, 세계, 자연을 설명하기 위해 그런 순수한 행 동의 밖에서 그 자연이 질서, 아름다움, 통일성을 받는 형상에 대하 여 질료의 역할을 하는 무엇밖에 남아 있지 않다면, 그 자체 홀로 실 재성, 따라서 가지성을 만드는 것이 제거된 그런 사물이 무엇을 의 미해야 할 것인가? 그것은 피조물 속에서 그것의 불완전한 수용성 에 의해 원인의 자연적인 완전성과 무한성을 제한하는 무언가 부정 적인 것이라고 플라톤 이후 라이프니츠는 말했다.

라이프니츠는 영霓과 결합한 단일성만 가지고 모든 수를 만들 수 있고 거기서는 더 이상 십진법이 아니라 이진법의 수 체계가 나오며, 마찬가지로 괴테가 말한 것처럼 빛과 그림자만으로 모든 색깔을 만들 수 있다고 지적했다. 그리고 그는 그 사실에서 절대적 또는 무한한 원리와 제한의 원리로 충분한, 자연의 구성 일반의 상징을 보았다. 그는 그런 관념을 표현하는 메달로 앞면에는 빛으로 구름을 물들이는 태양과 뒷면에는 일과 영의 결합에 의해 형성된 수의 연속을 다음의 글귀와 함께 나타내는 메달을 상상했다.

Omnibus ex nihilo ducedis sufficit unum(하나는 모든 것을 무로부터 끌어내는 데 충분하다).

아리스토텔레스는 실재의 실증적 원리는 행동에서 성립하기 때문에 대립된 원리는 질서 짓는 형상에 비교된 모든 물질처럼 행동만이 실현할 수 있는 가능성의 관념에 의해서밖에는 정의될 수 없다는 것을 보여주었다. 그것에 의해 실제로 존재하는 모든 것의 밖에 실제로 제일 질료라 부르는 것을 가끔 생각하는 것과 같이 가능할 뿐인, 가능성 속에 있을 뿐인 무엇인가가 결국 있다고 이해해야 할 것인가? 실제로 있지 않으면서 어떤 방식으로 있는 것은 모순으로 보인다. 왜냐하면 단순히 가능하다는 것은 아무것도 있지 않기 때문이다. 그러므로 순수한 가능성은 라이프니츠가 또한 지적한 것처럼 우리 오성의 추상에 불과하다. 행동으로의 어떤 경향과 함께 함이 아니라면 실재적 가능성은 없다. 그런데 행동으로 향하는 것은 이미 행동하는 것이다. 경향은 행동이다.

그러나 비교적으로 잠재적일 뿐인 것 속에서 그것의 유일한 원천인 것으로부터가 아니라면 어디서 행동이 올 것인가? 그러므로 정지된, 방해 받은, 유예된 행동이 아니라면 경향을 어떻게 이해할 것인가? 그런데 제일 원인으로, 자유 의지의 무한으로 거슬러 올라가면 그것 밖에 있을 무언가가, 따라서 아무것도 아닌 것, 무가 한순간이라도 무엇에서건 그것의 행동을 방해하고 유예할 수 있다는 것을 어떻게 이해할 것인가? 그러므로 낮은 존재에서 절대 존재로의 원천을 그런 높은 존재가 저절로 말하자면 그것의 전능한 활동성의 무엇을 절제하고, 약화시키고, 끄는 의지적 결정의 결과로서가 아니라면 이해할 수 없을 것으로 보인다.

스토아학파 사람들은 그들의 완전히 물리적인 언어로, 제일 원인 또는 신성을 최대한의 긴장 속에 있는 불붙은 에테르로 정의했다. 물질은 그 동일한 에테르가 이완된 것이다. 거의 유사한 방식으로 제일 원인이 부동의 영원성 속에서 존재에 대해 집중시킨 것을 시간과 공간인 물질의 기초적인 조건들 속으로 말하자면 이완시키고 분산시키면서 전개하며, 그리하여 말하자면 자연적 존재의 기초를 자연의 질서인 연속적 진보에 의해 정도에서 정도로, 계에서 계로 모든 것이 물질적 분산으로부터 정신의 단일성으로 되돌아오는 기초를 놓는다고 말할 수는 없을 것인가?

신은 아무것도 없는 데서부터, 무로부터, 가능적인 것인 상대적인 무로부터 모든 것을 만들었다. 그것은 그가 존재의 창조자였던 것처럼 무의 창조자였기 때문이다. 그가 자신의 존재의 무한한 충만함으로부터 말하자면 무효화하고 무화시켰던 것(se ipsum exinanivit, 자기 자신을 비우다)으로부터 그는 일종의 각성과 부활에 의해 존재하는 모든 것을 끌어냈다.

신비하고 날개가 달렸으며 불의 색깔이고 자신을 소모하는 그 존재가 그 재로부터 다시 태어나기 위해 스스로를 무화시키는 것은 거의 모든 것에서 고대 오리엔트였으며 기억할 수 없는 시간으로부터 신성의 일반적 상징이었다.

언어의 물리적 형태 아래에서 형이상학을 시작한 사람 중의 하나인 늙은 헤라클레이토스는 말했다. 불은 모든 것의 실체이며 원인이고, 물질이라 불리는 것은 스스로 자신을 약화시키고 끄는 불이며, 세계는 그 질서와 질서 속에서의 진보에서 다시 켜지는 불이라고. 스토아학파 사람들도 마찬가지라고 우리는 방금 이야기했다. 스토아학파 사람들은 헤라클레이토스처럼 말했다. 불, 원초적 불, 진정한 불은 이성이며, 영혼이라고.

인도의 신학을 따르면, 또한 희랍 종교의 신비가 포함하고 있던 신학을 따르면, 신성은 그 사지로부터 피조물들이 형성되도록 스스로를 희생했다.

유태의 접신론에 따르면 신의 몫을 위험에 빠뜨리지 않고 세계에서 자신의 몫을 높이면서 신은 모든 것을 채웠다. 그는 의지적으로 자신 속으로 집중하면서 그 존재의 일종의 잔여물로부터 모든 다른 것들이 나오는 허공을 남겼다.

희랍 철학의 사고방식을 아시아의 신학과 합성했던 마지막 시기의 플라톤주의자들에 따르면 세계는 신성의 하강, 또는 기독교 교리에 또한 친밀한 용어를 따르자면 신성의 겸양(condescendence)을 원천으로 가진다.

도덕적 질서에 갇혀 있지만 그럼에도 불구하고 물리적·형이상학적 일반 설명의 원리와 말하자면 잠재적 철학을 싹으로 포함하고 있는 기독교 교리에 따르면, 신은 삶, 완전히 신적인 삶이 거기서 태어나기 위해 그의 아들에 의해 죽음으로 내려왔으며, 그러므로 내려오지 않으면서 내려왔다. "인간이 신이 되도록 신이 스스로 인간이 되었다." 정신은 낮아지면서 육체가 된다. 육체는 정신이 될 것이다. 정의 자체의 원천인 자유로움은 위대한 영혼들의 특징적인 덕이다. 기독교 신의 최상의 이름은 은총, 선물, 자유로움이다. 자유롭게 스스로를 주는 자유로움은 자기 자신의 존재로 피조물을 창조하며, 그의 존재로 그를 먹여 살리고, 그것을 자기 자신과 닮게 하며 자신처럼 신적이 되게 한다. "너희는 신들이니라."

그런 사유들은 우리가 틀리지 않았다면 거기서 가장 멀어진 것으로 보이고 멀어지기를 원하는 것조차 예외 없이 우리의 현대 체계들이 기어 올라가는 사유이다. 진실은 가장 먼 시기로부터 거의 모든 나라에서 사람들이 그것을 보는 곳에서 우리에게 보인다. 단지 오늘날은 아마도 더 벌거벗은 채 더 전체적으로 우리에게 보인다. 우리는 고대가 "에로스는 첫 번째이고 항상 신들 중 가장 강력하다."거나 "신은 자비이다."라고 말하면서 의미했던 것을 고대 자체보다 더 잘 이해하는 것으로 보인다.

이 작업의 틀이 그것을 포함했다면 최근 우리와 다른 나라들이 탄생케 했던 중요한 철학적 사고방식 속에서 우리나라가 생산한 이론들에서 지배하거나 지배적으로 되기에 가까운 것으로 보였던 것과 완전히 유사한 경향들을 보여주는 것은 쉬울 것이다. 단지 독일에서 칸트가 시작한 위대한 혁신의 운동이 도달한 마지막 체계들만을, 즉 그것이 도래하자 셸링이 그 영광스러운 경력을 끝냈고 의지의 절대적 자유가 헤겔의 논리적 기계론과 대립하여 동시에 기초와 왕관을 형성한 체계만을 표시하자. 그것은 마찬가지로 모든 것을 설명하는 원리가 의지인 쇼펜하우어의 체계, 실험 과학과 현상들의 기계적 관계를 유지하면서 그것들을 형이상학의 관점인 더욱 높은 관점에서 기능적으로 자발적인 근본 활동성의 현시로 환원하고 모든 진정한 존재를 무한한 정신과 사랑으로 해소하는 것을 결론 내린 로체 씨의 체계이다.

그러나 사유가 다시 한 번 어느 때보다 더 높은 곳으로부터 유물론의 이론을 지배하려는 경향을 보이는 일반 운동에서 데카르트와 빠스깔의 조국의 몫은 아마도 가장 작은 것은 아닐 것이다.

가장 이른 시기서부터 우리들의 아버지들은 불멸성을 깊이 믿었고 그것은 우리 속에 무한한 것과 신적인 것의 의식을 원리로 가지는 믿음이었다. 거기서부터 그것들의 어쩔 수 없는 가치가 나온다고 고대인들은 말했다. 사람들은 그것들에게, 필요하면 자신의 생명 자체를 주는 데서 성립하는 영혼의 위대함의 표시인 웅변이나 설득하는 재능을 용기와 함께 최상의 정도로 가진다는 찬사를 보냈다. 그리고 그들의 의견에 따르면 이기기에 아직 가장 확실한 것은 웅변에 의한 것이었다. 왜냐하면 그들은 탁월하게 그들 영웅을 대표하기 때문인데, 영웅은 그들 재능의 상징으로서, 입으로부터 나오는 금사슬로 묶인 여러 다른 사람들 사이에 둘러싸여 있는 한 사람의 모습으로 표현된다. 그것은 소리 없는 언어로 가장 큰 힘은 설득이라는 관념을 표현하는 것이었다. 그런데 자신을 사랑하게 할 줄 아는 자, 스스로를 주고 스스로를 희생하기에 충분히 위대한 자가 특히 설득할 줄 안다. "위대하라, 사랑이 너를 따르리라." 그러므로 기독교는 아무 데서도 우리 아버지들에게서보다 더 잘 그리고 더 빨리 받아들여지지 않았다. 기독교는 고대의 모든 지혜 중에 가장 좋은 것과 함께 사랑만이 유일하게 모든 것의 창조자이자 주인이라는 우리 조상들의 부단한 사유가 다시 발견되는 주장으로 요약되지 않는가? 그 동일한 사유로부터 영웅주의의 바닥인 그 사랑과 헌신의 사유로부터 중세에는 우리에게 기사도가 태어났다.

프랑스의 재능이 변하지 않았다면, 거기서 모든 것을 물질적 요소와 맹목적 기계론으로 환원시키는 체계를 쉽게 이기고, 다음을 가르치는 높은 이론이 승리하는 것을 보는 것보다 더 자연스러운 것은 없다. 물질은 존재의 최후의 정도이며 그림자와 같다는 것, 다른 모든 것은 불완전한 소묘에 불과한 진정한 존재는 영혼의 존재라는 것, 사실 존재한다는 것은 산다는 것이며 산다는 것은 사유하고 원하는 것이라는 것, 모든 것은 최후의 분석에서는 설득에 의해서만 이루어진다는 것, 선·아름다움은 유일하게 우주와 그 창조자를 설명한다는 것, 자연이 우리에게 그 한계만을 제공하는 무한과 절대는 정신적 자유에서 성립한다는 것, 자유는 이처럼 사물의 마지막 말이라는 것, 현상들이 지나가는 표면을 흔드는 무질서와 대립 아래에서 본질적인 영원한 진리(의 입장)에서(보면) 결국 모든 것이 은총, 사랑, 조화라는 것이다.

빠스깔의 철학

역자 해제

「빠스깔의 철학(La philosophie de Pascal)」은 『두 세계지(*Revue des deux mondes*, 3e prd. 57e a. t. 80, 1887. 3-4)』에 발표된 논문이다. 빠스깔의 철학을 논하면서 철학과 종교가 궁극적으로는 사랑을 추구한다는 점에서 동일하다는 것을 밝힌 글이다. 특히 빠스깔의 '심장' 개념을 해명한 부분이 백미이다. 학문의 분야마다 다른 방법을 채택한 빠스깔이 종교 문제에서 이성을 넘어선 방법을 채택했을 뿐, 끝에 가서는 철학과 종교가 결합한다는 것을 말하고 있다는 것이다. 그 내용을 요약하면 다음과 같다.

사람들은 빠스깔이 이성을 신앙의 제물로 삼음으로써 철학을 부정했다고 해석한다. 나는 빠스깔에서 철학의 원리를 이루는 생각들을 발견할 수 있음을 증명하려 한다. 또 기독교와 철학을 조화시키고 가장 높은 부분에서 결합시키고자 한다.

I. 철학은 모든 것을 포괄하려 한다. 모든 것의 밑바닥에서 제일 원인에 도달하려 한다. 모든 존재자의 존재 자체와 근거를 찾는다. 철학을 처음 시작한 자들은 물, 불, 공기와 같은 물리적 실체에 의해 모든 것을 설명하려 했다. 다른 이들은 감각보다 상위의 원리들이 필요하다고 생각했다. 피타고라스주의자들이나 플라톤주의자들은 최종적인 근거는 수나 단위들이라 생각한다. 그들은 물질성으

로부터 비물질성으로 이행했으나 그것은 생명이 없는 추상의 세계였다. 아리스토텔레스는 모든 것은 운동임을 보고 사물의 본질은 운동이 나오는 에너지이며, 그 에너지는 또한 모든 것이 열망하는 선善이라 보았다. 에너지를 높이 평가하던 아리스토텔레스는 의지의 자유도, 심지어 격정까지도 높이 평가할 줄 알았다.

피타고라스주의자들이나 플라톤주의자들은 감각의 지역으로부터 순수 지성이 빛나는 지역으로 상승했다고 믿었지만 아직도 타성적이고 수동적인 물질성을 띤 사물들에 머물렀다. 라이프니츠의 말처럼 수학의 원리와 유물론의 원리는 동일하며 관념론도 또한 그러하다. 헤겔의 관념론이 근거로 놓는 것은 순수 무와 순수 존재의 동일성이라는 것만 봐도 알 수 있다. 아리스토텔레스는 우선 존재의 의미를 확정함으로써 그런 오류를 바로잡는다. 존재는 그 자체로 홀로 있는 것이며 그것이 실체이다. 그리하여 실체와 그렇지 않은 존재들의 범주들이 정해지고 그 결과 수, 즉 양에서 존재의 설명을 찾는 것이 얼마나 잘못인지가 드러난다. 존재는 에너지, 작용, 영혼이며, 양은 타성적 물질과 혼동되기 때문이다. 이차적 범주 중에도 질은 존재와 가까우나 양은 멀다. 절대적인 존재는 행동이 최고인 한에서, 스스로를 인식하고 사유하는 하나이며 단순한 사고에서 성립한다.

중세 때에는 우선 실재론자들이 우세했는데, 그것은 그들이 실재에 애착을 가져서가 아니라 일반 개념을 실재로 세웠기 때문이다. 유명론은 나중에야 등장하는데 그것은 정신이라는 상위의 실체와 다시 교섭하려는 새로운 시대를 준비했다. 데카르트는 신체와 영혼,

물질과 정신을 분명하게 구별하면서 과거의 방황과는 다른 체계를 세운다고 주장했다. 지성과 의지를 능동성과 수동성의 관계가 있는 것으로 구별하고 능동성에 우월성을 부여한 것은 소요학파와 같은 의견이었다. 그런 착상 속에서 빠스깔의 철학이 잉태되었다.

Ⅱ. 라이프니츠는 수학적 원리와 유물론자들의 원리는 다르지 않으며, 형이상학적 원리가 유물론과 대립된다고 말했다. 여기서 형이상학적 원리란 영혼과 신, 즉 오성만의 대상의 본성에 관계된 것이다. 빠스깔은 수학적 대상과 미학적이며 윤리적인 본성의 사물을 대립시킨다. 그는 기하학으로부터 출발했다. 그리고 곧 물리학에 관심을 가졌다. 다음으로 궁정 생활은 사람들이 복종하는 비밀스런 충력을 알아차리는 법을 배우게 했다. 동시에 사랑이 그의 가슴을 차지했다. 그의 생의 마지막을 종교에 바쳤다. 그의 생의 네 단계는 죽어 있는 사물에서 조금씩 생명의 원천으로까지 상승해간 단계이다.

도형과 수는 이해하기는 쉽지만 그 측면을 돌리는 것만 어렵다. 그것들의 속성은 작은 수의 원리에 종속하기 때문에 명백한 방식으로 연결되어 있고 중단 없는 연역에 의해 하나에서 다른 것으로 진행하기만 하면 알 수 있다. 물리학에서는 이미 실재가 문제된다. 거기서 현상들은 많은 수의 어려운 원리들에 종속된다. 그것들을 하나하나 구별해 내고 각각의 몫을 정확히 분배해야 한다. 더 이상 경직된 연역이 아니라 섬세한 정신이 필요하다. 사회에서처럼 정신적 성질이 문제일 때 그런 정신이 더욱 필요하다. 사업이나 여흥, 사교계의 대화의 다양성에는 불변적 확실성이 아니라 개연성에 의해 계산되는 확률에 종속된다. 그리고 사랑에서는 더욱 섬세함과 미묘함의 정신이 필요하다. 사랑의 대상은 다른 어떤 것보다 더 우월한 것, 즉 아름다움이다. 정신적 세계에서는 사물들이 분리되어 있는 것이 아니라 매우 가까이 유지되고 있거나 상호 침투되어 있고 각 세부는 전체에 젖어 있다면, 일치와 적합함에 의해 모든 것이 가치를 갖는 것은 예술작품에서이다. 빠스깔에 따르면 기하학적 정신과 섬세한 정신이 있다. 전자는 느리고 굳세며 굴하지 않는 시각을 가지고, 후자는 사랑하는 것의 다양한 사랑스런 부분들에 동시에 적용되는 사유의 유연성을 가진다. 전자와 후자를 모두 가지면 사랑은 얼마나 즐거울 것인가! 정신의 힘과 유연성을 동시에 가지기 때문이다. 빠스깔이 아름다움의 영혼인 우아함을 생각했다면 그것은 무엇일까? 우아함은 유연함과 나긋나긋함이며, 그렇다면 노력 없이도 모든 방향으로 물결칠 수 있는 사물들의 용틀임이 그리는 주름과 굴곡을 연출하는 무한한 용이함을 주목했을지도 모른다. 섬세한 정신은 사물을 한눈에 본다. 그것은 기하학적 정신의 연역적 진행과 대립된다. 그러나 그것은 너무도 완벽하기 때문에 기하학자도 거기에 접근하도록 모색해야 한다. 측정의 문제를 질서나 배열의 문제로 돌리는 것은 양의 관점에서 질의 관점으로 이행하는 것이며, 연역이 통하는 하급의 종류로부터 직관이 통하는 상급의 종류로 이행하는 것이다. 데카르트에 따르면 그것이야말로 예술의 비밀이다. 섬세한 정신에 속한, 한눈에 보는 능력은 그와 동일한 사고이다. 아름다움은 양으로 환원되지 않는다. 그것은 레오나르도 다 빈치의 "아름다움을 만드는 것은 비율이 아니라 비율의 질이다."와 같은 말이다. 거기에 '회화의 목적은 영혼의 표현'이라는 말을 접근시켜야 한다. 그와 같은 것이 빠스깔의 사유이다.

빠스깔은 섬세한 정신을 자주 느낌이라 부른다. 그것은 정신의 가장 진정한 행동이며, 판단에 종속한다. 그의 판단은 섬세한 정신의 직접적 평가의 능력이다. 예술이 모방하는 것을 목적으로 하는 자연은 우월한 자연이자 원시적인 본래의 자연이다. 예술은 철학과 같이 그런 자연의 회복을 목적으로 한다. 자연은 은총의 자태이며, 은총 자체는 영광의 자태이다. 따라서 예술은 모방이지만 초자연적인 원형의 모방이다. 도덕도 마찬가지이다. 진정한 도덕은 추상적 원칙의 연역이 아니라 최고로 실재적이고 최고로 원형에 따라가는 것이며 원형은 신이다. 원형의 본성은 어떠한 것인가? 그것은 그가 "심장"이라 부른 것이다. 우리는 이성에 의해서뿐만 아니라 심장에 의해서도 진리를 안다. 심장에 의해 우리는 제일 원리를 알며 추론이 그것을 논박해 봐야 소용없다. 이성은 심장에 의존해야 하고 이성이 동의할 수 있기 위해 심장에 증명을 요구해 봐야 웃기는 일이다. 심장은 공간에 삼차원이 있고 수가 무한하다는 것을 느낀다. 빠스깔은 회의론자가 아니라 모든 것이 종속되는 제일 원리는 심장, 즉 의지에 의해 인식된다는 철학자이다. 데카르트는 의지와 지성이라는 인간 정신의 두 부분 중 의지를 능동적이라 하고 진리의 제일 원천은 신의 의지 속에 있다고 했다. 그것은 의지의 지성에 대한 우월성을 인정한 것이었으며 둔스 스코투스도 같은 생각이었다. 심장은 자신의 대상과 질서를 가진다. 예수와 성 바울은 마음을 데우려 했지 가르치려던 것이 아니다. 결국 심장이 모든 것을 관계시키도록 가르치는 중심, 섬세한 정신, 느낌, 판단에 속하는 모든 것이 향해 가는 극단은 우리가 운명적으로 모이는 높은 의지이다. 우리는 크기에서나 작기에서나 두 무한 사이의 중간에 있다. 무에 비해서는 전체이며 무한에 비해서는 무인 중간적 존재이다. 그러나 의지는 무한을 두려워하지 않는다. 열정의 지나침과 모자람을 생각하면 덕은 중간이다. 그러나 그 자체로는 완전함이기 때문에 극단이다. 그러나 원칙을 가진 도덕이 있기 때문에 적합한 관점에 자리 잡으면 그들 원리의 단일성을 재발견하게 된다.

III. 인간이 사는 중간 지역에 불편함을 느낀다는 것은 그가 더 상위의 지역에 속하며 거기에 대한 기억과 후회를 보존했기 때문이다. 그는 자신의 비참함에 대한 느낌 자체 때문에 위대하다. 그의 비참함은 찬탈된 왕의 비참함이다. 인간 속의 비참함과 위대함에 두 이론이 대응한다. 에픽테투스는 인간의 위대함만을 보았으며 그를 신으로 만들었고, 몽테뉴는 인간의 비열함만을 보았으며 그를 짐승으로 만들었다. 그 두 사유 속에 전체 철학사가 요약된다. 오직 기독교만이 인간의 그런 이중적 본성을 알았으며 거기에 대해 설명한다. 죄스러운 오만의 결과 본래의 완전한 상태에서 탐욕이라는 열정에 불붙은 자연의 권역으로 떨어진다. 거기에서 비열함이 나왔으며 그 속에는 위대함의 잔해들이 남아 있다. 근본적인 죄악은 나이다. 나는 자신에게 목적이 되며 그래서 신으로 세워진다. 공동선이 보편적이었던 고대에는 모범이었던 사람들에게 헌신은 지배적 덕목이었다. 데카르트는 최고의 덕은 관대함이라 했다. 그것은 우정과 유사하며 남을 나보다 더 걱정하는 것이다. 전체가 희생에 기반을 둔 기독교는 같은 교리를 가르쳤다. 빠스깔은 자아를 감추는 것으로 충분치 않고 제거해야 한다고 한다. 가장 방대한 천재였던 빠스깔보다 누가 스스로를 신격화하는 유혹을 더 잘 알았으며, 그보다 더 그 위험을 잘 측정할 수 있었겠는가? 우리는 자아를 신과 대등하게 놓는데, 미워해야 할 것은 오직 우리 자신이며 사랑해야 할 것은 오직 신이라고 빠스깔은 복음의 이름으로 말한다. 인간의 영혼은, 보이지 않는 것이 드러나는 눈에 보이는 신과 같다. 그것은 희랍 고대에서부터 이해된 것이다. 또 복음은 빠스깔처럼 맹렬한 고독을 처방하지는 않았다. 예수는 사막의 선구자들과 비교하면서 자신을 먹고 마시는 자라고 말한다. 즉 자기는 인간들의 식탁에 자리 잡는 것을 경멸하지 않는다는 것이다. 또 빠스깔은 "나는 가난을 사랑한다. 예수 그리스도가 그것을 사랑했기 때문에."라고 말하지만 예수 그리스도는 "가난한 자는 행복하다."고 하지 않고 "마음이 가난한 자는 행복하다."고 말했다. 그것은 부를 더 나은 무언가를 위해 경시하는 것이다. 그 원리로부터 떨어졌기 때문에 타락한 인류를 다시 일으켜 세우기 위해서는 원리 자체가 인류로 내려와야 한다. 그래서 스스로가 매개자가 되어 인류를 완벽의 극단으로 데려가야 한다. 그것이 육화나 대속이다. 빠스깔은 자비나 대속은 이해할 수 없고 어떻게 영혼이 육체 속으로 떨어졌는지도 이해할 수 없다고 한다. 인간은 정신도 육체도 어떻게 정신과 육체가 결합했는지도 이해할 수 없다. 그것이 그의 존재이다. 빠스깔은 그것을 탐구하지 않으며, 그것은 사실이고 모든 신비가 녹아들어가는 마지막 신비이다. 사물의 목적과 원리는 비밀 속에 철두철미하게 숨겨져 있다. 그 신비는 모든 것을 설명하지만 그 자신은 전혀 설명하지 않는다. 거부할 수 없는 권위가 그것을 보증하는 것으로 충분하다. 그 권위란 신이 말하는 심장의 권위이다. 종교의 진정한 가르침은 영감이다. 영감만이 참되고 구제받는 효과를 낼 수 있다. 본질적인 것은 굴욕에 의해 영감을 받아들일 준비가 되었다는 것이다. 겸허와 영감은 기독교 전체이다. 고대는 신과의 소통을 바랐다. 그것은 철학의 최고 목적이기도 했다. 십자가의 예수만 빼면 거기에는 거의 모든 것이 들어 있다. 이기심에 대항한 감정에 영웅들의 자비심이 대응한다. 거기서 신 자신의 의도적인 헌신이라는 사고방식이 나온다.

사람들은 빠스깔을 우울증을 앓아서 모든 것을 유감스러운 눈으로 보는 사람으로 생각했다. 그러나 그는 기독교도는 항상 행복하다고 말했다. 빠스깔은 죽음(자기의 헌신)을 혐오하지 않았을 뿐만 아니라 최고의 선을 향한 길처럼 미리 즐겼다.

빠스깔은 철학이 한 시간의 노력을 기울일 가치도 없다고 비웃었지만 철학을 비웃는 것도 철학하는 것이라고 말했다. 그는 지성의 경멸자가 아니라 아무도 그만큼 잘 지성의 본성을 알지 못했으며 그 힘을 높이 평가하지 않았다. 그는 완전한 이성과 거의 구별되지 않았으며, 떨어질 수 없는 의지에 최고의 실재에 도달하는 역할이 주어졌다고 믿었다. 그 보금자리를 심장이라고 믿었으며 제일 원리를 사랑에서 찾았다. 그는 학문과 또 그와 전혀 다르지 않은 종교는 영혼의 가장 밑바닥에서 신성과 직접 소통하면서 금생에서부터 신적인 축복에 참여하게 한다고 믿었다. 그가 항상 몸에 지니고 다녔던 신적인 불의 송가는 열정적 신앙과 부드러움과 행복의 송가였다.

빠스깔의 철학

사람들은 빠스깔의 『팡세』, 즉 그가 초안 상태로 남겨둔 기독교의 호교론에서 떼어 낸 몇몇 구절로 그가 이성을 신앙의 희생 제물로 삼으면서 철학이 가능함을 부정했다는 것을 증명하려고 시도했다. 내가 (여기서) 증명하겠다고 제안하는 것은 다른 사람들이 성공적으로 한 것으로 보이는 바 빠스깔이 회의주의자가 아니었다는 것이 아니라, 『팡세』에는 그 범위와 세부에서 데카르트나 스피노자, 말브랑슈, 라이프니츠의 작품과 비견할 만한 체계는 아니지만 적어도 진정한 철학의 원리를 이루는 생각들을 발견할 수 있다는 것이다. 나는 마찬가지로 그 생각들이 빠스깔의 믿음과 완벽하게 일치하며, 기독교와 철학을 조화시키고 심지어 그것들의 가장 고양된 부분들에서 그것들을 내밀하게 결합시키는 것보다 더 적합한 일은 없기 때문에 거기에 놀랄 이유가 없다는 것을 보여주려 한다.

빠스깔이 자리 잡았던 관점을 이해시키기 위해서는 역사적 입문을 위한 몇 마디가 필요할 것으로 보인다.

I.

철학은 항상 모든 것에 침투하고 모든 것을 포괄하려고 희망해 왔다. 다양한 개별 과학처럼 이런저런 현상들의 세부에 만족하는 대신에 철학은 모든 것에 대해 밑바닥으로 가서 제일 원인에까지 도달하기를 원할 것이다. 이런저런 존재방식이 줄 수 있는 설명에 만족하지 않고 모든 존재자들에 대해 그들의 존재 자체인 것과 그것에 근거를 주는 것을 찾는다.

철학을 정초한 사람들은 연달아 모든 형태를 취하는 물, 공기, 불 같은 어떤 물리적 실체에 의해 모든 것을 설명한다고 믿었다. 다른 이들이 와서 학문을 정초하기 위해서는 감각과 심지어 상상의 권역보다 상위의, 그리고 오직 지성만이 아는 원리들이 필요하다고 생각했다. 게다가 그때 갓 태어난 수학적인 것 ─ 데카르트가 말했듯 거기서 오성은 아직 감각을 포함하고 있는 상상과 섞여 있었다 ─ 이 자연에 대해 설명하는 모든 것에 충격을 받고 피타고라스주의자들과 플라톤주의자들은 사물의 최종적인 근거는 수와 그것이 환원되는 단위에서 발견된다고 믿었다. 수나 이데아는 유사한 본성이고 동일한 원리로 환원될 수 있으며 그 속에서 오성은 아직도 상상의 도움과 함께 대상들을 조이고 질서 짓는다.

피타고라스주의자들과 플라톤주의자들은 이처럼 그들의 선배들 (사실을 말하자면 그들도 거기에 질서와 결합의 원리를 섞지 않았던 것은 아니다)이 적어도 외관상 만족했던 물질성으로부터 비물질적 세계로 이행했다. 그러나 그 세계는 모두 빈 윤곽으로 이루어지고 실체적인 것이나 생명적인 것이 없는 추상의 세계였다. 어떻게 거기서 피타고라스주의자들이 그럼에도 상상했던 신, 그들에 따르면 그 호흡이 도처에 스며들어 보편적 존재를 유지하는 신과 같은 무엇을 발견할 것인가?

희랍인들은 항상 그들보다 덜 세련된 정신을 가진 이방인들이 원리들에 대해 더 깊은 식견을 가졌다고 믿은 것으로 보인다. 그들이 학문과 현명함의 원천으로 삼았던 것은 신에 영감을 받은 사제인 트라케 지방의 한 산사나이[1]이었다. 플라톤의 한 제자[2]는 출생지가 우화 상 오르페우스가 거주하던 지역과 별로 떨어지지 않았으며 마케도니아의 미래의 왕을 교육시켜야 했는데, 그의 교우들보다는 덜 희랍적 미묘함에 만족하는 성격이어서 수학적인 것보다는 자연과 인간을 연구하면서 거기서 모든 것은 운동임을 보고 사물의 본질은 운동이 따라 나오는 에너지이며 그것은 또한 모든 것이 열망하는 선 善이라고 보게 되었다. 우주의 정상에는 그 목적과 원리를 오직 자신 속에 가지고 있는 절대 에너지, 즉 순수 지성이 자기 자신에 대한 강력한 직관 속에서 (우주를) 영원히 감시하고 있는데, 그러한 것이 최고의 원인 즉 신이었고, 세계는 그에게 매달려 있어서 끊임없이 그 완전함에 접근하기를 열망한다. 그 밑에는 자연의 모든 단계에서

---

1   오르페우스.
2   물론 아리스토텔레스를 말한다.

의 상대적이고 불완전한 에너지들이 작용 없는 단순한 가능성 또는 그것이 취하는 형상과 대립하여 사람들이 질료라 부르는 것이 해체되어 들어가는 타성적인 잠재태의 상태에까지 점차적으로 감소되어 간다.

우주에서 에너지를 그런 정도로 평가하는 아리스토텔레스는 인간에게서 수와 이데아의 지지자들이 별로 쳐주지 않았던 의지의 자유도 또한 높이 평가할 줄 알았다. 수와 이데아의 지지자들이 유일하게 완전함과 행복을 자리 잡게 했던 영혼의 고요함에 대립되지 않는 것이라고는 아무것도 보이지 않았던 격정에서까지도 그는 그 기저에 활동성이 있으며 그것을 통해 격정은 덕에 그 실체를 제공한다는 것을 알아차릴 줄 알았다.

따라서 피타고라스주의자들과 플라톤주의자들은 그들의 선배들이 거의 전적으로 갇혀 있던 자연의 지평 넘어서 원리를 찾은 것에서는 옳았다면, 그들이 열었던 길의 도중에 머물렀던 것에서는 잘못이었다. 그들은 제일 원인에 도달했다고 믿었지만 아직도 타성적이고 수동적인 물질성을 띠고 있는 이차적 질서의 사물들에 그쳤다. 그들은 감각의 지역으로부터 순수 지성이 빛나는 지역으로 상승했다고 믿었지만 감성과 상상의 소여들에 대해 추론이 작업하는 중간 영역에 머물렀다. 라이프니츠는 말했다. 수학의 원리와 유물론의 원리는 동일하다고. 그것들은 동일하며, 사물의 근거를 오성이 아직 상상의 도움으로 작업하는 일반 개념에서 찾는 관념론의 원리도 아마 그럴 것이다. 왜냐하면 그 개념들은 그만큼의 개체인 실재성을 추상한 것이어서 더 일반적일수록 실재 존재로부터는 더 멀어지기 때문이다. 그렇게 하여, 16세기의 위대한 아리스토텔레스주의자인 케살피니의 말에 따르면 일반화의 연속적 정도에 따라 사람들은 점점 더 존재 속으로 나아가는 것으로 상상하지만 (사실은) 점점 더 무로 향할 뿐이라는 것이다. 사람들은 이처럼 유물론으로부터 멀어진다고 믿으면서 엄밀하게 분석하면 유물론이 환원되는 허무주의에 가까워진다.

이처럼 스스로 향했던 목적임에도 불구하고 거기에 등을 돌리게 하고 올라가기를 원하는데 내려가게 하는 이 착각은 어디에서 오는가? 그것은 오성이 자신의 관념들을 형성하면서 자연을 모방하는 거짓되고 인위적인 단일성을, 실재들을 존재케 하는 행동(action)이 실재들에 주는 실재적이고 자연적인 단일성과 동일시하는 데서 온다.[3] 그런 인위적인 단일성은 스콜라에서 보편자라는 명명 하에 통합시킨 유와 종의 단일성이다. 따라서 오성은 데카르트의 설명처럼 자신이 합성한 것을 단순한 것으로 간주하면서 또한 자신의 창조물, 즉 자신이 사물로부터 추상한 것의 기호들을 사물로 만든다. 실재성이 감소되는 비율만큼 자신이 거기에 자신의 것을 놓았으며, 그 결과 자신의 가장 완벽한 일반화 밑에는 가장 완벽한 공허가 숨겨져 있게 된다는 것을 알아차리지 못하면서.

가령 헤겔적 관념론이 구성한 대로의 논리적 세계는 실재 세계에 대한 전도된 이미지를 제공한다고 말할 수 있을 것이다. 게다가 그

---

3   즉, 인위적인 개념의 단일성을 실제로 존재하는 단일성이라 착각한 데서
      온다.

것은 헤겔 자신이 의식하고 있었던 것이다. 왜냐하면 그가 자신의 체계를 세우기 위한 근거로 가진 것은 더 이상 아무것도 필요 없이 순수 무와 순수 존재의 동일성이기 때문이다.

아리스토텔레스가 와서 형이상학을 정초하면서 바로 잡은 오류의 첫 번째 원인은 따라서 파생적이고 부적절한 의미로밖에는 존재하지 않는 것을 진정으로 존재하는 것으로 간주하면서 그때까지는 사람들이 존재—이것을 설명하는 것이 문제이다—에 대해 막연한 관념밖에는 가지지 못했다는 점이다. 오직 그것(존재)만이 진정으로 그 자체로서 홀로 있는 것이다. 그것은 실체라 불리는 것이다. 실체에 대해 우연적인 것들, 언어에서는 형용사들이 표현하는 속성들은 실체 속에만 존재하며 관념이나 말 속이 아니라면 실체의 밖에서는 존재하지 않는다. 따라서 제일 원리의 탐구에서 해야 할 첫 번째 일은 존재의 종류들 또는 범주들을 구별하는 것이다. 그 작업의 첫 번째 결과는 중심적 범주, 즉 실체, 즉 고유한 의미에서의 존재들과 단순한 속성이나 우연들을 포함하는 이차적 범주들을 나누는 것이다. 그런 나눔은 곧바로 수들이 대표하는 양에서 존재의 설명을 찾은 자들의 잘못이 얼마나 컸던가를 보게 한다.

그런 잘못을 일으킨 것 또한 사유의 착각이다. 그런 착각은 사유에 자연스러운 것이며, 감각과 매우 가깝고 양이 나온 상상의 경합 아래 우리가 처해 있는 조건에서 사유가 경험하는 필요로부터 결과한 것이다. 금세기 초 한 프랑스 철학자의 중요한 지적에 따르면, 우리가 하나의 성질에 대해 인식의 대상이 될 수 있는 분명하고 정확한 개념을 형성할 수 있는 것은 그것을 연장과 수로 번역할 수 있는 만큼 만이다. 액체가 지나간 공간이 공기의 무게와 열을 측정하는 데 사용되는 압력계와 온도계가 그 예를 제공한다. 거기서부터 유물론이 그렇게 하는 것처럼 사물에 대응하고 그것을 평가하는 데 쓰이는 동력, 불가분적인 힘, 즉 양을 사물 자체로 간주하는 강한 성향이 나온다. 그것은 사물 자체를 사물의 기하학적 기계적 조건으로, 즉 그것의 상상적 부분으로 환원하는 유물론의 설명이다.

지나가는 김에 말하자면 칸트가 형이상학을 불가능한 것으로 보았고 존재를 인식이 아니라 단지 믿음의 대상으로 간주했던 것은 흄과 로크 이후 그가 상상의 영역 밖에서는 정신은 아무것도 파악할 수 없다고 믿었기 때문이며, 그가 형이상학이 보고 있는 실체를 현상들 아래에 보이지 않고 접근할 수 없으나 유사한 본성을 가진 감각적 현상들의 기체(그것이 그가 "물 자체"라 부르는 것이다)로서 생각했기 때문이다. 그러나 데카르트는 칸트가 주장하듯이 그리고 그와 함께 스코틀랜드학파와 그것을 따르던 사람들이 인정하듯이 영혼이 스스로에 대해 단지 그 양상에만 도달하는 것이 아니라 그 근저에 도달하는 의식, 칸트가 그의 선배들과 함께 무시한 지적 직관을 구성하는 의식을 가진다는 것을 보여주었다. 그러나 그 흔들리지 않는 기초 위에 감각과 상상의 이론의 공격에 대항하여 순수 지성의 이론을 공고히 하기 위해서는 아리스토텔레스가 놓은 원리를 더욱 천착하면서 실체와 에너지는 동일한 것이며 작용 속에서 스스로에 대해 반성하는 정신에게 존재 자체가 스스로를 보게 한다는 것을 완전히 이해하기에 이르러야 했다.

그것은 어찌 됐건, 피타고라스주의와 플라톤주의가 했거나 하려는 경향이 있었던 것처럼, 순수 직관의 완전히 지적인 대상인 존재와 우리가 그것을 상상하기 위해 영원히 노력하는 수단인 양을 혼동할 수는 결코 없으며, 반대로 그것들을 완전히 구별해야 한다. 존재는 에너지, 작용, 즉 영혼이며, 양은 플라톤 자신과 데카르트, 라이프니츠, 그리고 많은 다른 이들이 본 것처럼 몸을 구성하는 타성적 물질과 혼동된다.[4]

중심 범주 아래에 이차적 범주들은 동일한 수준으로 정렬되어서는 안 된다. 아리스토텔레스와 스토아철학자들, 그리고 또한 그들 이후 존재의 유들의 분류에 많은 관심을 기울였던 신플라톤주의자들이 보여준 것처럼 존재와 그 질이 표현하는 본성은 거의 같은 것이다. 존재는 그 특별한 성질에 의해 인식 가능한 것이 되는 에너지이기 때문이다. 반대로 양은 보통의 정의에 따르면 더함과 덜함이 있을 수 있는 것으로서 라이프니츠의 지적처럼 실재에 근거를 가진 것이라 할지라도 사실 오성이 도입하는 비교와 그것을 요약하는 기호 속에서만 실재성을 가지는 단순한 관계와 친척처럼 가깝다. 이처럼 질은 존재와 매우 가깝지만 양은 멀다. 그것을 확립하는 것은 철학의 제일의 결정적인 수행단계이다.

마찬가지로 중요한 두 번째 단계는 범주 이론의 정초자[5]에 따르면 중심 범주에서도 또한 원초적인 것과 이차적인 것을 구별하는 것

---

4 이상 양과 질, 물질과 정신, 공간과 지속을 엄밀히 구별하는 베르크손의 철학을 예상케 한다. 베르크손의 선생으로서의 라베쏭의 면모가 여실히 드러난다.

5 아리스토텔레스.

이다. 왜냐하면 그는 거기서 내가 방금 지적한 것처럼 말하자면 최고의 존재를 발견하기 때문이다. 그것은 그 존재가 모두 행동인 방식으로 행동하는 존재, 즉 지성(intelligence)이다. 다음으로 행동하게 준비된 것일 뿐인 것, 세 번째로 아직 그런 능력을 가진 것일 뿐인 것이 온다. 거기에 라이프니츠와 함께 우리는 세 번째의 것에서는 더 이상 실재적인 아무것도 가지고 있지 않다는 것을 덧붙여야 할 것이다. 왜냐하면 어떠한 노력이나 활동의 시작도 없는 벌거벗은 가능성은 실재적인 아무것도 아니기 때문이다. 그것은 **퇴락**에서 **퇴락**으로 활동성의 감소가 향하는 상상적 종착점인 제일 질료에 대해 우리가 가지는 관념이다. 따라서 범주 중 가장 중심적인 것을 채우는 존재는 어떤 방식으로는 그 하급의 부분에서 타성적이며 수동적인 물질성 속으로 빠지며, 그리고 동시에 그것과 실재적으로 떨어질 수 없는 성질을 그리로 빠뜨려 넣는다.

그러한 것이 아리스토텔레스의 형이상학의 근거를 이루는 이론이며, 존재하는 모든 것이 달려 있는 최고의 실재인 완전한 또는 절대적인 존재는 행동의 최대한에서, 즉 스스로를 인식하고 소유하는 하나이며 단순한 사유에서, 성립한다는 이론이다.

중세에서는 자연과 사회에서 멀리 떨어진 수도원과 거기에 부속된 학교의 고독 속에서 별로 사용되지 않았던 기하학과 산수가 아니라면 적어도 논리적 추상에 매혹되었음에 틀림없다. 오랫동안 거기서는 실재론자라 불렸던 사람들의 의견이 지배적이었음을 볼 수 있었다. 그들이 진정한 실재에 애착을 가져서가 아니라, 반대로 베이컨이 말하는 거미줄이 짜이는 일반 개념들을 실재로 세웠기 때문이다. 그것들을 요약하는 기호들 속에서만 일관성을 갖는 추상들을 이처럼 실재화 하는 것은 라이프니츠의 말로는 용어들의 지푸라기를 사물의 알곡으로 간주하는 것이었다.

유명론은 더 나중에 도래했다. 유명론, 그것은 보편자의 실재성은 오성이 그것을 통합하는 단어들로 환원된다는 것을 가르치는, 라이프니츠의 생각대로라면 가장 심오한 학파였다. 이처럼 진실의 적도를 넘어서면서 유명론은 그러나 고대의 전통을 다시 취하면서 정신이라는 상위의 실체와 자연과의 교섭에 다시 들어가려 하는 새로운 시대를 준비했다. 그 시대에는 그리고 적어도 물리적 세계를 부분적으로나마 설명하는 데 사용되는 수학이 새로운 충력을 얻었다는 사실 자체에 의해, 철학은 사물에 대한 완전한 근거를 주기 위해 자신의 공식과 논리의 공식에 결여된 것을 그만큼 잘 이해하고 거기에 충분한 실재들을 형이상학에 의해 다시 탐구하기 시작한다.

데카르트는 중세에서 막연한 일반성 아래에 혼동되었던 대립적 요소들을 분간해 내고, 신체와 영혼, 물질과 정신을 더 분명하게 구별하면서 과거의 불확실한 방황과는 완전히 분리된다고 주장한 체계를 정초하기 위해 왔다. 그러나 데카르트가 한 것처럼 정신의 단일성에서 지성과 의지를 수동성과 능동성의 관계에 있는 것처럼 구별하고 그리하여 정신적 본성의 탁월하게 능동적인 요소에 우월성을 부여하는 것은 진정한 소유학파의 철학을 이어가기를 원한 철학이 아니라면 아직 그것과 의견을 같이 하는 것이었다.

그런 착상 속에 『팡세』의 저자의 모든 철학이 잉태되어 있다.

Ⅱ.

"나는 철학의 수학적 원리들이 유물론자들의 원리와 대립된다고 말하는 데 이유가 있다고 생각하지 않는다. 반대로 그것들은 동일하다."고 클락(Clark)에 대한 답변에서 쓴 다음 라이프니츠는 "수학적 원리들이 아니라 형이상학적 원리들을 유물론자들의 원리에 대립시켜야 한다."고 덧붙였다. 그리고 형이상학적 원리로 그가 의미하는 바는 영혼과 신, 즉 수학적 사물들처럼 상상이 아니라 오직 오성만의 대상의 본성에 관계된 원리이다.

라이프니츠 이전에 데카르트가 상상적인 사물과 가지적인 것들을 서로 대립시켰다. 오직 후자만을 형이상학의 대상으로 만듦으로써.

빠스깔은 수학적 대상에 전혀 다른 대상들을 대립시킨다. 그것을 그는 공통적 명칭으로 통합시키지 않고 열거하고 묘사하는 데 그쳤으나 만약 이것이 그 시대의 언어였다면 미학적이며 윤리적인 본성의 사물들이라고 부를 수도 있었을 것임을 알아차리기는 쉬운 일이다. 그리고 동시에 그는 그 두 종류의 사물들이 하나하나 나올 정신의 능력들을 정확한 특성들에 의해 성격 짓는다. 왜냐하면 물질과 정신의 대비에 상응하는 대비를 가진 사물과 능력의 두 질서 사이의 차이에 대해 어떤 다른 사람도 그보다 더 분명하게 의식하지 않았기 때문이다. 어떤 다른 사람도 두 질서의 특별한 본성에 대해 그처럼 정확하고 그처럼 강한 느낌을 가지지 않았으며 그 결과들도 그처럼 잘 알지 못했다.

능란한 기하학자의 아들이자 어린 시절 같은 종류의 학자들로 둘러싸였던 빠스깔은 기하학으로부터 출발했다. 물리학이 곧바로 그의 관심을 끌었고 그처럼 추상에서 실재로 옮겨가기 시작했다. 그러나 그때까지 그는 사물을 탐구했으나 아직까지 정신이라는 상위의 실재들은 아니었다. 대처의 몇몇 인물들과 갖게 된 관계는 그를 궁정 생활에 입문시켰다. 그것은 그가 그렇게 부른 것처럼 너무도 요란한 생활, 태풍의 생활이었으며 거기서 그는 사람들이 겪는 모든 운동 중에서 그들이 복종하는 비밀스런 충력을 알아차리는 법을 배웠다. 높은 교양의 여성들과의 교류는 그의 드문 지성을 세련시키는 데 많은 기여를 했음이 틀림없고 그때 그에게 걸맞은 사랑이 그의 가슴을 독차지했다. 그것은 꾸쟁 씨에 의해 재발견된 『사랑의 열정론(Discours sur les passion de l'amour)』이 증언하는 바이다. 종국에 그의 짧은 생애의 마지막 몇 년은 종교에 바쳐졌으며, 『프로뱅시알』에서 종교를 사교생활에 적합하도록 하는 목적을 가진 해석으로부터 벗어나게 하는 데 가장 완성된 예술과 가장 뜨거운 언변의 원천을 사용한 후, 그는 완전히 신에게 몰두하면서 무한과 절대와 홀로 독대하여 은둔과 속죄 속에서 생을 마친다. 그의 생애의 그 네 국면들에 그의 사유가 죽어 있는 사물들에서 조금씩 제일 원리, 즉 생명 자체인 모든 생명의 원천으로까지 상승해간 네 단계가 대응한다.

빠스깔이 말하기를 매우 다른 두 종류의 사물이 있다는 것이다. 첫 번째 것은 도형과 수로서 매우 단순한 대상들이나 일상적 용도의 밖에 존재하는 것이어서 이해하기는 쉽지만 "생각하기 위해 그 측면을 돌리는"것만이 어렵다. 그가 덧붙이기를 그것들의 속성은 작은 수의 원리에 종속하기 때문에 서로 명백한 방식으로 연결되어 있고 그것을 알기 위해서는 중단 없는 연역에 의해 하나에서 다른 것으로 진행하기만 하면 된다. 그것은 급하게 극단과 관계 맺고 단번에 그 관계들을 파악하기를 즐기는 생생한 정신에게는 어려운 것이다. 여기서 빠스깔은 데카르트처럼 수학적 사물들에서 상상과 섞이고 통합된 오성의 대상을 본다는 것을 덧붙이자. 그런 이론은, 연장성과 수의 속성들은 논리적이고 합리적인 본성의 판단에 의해서가 아니라, 감각적 경험에 선행하며 그것에 법칙을 부과하지만 여전히 사유보다는 감각에 더 근접한 내적인 상상력의 작용에 의해 알려진다는 칸트의 이론과 많이 다르다. 게다가 오직 모든 진정한 인식만이 그런 종류의 판단으로 구성된다는 것이 그의 견해이다. 그런 것은 데카르트의 보는 방식이 아니었다. 그에 따르면 모든 학문은 오성으로부터 파생되며, 그에게는 가능한 한 많이 상상의 조건으로부터 벗어나고 가능한 만큼 이성을 사용하는 것이 수학적인 것의 완성이다. 그리고 그것이 그가 『기하학』에서 연장을 수로, 기하학을 대수학으로 변형시킬 때 하려고 했던 것이다. 그것은 그에 따르면 기하학에서 연장의 속성들을 탐구하면서 오성은 상상의 대상에 더 높은 원천으로부터 파생된 원리들을 적용시킨 것에 불과하기 때문이다. 그것은 또한 빠스깔과 나중에 라이프니츠의 생각이었다.

물리학에서 이미 실재가 문제된다. 거기서 현상들은 많은 수의 다른 원리들과 파악하기 어려운 원리들에 종속된다. 그것들을 하나하나 구별해 내고 결론들 속에서 각각의 몫을 정확하게 분배해야 한다. 여기서는 더 이상 대충이나 거칠다고 부를 수 있을 원리들이나 경직된 연역들에 대한 것이 아니라고 빠스깔은 말한다. 기하학적 정신 대신에 섬세한 정신이 필요하다.

물리학에서처럼 감각적 성질이 아니라 사회적 세계에서처럼 정신적 성질이 문제일 때, 즉 거친 물질성에서 더 벗어난 실재들이 문제일 때, 그런 성질들은 정신의 성질과 다른 것이 아니기 때문에 더 강한 이유로 그런 종류의 정신이 필요하다. 그것은 빠스깔이 기사 메레(Méré)나 그의 친구 미똥(Miton)처럼 세련된 교양을 갖춘 사람들과의 교류에서 뚫고 들어가기를 배운 것이었다. 그들은 빠스깔이 아직 수학과 물리학에 침잠해 있을 때 그를 사업과 여흥, 사교계의 대화의 요동치는 다양성에, 그리고 모든 것이 더 이상 불변적인 확실성이 아니라 개연성을 통해 계산되는 확률에 종속되며 메레가 빠스깔로 하여금 탐구하고 발견하게 한 그 규칙을 여전히 가지고 하기에는 구별해 내고 예견하기가 더 어려운 놀이에까지 입문시켰다.

적어도 공감의 외양이라도 필요한 세상에서는 다른 사람들 앞에서 자신의 고유한 개인성은 지우는 것이 적합하다. 그것은 특히 미똥이 완벽했던 것이다. 그것은 귀족성 자체였거나 그것이었음에 틀림없는 그 오랜 무사무욕의 전통이 항상 감정과 행동에서가 아니라면 예법 속에 남아 있던 궁정에서 탁월했던 것이다. 사교계와 더 큰 사교계의 생활은 이처럼 사랑의 준비 같은 것이었다. 사랑에서, 적어도 이 사랑에서 빠스깔의 눈에 진실한 것은 그의 표현에 따르면 "생각의 애착"인데, 그것이 필요로 하는 것은 다른 어디에서보다 더 섬세함과 미묘함의 정신이다. 그리고 빠스깔은 그 정신에 또한, 사랑에 관한 유연함을 부여하게 되었다. 왜냐하면 사랑의 대상은 모든 다른 대상들보다 분명 더 우월한 것, 빠스깔과 동시대의 위대한 화가가 말한 대로 육체에서 보이기는 하지만 여전히 비물질적 본질인 것, 즉 아름다움이기 때문이다. "영혼의 윤곽은 육체의 그것보다 더 아름답다."고 이미 키케로가 말했다. 그리고 그때 키케로는 다른 데서와 마찬가지로 희랍인들의 해석가였다.

정신적 세계 일반에서는 물리학에서처럼 사물들이 거칠게 분리되는 것이 아니라 매우 가까이에서 서로 유지되고 있거나 심지어는 상호 침투되고 있다면[6](관념들 모두가 보이지 않는 관념은 하나도 없다고 플로티노스는 말했다), 그리고 거기서 각 세부는 전체로 젖어 있는 것 같다면, 일치와 적합함에 의해 모든 것이 가치를 갖는 것은 특히 나머지와 공모共謀하지 않는 부분은 없는 예술 작품에서이다. 거기서 주로 전체를 이해하기 위해서는 한 극단에서 다른 극단으로, 특히 감각적 효과에서 지성적 원리로 끊임없이 왕래해야 한다. 그것은 영속적인 왕래, 우회와 역행, 따라서 완벽한 유연성을 요구한다. 그것이 다음과 같은 구절로 빠스깔이 지적한 것이다. "두 종류의 정신이 있다. 하나는 기하학적인 것이며 다른 하나는 섬세하다고 부를 수 있는 것이다. 전자는 느리고 굳으며 불굴의 시각을 가지며 후자는 그것이 사랑하는 것의 다양한 사랑스런 부분들에 동시에 적용되는 사유의 유연성을 가진다. 그것은 눈으로부터 마음까지 가며 외부의 운동에 의해 내부에서 일어나는 것을 안다. 전자와 후자의 정신을 모두 다 가지고 있으면(그것이 바로 빠스깔에게 고유한 것이다), 사랑은 얼마나 즐거울 것인가! 왜냐하면 두 사람의 감동(éloquence)을 위해 매우 필요한 정신의 힘과 유연성을 동시에 소유하고 있기 때문

---

6   모든 것이 상호 침투하는 베르크손의 지속을 예감케 한다.

이다." 빠스깔이 아름다움에서 특별히 그것의 영혼과 같은 것, 따라서 사랑의 고유한 원인인 것, 즉 우아함을 생각했다면 그것은 무엇일 것인가? 우아함은 완전히 유연함과 나긋나긋함이며, 따라서 기하학적인 완강함과는 가능한 한 가장 다르다. 그렇다면 특히 그것을 이해할 수 있는 정신을 정의하기 위해 그는 그런 정신에 대해 그것의 본질적 성격으로서 노력 없이도 모든 방향으로 물결칠 수 있고 살아 있는 사물들의 용틀임(serpeggiamento)이 그리는 모든 종류의 주름과 굴곡을 연출하는 그 무한한 용이함을 주목했을지도 모른다. 그런 용틀임은 레오나르도 다 빈치와 미켈란젤로와 꼬레즈가 그처럼 몰두했으며 그렇게도 잘 구현할 줄 알았다.

사물을 '한눈에(d'une seule vue)' 본다는 것 또한 빠스깔이 자신의 '섬세한 정신'에 부여한 완벽함이다. 이보다 더 기하학적 정신의 연역적 진행과 대립되는 것은 없다. 그러나 그것은 너무도 잘된 완벽함이기 때문에 기하학자 자신도 항상 거기에 접근하기를 모색해야 한다. 관계를 파악하기 위해 그 요소들을 연속적으로 살펴본 후에도 기억이 필요하다는 것은 데카르트에게 우리 정신의 불완전성, 시간과의 교류의 결과였다. 연역의 연쇄는 원리를 결론과 결합시키는 것 이외에는 목적이 없었다. 오성이 그런 결합을 분명히 지각하게 하기 위해서는 시작과 결말을 한순간의 파악에서 결합시키기에 이를 때까지 결론들의 연쇄를 점점 더 빨리 훑어보는 연습을 해야 했다.

게다가 데카르트는 기하학을 측정만이 아니라 질서의 학문으로 정의하며 그 점에서 또한 아리스토텔레스가 그를 앞섰던 바 있다. 추론 일반에서는 서로 속에 포함된 관념들을 중간적 능력의 관념으로 통합한다. 거기에 더하여 정확한 측정을 추구하는 수학에서 그런 측정은 두 항과 그것들의 중간항으로 취한 제삼 항, 즉 비율을 구성할 수 있게 해주는 것에 비교함으로써 얻어진다. 측정과 비율은 동일한 것이다. 그러나 순서대로 놓으면 그들의 관계를 한눈에 파악할 수 있는 방식으로 항들이 있다. 그것이 방법이 향하는 곳이다. 그것의 최고의 노력은 데카르트에 따르면 측정과 비율의 문제를 단순한 순서의 문제로 되돌리고 이처럼 물질성을 구성하는 나눔과 연속의 조건에 의해 우리가 따르지 않을 수 없는 연역을 직관의 단순성으로 이끄는 것이다. 어떻게 그 목적에 도달하여 측정의 문제를 단순한 순서의 문제로 전환시킬 것인가? 첫 번째 것과 두 번째 것, 그리고 그와 같이 계속되는 항들이 있으며 첫 번째와 두 번째 사이에 있는 유사성이 한눈에 보이는 연쇄나 열(그것이 순서라는 말의 의미이다)로 대상들을 배열함으로써. 그리고 결국 유사성은 다소간 우연이 섞인 공통적인 본질의 동일성을 기반으로 가진다.

그도 그럴 것이, 각 종류의 사물 속에는 데카르트가 말하듯 상대적인 것들이 설명되는 원리인 단순하고 절대적인 본성이 있다. 예술은 그것을 발견하고 어떻게 나머지가 거기에 관계되는지를 보여주는 것이다. 그리고 그것은 절대가 그 순수성을 변질시키는 부속물들을 연속적으로 첨가해가는 순서대로 사물들을 보고 분류하면서 행해지는 것이다.[7]

---

7   이 문장은 그대로 번역해 놓아도 이해하기가 매우 어려운데, 그것이 의미하는 바는 결국 부분들을 하나로 통합하는 것이 절대라면 그 절대가 그것

라이프니츠는 사물을 하나가 다른 것을 포함한다는 이유에 따라 비교할 수 있고 그것은 양에 의해 비교하는 것이며, 또는 하나가 다른 것을 닮았다는 이유에 따라 비교할 수 있으며 그것은 질에 따라 비교하는 것이라 지적했다. 측정의 문제를 질서나 배열의 문제로 되돌리는 것은 따라서 양의 관점에서 질의 관점으로 이행하는 것이며, 연역이 통하는 하급의 종류로부터 직관만이 존재하는 상급의 종류로 이행하는 것이다. 데카르트가 말하기를 그것이야말로 예술의 비밀이라는 것이다. 거기에 대해서는 대중적이고 요약적인 『방법서설』은 괄호를 치고 아무 말도 하지 않지만, 저자의 말년에 속함에 틀림없으며 불행히도 완성하지 못한 『정신을 세우는 방식에 관한 논의(Traité de la mannière de dresser l'esprit)』는 그것을 드러내는 것이 목적이었다. 빠스깔이 그 논문에 대해 알고 있었음을 증명하는 것은 아무것도 없다. 그러나 섬세한 정신에 속한 '한눈에' 보는 능력의 개념은 데카르트의 사후작의 기반을 이루며 동일한 목적을 향한 동일한 사고에서 나온 것이다. 그리고 그가 그 책을 몰랐다면 그 개념은 자주 기하학과 방법이 화제였음에 틀림없는 데카르트와의 대화에서 탄생했을 수는 분명 있을 것이다. 게다가 데카르트가 『정신 지도의 규칙(Regulae ad directionem ingenii)』이 포함하고 있는 원리들을 밝히면서 그것들을 수학에서 끌어온 예들에 적용했다면, 그럼에

아닌 여러 부분('부속물')을 하나씩 포섭해 가는 순서를 보고 그대로 분류해가면 결국 어떻게 그것이 부분을 통합하는지를 알 수 있고 예술은 그것을 보여주는 것이라는 뜻이다.

도 불구하고 그에 따르면 그것들은 모든 종류의 주제에 마찬가지로 적용될 수 있는 것이었다. 그리고 사실 심오한 관찰가인 플루랑스 (Flourens)는 『기하학』의 저자의 일반 준칙과 완전히 유사한 사유를 실험적 방법에 관하여 내놓았다. 즉, "모든 경험의 예술은 단순한 사실을 발견하는 것이다."라고.

게다가 데카르트는 방법이 그 단순한 본성들로 인도해주기를 원했는데, 그 본성들은 어떤 종류에 관계된 것이건 사실들이다. 그가 거슬러 올라가라고 처방한 단순성은, 진정한 원리가 말하자면 양 사이의 용해나 분산이라는 하급의 상태에서와 같은 물질적 요소들의 단순성이건 그가 설명한 것처럼 집단적 표상인 추상적 개념들의 단순성이건 그런 외견적 단순성이 아니라, 상대적인 것들이 내놓는 제한들을 벗어난 절대의 실재적인 단순성이다.

사람들은 항상 그 첫 번째 단계에서는 악으로부터 정화되는 반면 두 번째 단계에서는 선에 도달하여 거기에 참여하는 두 단계의 입문을 통해 신에 접근한다고 믿었다. 데카르트가 묘사한 것과 같은 방법도 유사한 두 단계를 제시한다고 말할 수 있다. 즉, 첫 번째 단계에서는 도처에서 원리를 감추는 다양한 부속물들을 연속적으로 떼어 놓는다. 두 번째 단계에서는 상대적인 것들이 감싸고 있던, 그리고 오직 그것만이 본질적인 것을 설명하는 절대 속에서 그 원리를 파악한다.

모든 것은 플라톤에 따르면 가장 높은 관념들에 달려 있기 때문에, 모든 관념은 라이프니츠에 따르면 결국은 신의 속성들로 해소되기 때문에, 신의 속성들은 무엇보다도 먼저 지성과 의지, 즉 정신의 능력이기 때문에, 이제 진정한 원리는 모든 것이 감싸고 있는 것이어서 모든 것은 플라톤에 따르면 가장 높은 관념들에 달려 있기 때문에, 모든 관념은 라이프니츠에 따르면 결국은 신의 속성들로 해소되기 때문에, 신의 속성들은 무엇보다도 먼저 지성과 의지, 즉 정신의 능력이기 때문에, 그 보편적 원리가 숨김없이 드러나는 것은 미적이며 도덕적인 질서의 사물에서이기 때문에, 마지막으로 오직 하나의 완전한 단순성은 그 원리의 것이기 때문에, 빠스깔이 선호하는 표현에 따라 한눈에 보이는 것이 왜 특히 미적이며 도덕적 질서의 사물 속에서인지를 이해하는 것은 쉽다.

그러나 라이프니츠는 말했다. "감각의 쾌락은 막연하게 알려지는 지적 쾌락으로 환원된다. 음악의 아름다움은 단지 우리가 알아차리지 못하고 영혼이 하도록 놓아두지 않는 수의 적합함과 계산에서, 어떤 간격으로 이루어지는 소리 나는 물체의 울림이나 진동에서 성립할 뿐임에도 불구하고 음악은 우리를 사로잡는다. 시각이 비율에서 발견하는 쾌락도 같은 본성의 것이다. 그리고 다른 감각이 일으키는 쾌락도 비록 우리가 그렇게 명백하게 설명할 수 없을지라도 그와 유사한 무언가로 환원될 것이다."라고.

그리고 빠스깔도 비슷하게 섬세한 정신에 의해 사람들은 사물을 단번에, 한눈에 보는 것이지 추론의 진행에 의해 보는 것이 아님을 지적한 후, "그것은 정신이 추론을 하지 않기 때문이 아니다. 정신은 그것을 암묵적으로, 자연적으로, 순박하게(sans art) 한다."고 말한다.

그렇다면 그것은 빠스깔이 계산과 대립시킨 순간적 투시가 상세히 살펴보면 지각되지 않는 계산들의 빠른 응축으로 환원된다는 것일까? 그것은 또한 모든 아름다움이 산술적 합성으로 환원된다는 것일까? 그러나 사람들은 순전히 수적인 합성에서는 진정으로 미적인 것은 아무것도 발견되지 않는다는 것을 보지 않는다. 아름다움은 오히려 모든 기하학과 마찬가지로 모든 산술도 벗어난다. 그것의 권역은 훨씬 더 높다. 그리고 더 강한 이유로 덜 높은 질서의 질들도 또한 그런 것처럼, 아름다움이 양의 관계에서만 성립할 뿐이라면 양과 질의 근본적인 차이에 대한 라이프니츠 자신의 모든 이론은 무엇이 될 것인가? 빠스깔이 기하학적 정신과 완전히 대립되는 다른 종류의 정신 사이에 확립한 차이는 무엇이 될 것인가?

문제가 되는 구절 자체에서의 라이프니츠의 한 표현이 난점의 해결에 출구를 제공한다. 그가 거기서 아름다움이 성립한다고 한 것은 수 자체가 아니라 "수의 적합함(convenances)"에서이다. 적합함은 그것이 최고의 원칙인 그의 철학 전체에서 수학적 관계와는 전혀 다른 무엇이라는 것은 주지하는 바이다. 그것은 질들의 특별한 조화, 우리가 본 것처럼 포함이 아니라 유사성의 원리가 지배하는 세계이다. 우리는 수들의 어떤 만남에서 산술에서는 나오지 않고 그 지지처가 아무리 다수이고 연속적이어도 단번에 파악되며 마음에 드는 적합함―게다가 정의할 수 없는―을 지각한다고 아마도 그는 가정했으며, 우리도 그와 함께 가정할 수 있다. 그리고 그것은 무엇 때문에 우리의 마음에 드는가? 아마도 우리에게 상들, 즉 정신의 완전성인 지적 완전성과 닮은 것들을 제공하기 때문일 것이다. 그와 같은 것이 레오나르도 다 빈치의 다음 문장이 포함하고 있는 것으로 보이는 사유이다. "아름다움을 만드는 것은 비율이 아니라 비율의 질이다." 그 말을 특히 "회화의 목적은 영혼의 표현이다."라는 같은 저자의 다른 문장을 접근시킨다면 (그러하다는 것이 분명해질 것이다). 그러한 것이 또한 빠스깔의 사유임에 틀림없다. 아마도 그는, 그리고 그와 함께 데카르트와 빠스깔은, 자주 우리 능력을 사용하는 데서 순간성으로 보이는 것이 운동에 지나지 않으며 직관으로 보이는 것이 추론의 신속성에 불과하다고 믿을 수 있었다. 그럼에도 불구하고 그에 따르면 주로 지적이며 정신적인 질서의 사물들의 지각에서 부분과 전체, 세부와 총체의 결합은 원초적 단순성을 다수인 것에 적용하는 것일 수밖에 없다는 것은 여전히 진실이다. 『형이상학』의 결론에서 아리스토텔레스는 군대의 단일성은 우두머리의 단순성(simplicité)에서 온다고 말했다.

이처럼 사유 혹은 순수 지성은 사물들을 사유에 접근시키는 연속적인 운동을 지배하면서 자신의 높이에서 상상력과 추리가 훑고 가는 시간의 지역으로 내려가지 않고 스피노자의 표현에 따르자면 사물을 영원의 형상 아래에서 생각한다고 덧붙일 수 있다.

빠스깔이 자주 섬세한 정신이라 부르는 것을 그는 또한 자주 느낌(sentiment)이라 부른다. 그 용어에 순수 수동성의 관념을 결부시키는 것은 잘못일 것이다. 왜냐하면 그는 여기서 하나의 작용, 즉 정신의 행동이자 그것의 가장 진정한 행동을 가리키기 때문이다. 따라서 빠스깔은 느낌은 판단에 종속한다고 말하며 판단은 그가 정신에 대립시키는 것이다.[8] 그리고 마지막으로 판단의 관념에 그는 원

---

8 여기서 앞 문장과 뒤 문장의 '정신'은 그 의미가 정반대이다. 앞 문장의 정

칙의 관념을 결합시킨다. 앞에 "기하학, 섬세함"이라고 제목을 붙인 『팡세』의 한 구절에서 그는 여전한 생생함을 가지고 다음과 같은 의견을 피력한다. "진정한 웅변은 웅변을 비웃으며 진정한 도덕은 도덕을 비웃는다. 즉, 판단의 도덕은 원칙이 없는 정신의 도덕을 비웃는다. 왜냐하면 과학이 정신에 속하는 것처럼 판단은 느낌에 속하기 때문이다. 섬세함은 판단의 부분이며 기하학은 정신의 부분이다."

이 구절로부터 일반적인 방식으로 과학은 기하학의 정신 이외의 아무것에도 종속하지 않으며 여기서 웅변이 그 표본인 예술은 섬세함의 정신에 종속한다는 것, 예술과 도덕을 과학과 같이 기하학적으로 취급하는 것은 그것들을 왜곡시킨다는 것, 섬세함의 정신은 추론이나 연역의 정신과는 반대로 매우 특별하게 판단이라는 이름이 적합한 직접적 평가(appréciation)의 능력이라는 것, 마지막으로 판단의 도덕과 예술은 자신들의 원칙을 가지지만 정신의 도덕과 예술은 그렇지 않다는 것이 더 분명하게 결과한다.

도덕에서 기하학적 증명을 원했을지도 모르는 라이프니츠는 조금 다르게 생각했다. 그러나 이 중요한 점에서 그는 빠스깔보다는 덜 정합적이었는데, 그가 빠스깔과 같이 기하학적 질서와 미적·도덕적 질서 사이에 확립했던 구별에 덜 충실하게 그것들의 원리에 공통적인 것이 있다는 점에서 그러하다. 그것은 사실 그에게는 도덕적·미

───────

신은 순수 능동성의 의미이고, 뒤 문장의 정신은 기하학적 정신의 정신이며 판단에 대립된다. 이때 판단은 일반적 판단이 아니라, 원리로부터 오는 것이며 느낌이 거기에 종속된다. 바로 다음에 나오는 인용문에서 "판단의 도덕은 정신의 도덕을 비웃는다."고 할 때의 정신보다 높은 판단이다.

적 질서, 따라서 형이상학 속에는 다른 질서와는 다르며 더 우월한 것이 발견된다는 것에 대한 그토록 명확한 의식이 없었기 때문이다. 더 지성주의자 — 위험스럽지만 이 용어를 사용한다면 — 인 그는 의지를 동일하게 이해하지 못했으며 동일한 정도로 평가하지 않았다. 그것이 아마도 어째서 그가 모든 본성의 관념들이 계산의 요소가 될 기호들에 의해 표현될 철학적 언어를 구성하자는 그가 구상한 사업에서 거의 성공하지 못하고 멀리 가지도 못했는지를 설명해주는 것이다. 그것은 사실 그가 철학적이라는 이름을 부여한 우월한 본성의 계산에 관한 것이었다. 그러나 그 계산이 게다가 무엇이든 될 수 있다 하더라도 거기에는 합리적으로 정의될 수 있는 요소들이 항상 필요하기 때문에 그것을 세운다는 것은, 섬세한 정신이 관계되는, 빠스깔이 이해한 대로의 사물들, 라이프니츠 자신이 매우 자주 수학적이며 물질적인 사물과는 완전히 다르다고 선언한 사물들의 본성으로 볼 때 많은 성공을 희망하게 하는 생각은 아니다.

이제 빠스깔의 표현으로부터 그의 견해로는 참된 도덕은 어떤 종류의 원리도 없다고 결론을 내려야 할 것인가? 반대로, 그의 의견에 따를 때 참된 도덕, 그리고 오직 그것만이 원칙을 가진다는 것을 그의 표현은 지적하고 있다. 그리고 명백히 그가 진정한 도덕과 접근시키는 진정한 웅변에 대해서도, 그리고 더 일반적으로 진정한 예술에 대해서도 마찬가지이다.

그렇다면 판단의 도덕, 진정한 도덕에서 원칙은 무엇인가? 빠스깔은 드러내놓고 그 문제를 다루지는 않았다. 그러나 예술에서의 원칙에 대해 몇몇 세부에서 자신의 의견을 피력한다. 그리고 그는 동일하게 판단에서 나오는 것으로서 진정한 도덕과 진정한 예술을 동일시하므로 예술에서의 원칙에 대해 말한 것으로부터 도덕에서의 원칙에 대해 그가 생각한 것을 결론 내릴 수 있다.

빠스깔에게 예술의 완성은 자연적인 것(le naturel)에 있다. 대원칙은 그것으로부터 결코 벗어나지 않는다는 것이다. 그가 가장 인정하지 않는 작가는 표현하는 대상을 그것을 더 이상 알아볼 수 없게 하는 이상한 장식으로 채우는 자들이다. 시에, 웅변에, 그는 있는 것의 순박한 이미지를 요구한다. "매력(agrément)이 필요하다." 왜냐하면 '매력은 시의 대상 자체이기 때문이다.' ― '그러나 매력은 실재에서 취해진 것이어야 한다.' 따라서 한 작품에서 '한 작가를 발견할 것이라 믿었는데 한 사람을 발견할' 때, 사람들은 매혹된다. 사람이란 곧 그가 그리려는 것을 느꼈고 이제 그것을 진실하게 그리는 누군가이다.

그 말로부터 빠스깔을 모든 예술은 무엇이든 대상을 물질적으로 정확하게 표현하는 데서 성립한다고 생각하는 사람으로 분류하는 것은 잘못된 결론을 내리는 것이다. 그와 같은 표현은 거의 아무런 매력도 제공하지 못할 것이다. 아직 난점을 해결하는 데는 신경 쓰지 않고 그것을 지적하는 자리 중 하나에서 빠스깔은 외친다. "실물은 전혀 감탄스럽지 않은 물건을 닮게 그려서 감탄을 끄는 그림이란 얼마나 허영인가!"라고. 그러나 그것은 위에서 본 것처럼, 그리고 조금 후에 또한 볼 것처럼, 빠스깔 자신에 따르더라도 자연의 위대한 비밀인 모방이 그 자체로 마음에 드는 것이라는 사실과는 독립적으로, 전혀 감탄스럽지 않은 실물에서 그러나 감탄할 만한 무엇인가를 화가는 발견하고 드러내기 때문이다. 렘브란트는 가장 천박한 대상들의 총체에서 시인이 "dias luminis auras(빛의 신적인 후광들)"라 부르는 것을 보게 한다. 그리고 그렇기 때문에 브왈로는 다음과 같이 말할 수 있었다.

예술에 의해 모방되었을 때 눈에 들지 않는 혐오스런 괴물은 전혀 없다.

(여기서 모방은) 예술에 의해서이지 노예적 복제의 기교에 의해서가 아니다. 정신적인 아무것도 없이 감각에만 관계된 것이라면 한 '작가'에서 발견할 것은 전혀 '사람'이 아니라 '동물'일 것이며, '매혹될' 여지는 없을 것이다.

예술이 모방하는 것을 목적으로 하는 자연이라는 것으로서 빠스깔이 의미하는 것은 우월한 자연이자 원시적인 본래의 자연이며, 문외한이 진정한 자연으로 간주하는 것은 그것이 변질된 것이다. 예술은 철학과 같이 그것을 회복하는 것을 목적으로 한다. 이 세상의 모든 것은 원시적 자연의 다소간 왜곡되고 변질된 이미지인 바, 그런 원시적 자연의 근저는 그 본질적 완전성에서의 영혼이다. 그렇기 때문에 근대 미술가 중 아마도 가장 위대한 사람인 레오나르도 다 빈치는 다시 한 번 말할 수 있었다: 회화의 목적은 영혼을 표현하는 것이라고.

우주의 모든 것은 모방이다. 그것은 빠스깔의 지적이다. "자연은 스스로를 모방한다. 좋은 토양에 뿌려진 곡식은 생산한다. 좋은 정신에 뿌려진 원리는 생산한다. 수는 너무도 다른 본성인 공간을 모방한다. 뿌리, 가지, 열매, 원리, 결과, 모든 것은 동일한 주인에 의해 이루어지고 인도된다."

그의 어렸을 때의 작품이며 데카르트와 라이프니츠가 감탄했고 그가 수학적인 것을 이해하는 모든 방식이 이미 배아의 형태로 발견됨에 틀림없는 원추의 분할에 관한 이론이, 심오한 기하학자 드자르그(Desargues)에 의해 제시되었던 다음과 같은 사고, 즉 복잡한 도형의 특성들은 더 단순한 도형의 변형과 유사성으로 생각될 수 있으며 가령 타원으로 이루어진 원추의 분할은 원추형이 바닥으로 가지고 있는 원의 투시도에 불과하다는 사고에 기반을 둔 것으로 보인다는 것을 상기하면 빠스깔이 모방의 관념에 기울여야 했던 관심이 더 잘 이해될 것이다. 그것은 아리스토텔레스, 괴테, 죠프롸 생-띨레르(Geoffroy Saint-Hillaire)가 생각한 것과 같은 자연의 비밀이 그런 것처럼 수학적인 것의 비밀은 변형이라는 이론이며, 근본적인 동일성의 관념을 바탕으로 가진 보편적 유사성의 이론이다. 그것은 무한한 변주라는 부정적 요소를 가진 유일한 불변의 원리라고 라이프니츠는 말했다. 그것이 그가 "Sufficit unum(하나로 충분하다)"이라는 명문과 함께 구름 위에 빛나는 태양을 볼 수 있는 메달로 표상하고 싶어 했던 것이다.

한 군데 이상에서 빠스깔은 우주 어디서나 하급의 것은 상급의 것의 이미지라는, 이미 예전에 플라톤이 지적한 관념을 소묘했다. "자연은 은총의 자태이며, 은총 자체는 영광의 자태이다." 따라서 예술은 빠스깔에 의하면 모방이지만, 근본적으로 초자연적인 원형의 모방이다. 도덕에 관련된 것에 대해서도 그것이 마찬가지로 그의 생각임에 틀림없다. 진정한 도덕은 추상적 원칙의 연역이 아니었다. 그것은 최고로 실재적이고 최고로 원형에 따라가는 것이며, 그 원형은 신이었다. 그러한 것이 원칙이었으며, 그것이 없으면 정신의 도덕은 판단의 도덕이 비웃는 오류들에 빠져 헤맨다. 신을 닮으라고 플라톤은 말했다. 복음은 너희의 아버지가 완전한 것처럼 완전하라고 말한다.

판단이 적용하는 원칙이 발견되는 원형, 수나 관념과는 완전히 다른, 그처럼 실재적인 원형의 본성은 빠스깔에 따르면 이제 어떠한 것인가? 그것은 그가 한 번 이상 그것을 본능의 이름에 연결시키면서 섬세함과 유연함의 이름과 대체시킨 또 다른 이름, 즉 '심장(coeur)'이라는 이름이 가리키는 것이다.

"우리는 이성에 의해서뿐만 아니라 심장에 의해서도 진리를 인식한다. 이 후자의 종류의 것으로부터 우리는 제일 원리를 알며, 거기에 아무 몫도 가지지 않는 추론이 그것을 논박해 봐야 소용없다. 피론주의자들이…… 소용없이 그런 작업을 했다. …… 그리고 이성은 심장의 그런 인식에 의지해야 하고 거기서 그것의 모든 담론도 정초되어야 한다. 심장은 공간에는 세 개의 차원이 있고 수가 무한하다는 것을 느끼며, 이성은 그 다음에야 하나가 다른 것의 두 배인 두 자승수(제곱수)는 없다는 것을 증명한다. 원리들은 느껴지고 명제들은 도출되며, 그리고 다른 길을 통해서일지라도 전체는 확실성을 가진다. 그리고 이성이 동의할 수 있기 위해 심장에게 그것의 제일 원리들에 대한 증명을 요구하는 것은 심장이 받아들일 수 있기 위해 이성에게 그것이 증명하는 모든 명제의 느낌을 요구하는 것이 우스운 만큼이나 우습고 소용없는 일이다. 따라서 그런 무기력함이 모든 것에 대해 판단하기를 원하는 이성의 자존심을 꺾는 데만 이용되어야지 우리를 가르칠 수 있는 것은 이성뿐이라는 듯이 우리의 확실성을 논박하는 데 이용되어서는 안 된다. 반대로 우리가 그것을 결코 필요로 하지 않고 모든 것을 본능과 느낌에 의해 아는 것은 신의 마음에 드는 일이다. 그러나 자연은 우리에게 그런 선을 거부했다. ……."

이 구절은 사람들이 주장하는 바 그 필자의 피론주의(회의주의)와 모든 지성에 대한 경멸을 증명하기 위해 씌어 있는 모든 것을 뒤집는다는 것을 주목케 하는 데 지체하지 말고, 빠스깔이 원리들 일반의 인식을 심장에 관계시켰다면 그것은 모든 것이 종속되는 제일 원리들이 그에게는 심장이라 불리는 것의 바탕과 실체인 것에, 즉 의지라는 원초적인 에너지에 있는 것으로 보이기 때문이라는 명백한 결론을 거기서부터 이끌어내자.

지성과 의지라는 정신의 두 부분을 연구한 데카르트는 우리가 본 것처럼 지성은 그것이 아무리 능동적이라 하더라도 절대적으로 말하여 의지에 비해 수동적이며 의지는 본질적으로 능동적이라고 말했었다. 그에 따르면, 그 가장 높은 것들을 제외하지 않고 진리의 제일 원천은 게다가 신적인 의지 속에 있다. 그것은 의지에 지성에 대한 우월성을 부여하는 것이었으며, 데카르트 이전에 기독교에 영감을 받은 것으로 보이는 철학자이자 신학자인 둔스 스코투스가 한 것이다. 그는 13세기에 "나는 이 지상에 불을 지르려 온 자이며 나는 그 불이 붙기를 원하노라."라고 말한 분[9]의 전통을 어떤 다른 수도

---

9 신.

원보다 열광적으로 부흥시키는 것을 볼 수 있었던 성 프란시스코 수도원의 일원이었다.

오성을 의지에 종속시키는 것으로 만족하지 못했던 빠스깔이 제일 원리의 인식 자체를 심장에 관계시켰을 때 그는 데카르트의 이론에 중대한 특성 하나를 덧붙인 것이다.

정신과 다르게 심장은 그 고유한 대상들과 함께 자신의 학문, 자신에게 특별한 방법을 가진다.

"심장은 자신의 질서를 가진다. 정신도 자신의 질서가 있지만 원리들과 증명에 의한 것이다. 심장은 다른 것을 가진다. 사랑의 원인들을 순서에 따라 진열한다고 해서 사랑 받아야 함을 증명하는 것은 아니다. 그것은 우스운 일이 될 것이다. 예수 그리스도와 성 바울은 정신이 아니라 자비(charité)의 질서를 가진다. 왜냐하면 그들은 (마음을) 데우려고 했지 가르치려고 원한 것은 아니기 때문이다. 성 아우구스티누스도 마찬가지이다. 그런 질서는 주로 목적과 관계를 가지는 각 점에서 벗어나는 데서 성립한다."

심장의 질서는 따라서 빠스깔에게는 학문에서 따르는 질서와 같이 추상적 원리로부터 출발하여 그것을 정의에 의해 전체를 이루는 요소들로 해소하는 데서 성립하는 것이 아니라, 반대로 행동과 의지에 관계된 것이기 때문에 애정(affection)과 운동의 결정적 원인인 목적으로부터 출발하는 데서 성립한다. 빠스깔이 "목적과 관계를 가지는 각 점에서 벗어남"을 말한 것에 대하여는 아마 다음과 같은 의미에서 그것을 이해해야 할 것이다. 즉, 그에 따르면 그 질서는 복음이 사용하는 질서이기 때문에, 그가 보기에 수학적이고 물리학적인 학문에서는 연역의 말하자면 단선적인 연쇄에 의해 진행한다면, 도덕에서는—그리고 또한 예술에서도 그렇다고 말할 수 있을 것인데—그런 진행에 종속되지 않고 서로 독립적인 다양한 주제에서 수렴의 공통 중심처럼 그 주제들이 관계 맺는 동일한 원리가 어떤 방식으로 그것들을 설명하는지를 보여주는 것이 문제라는 의미에서.

그런 설명은 데카르트가 『정신을 세우기 위한 규칙(*Régles pour dresser l'esprit*)』에서 귀납에 대해 내놓은 이론을 생각하게 한다. 거기서 그는 한 유 속에서 발전의 직선적인 연쇄에 의해 진행되는 연역에 대해, 분리된 유들에서 그 비슷함이 지성에 공통 원리의 파지를 암시하는 유사한 것들을 모으는 귀납을 대립시킨다. 그것은 또한 빠스깔이 선호하는 관념에 너무도 적합한 라이프니츠의 다음과 같은 이론을 생각하게 한다. 그에 따르면 양이 아니라 질이 문제인 곳에서는 정신이 진행하는 것은 더 이상 용량의 분석과 계산에 의해서가 아니라, 그 바탕이 동화(assimilation)이며 그 최종 근거가 적절함(convenance)인 합성과 종합에 의해서이다.

결국, 심장이 우리에게 모든 것을 관계시키도록 가르치는 중심, 즉 섬세함의 정신, 느낌, 판단에 속하는 모든 것이 가까이서건 멀리서건 향해 나아가는 극단은 그 자체로 무엇인가? 그리로 모이는 것이 우리의 운명인 높은 의지이다.

현재로서 우리는 '정신과 진흙'이 섞여 있다. 비물질적이며 따라서 불사적인 영혼이 물질과 연결되어 있고 그리하여 자기 자신으로부터 산만해져 있다. "영혼은 신체 속으로 던져져 있고, 거기서 그것은 수·시간·차원을 발견한다. 영혼은 거기에 대해 추론하며 다른 것이 있으리라고는 믿을 수 없다." 인간은 이처럼 연장과 수가 그리로 기울어지게 하는 무와 그리로 옮겨가는 것이 자신의 본질이며 신적인 것인 절대적 존재 사이의 중간적 위치를 점한다. 그러므로 이런 삶에서 우리의 조건은 일반적 방식으로 범용함(médiocrité)이다. 빠스깔이 그토록 두드러진 특성에 의해 성격 지은, 큼과 작음에서의 두 무한은 우리가 그 사이에 매달려 있는 그 두 반대 극단의 이미지이다. "가시적인 세계 전체란 자연의 풍부한 가슴속에서는 지각할 수도 없는 선線에 불과하다. 상상할 수 있는 공간을 넘어 우리의 사고를 부풀려 봐야 소용없다. 우리는 사물의 실재성 대신에 원자들만을 낳을 뿐이다. 그것은 중심은 도처에 있으나 원주는 아무데도 없는 무한한 구이다. 무한 속에서 인간이란 도대체 무엇인가? 다른 한편 우리가 작음에서 더 작은 것과 같은 것을 생각한다면, 그것이 아무리 작더라도 그것을 나누어서 그 안에 많은 다른 것들이 있고, 그 안에 또 다른 많은 것이 있고 하는 식으로 생각지 않을 수 있는 것은 없다. 그 결과 때로는 우주 속에서 지각할 수도 없던 것인 우리 몸은 이제 하나의 거상巨像이 된다. (그것은 결국) 도달할 수 없는 무와도 같으면서 하나의 세계이다. 인간은 이처럼 무한에 대해서는 무이며, 무에 대해서는 하나의 전체이다. 무와 전체 사이의 중간이다. 극단을 이해하기에는 무한히 멀어서 사물의 목적(=끝)과 원리(=시작)는 그에게 뚫고 들어갈 수 없는 비밀 속에 철두철미 감추어져 있다. 그를 끌어내리는 무도 그를 삼킨 무한도 마찬가지로 볼 수가 없다."—"우리의 지성은 가지적 사물들의 질서에서 자연의 연장성 속에서의 우리 신체와 동일한 지위를 가진다. 모든 종류에서 한계를 가진, 두 극단 사이의 중간을 점하는 그런 상태는 우리의 모든 능력에서 발견된다. 지나친 거리와 지나친 가까움이 시각을 방해한다. 논의가 지나치게 길거나 지나치게 짧아도 그것을 알아듣지 못하게 한다. 지나친 진실은 우리를 놀라게 한다. 즉, 제일 원리들은 우리에게 지나치게 명백하다. 지나친 젊음과 지나친 늙음은 정신을 방해한다. 지나치게 많거나 지나치게 적은 배움도. 결국 극단적인 것들은 우리에게 마치 없는 것과 같으며 우리는 그것들을 무시한다. 그것들이 우리를 피하거나 우리가 그것들을 피한다. 바로 이것이 우리의 진정한 상태이다. 우리는 광대한 세계에서 항상 불확실하고 부유하며, 한 끝에서 다른 끝으로 밀리며 항해하고 있다."

그 고귀한 생각을 적절한 사정거리로 끌어오기 위해서는 거기에 데카르트와 그 이후 라이프니츠가 더 엄밀하게 무한을 취급하면서 다음과 같은 것 ─ 그것은 그들 이후 칸트가 발전시켜야 했던 것이었다 ─ 을 보여주었다는 것을 결합시켜야 할 것이다. 즉, 우리는 자연에서 무한정적인 것, 즉 한계 지어질 수 없는 크기만을 생각하며 그것을 뒤쫓는 상상 앞에서 항상 후퇴한다는 것, 그러나 절대 정신과 다르지 않는 무한, 즉 사유가 모든 한계를 넘는 것으로 생각하지 않을 수 없다는 것을 느끼는 완전히 지적인 존재인 무한은 전혀 다른 사물이며 칸트가 뭐라 말하든 지성이 도달하는 곳이라는 것이다. 그런데 무한의 사고에서 이성은 모든 한계가 그에게는 방해이며 불편거리이기 때문에 고통을 받기는커녕 편안함을 느낀다. 그리고 데카르트가 그 특성이 무한성이라고 말한 의지는 이성보다 훨씬 더 그러하다. 빠스깔은 "무한한 공간의 영원한 침묵이 나를 두렵게 한다."고 말했다. 그것은 오직 상상력만의 언어이다. 사유와 의지는 무한을 두려워하지 않는다. 오직 거기서만 그것들은 그들의 모든 비상飛翔을 전개할 수 있고, 신적인 말이 채우고 있는 광대함 속에는 그것들을 두렵게 할 만한 허공도 침묵도 없다. 상상력은 우려나 매혹에 빠지기 쉽다. 사유는 상승할수록 현기증을 덜 느낀다. 무한정적인 것은 우리를 무섭게 하지만 무한은 우리를 확신케 한다. 그리고 그것은 데카르트와 라이프니츠와 마찬가지로 사실상 분명 빠스깔의 보는 방식이었다. 왜냐하면 인간을 범용함 속에서 요동치게 되어 있는 것으로 그리면서도 그는 완성과 신적인 본성에 대해 우리가 안식을 취하도록 되어 있는 극단처럼 말하고 있기 때문이다. 아리스토텔레스는 덕에 대해 말했다. 대립되는 열정의 지나침과 모자람을 생각한다면 덕은 그 사이에 위치하는 것으로서 중간이다. (그러나) 그것은 그 자체로는 완전함이기 때문에 극단이다.

도덕적 질서에서 인간은 빠스깔에게 물리적 질서에서보다 더 폭풍 치는 바다의 서로 싸우는 파도들 사이에서 흔들리고 있는 것으로 보인다. 따라서 그는 몽테뉴를 따라 모든 보편적 법칙을 배제하는 것처럼 보이는 의견과 관습의 무수한 변양들을 부각시킨다. 그럼에도 불구하고 그에 따르면 원칙을 가진 도덕이 있기 때문에, 그는 인간적 사물들이 갖기 쉬운 그 모든 다양성과 반대되는 자연적 사물들에서와 마찬가지로 보편적 정형의 변질, 상황의 차이에서 나왔으며 투시적인 변형과 같이 적합한 관점에 자리 잡으면 그들 원리의 단일성을 재발견하게 하는 변질임을 안다.

중간적인 조건, 동시에 그 사실 자체에 의해 부유浮遊하며 불확실한 조건은 모든 피조물의 조건이다. 그러나 오직 인간만이 그것을 느끼고 괴로워한다.

여기에 기독교가 와서 말하자면 빠스깔의 사유의 강에 그것을 증가시키고 흐름을 빠르게 하는 지류처럼 흘러든다. 또는 오히려, 어릴 때부터 기독교의 금언들에 흠뻑 젖어 있었으나 거기로 더 스며들어 가서, 데카르트와 같이 끝내는 무용한 것으로 경멸한 수학적 학문의 탐구에서뿐만 아니라 그가 여흥이라 부른 것과 사교계의 생활, 그리고 그것이 발효시킨 열정들로부터도 돌아왔을 때, 그는 그가 떠나온 사막에서 그의 모든 이전 생활 동안의 연구와 경험이 형성한 생각들이 그의 종교적인 신앙과 내밀하게 섞인 신적인 사물들의 명상으로 종국에는 완전히 몸을 던졌다.

Ⅲ.

인간이 그가 사는 중간적 지역에서 불편함을 느낀다는 것은 어디로부터 왔는가? 그것은 그가 더 상위의 지역에 속하며 거기에 대한 기억과 후회를 보존했기 때문이다. 그에 따라 그는 비참한 동시에 위대하며, 자신의 비참함에 대한 느낌 자체에 의해 위대하다. 그런 비참은 찬탈된 왕의 비참함이다.

따라서 빠스깔의 눈에는 인간 속에 위대함과 비천함이 함께 있다. 그에 따르면, 인간 본성의 이질적인 두 본성에 그가 아는 두 이론이 대답했다. 하나는 에픽테투스에 의해, 다른 하나는 몽테뉴에 의해 이루어진 것이다. 전자는 인간에게서 그가 가진 위대한 것만을 보았으며 그를 신으로 만들었다. 후자는 인간에게서 그가 가진 비열한 것만을 보았으며 그를 짐승으로 만들었다. 빠스깔에 따르면 인간의 본성에 관한 그 두 사고 속에서 전체 철학사가 요약된다. 그처럼 그는 퐁뗀느에 의해 보존된 유명한 대화에서 드 사시(De Sacy) 씨에게 철학사를 설명하며, 『팡세』의 다양한 구절들이 철학사를 표현하는 것도 그와 같다.

빠스깔에 따르면 오직 기독교만이 인간의 이중적 본성을 알았으며 거기에 대해 설명을 제공한다. 특히 성 바오로와 성 아우구스티누스에게서 발견되는 대로의 설명은 죄스러운 오만의 결과 인간은 본래의 완전한 상태에서 신학적 양식이 탐욕(concupiscence)이라는 이름으로 이해하는 열정들이 불붙는 자연의 권역으로 떨어진다. 거기에서 그런 비열함이 나왔으며, 그 속에는 위대함의 잔해들이 남아 있다.

근본적인 죄악은 나이다. 나는 자신에게 목적이 되며 그리하여 신으로 세워진다. 따라서 나라는 것이 혐오스러운 것이다.

공동선의 관념이 보편적이었던 가장 오랜 고대에는 적어도 모든 이의 모범이었던 사람들에게 헌신은 지배적인 덕목이었다. 그런 사고방식의 흔적은 빠스깔이 지나간 큰 사교계에 존속하고 있었으며, 거기서는 우리가 본 것처럼 나를 숨겨야 한다는 것이 거기를 드나들던 자들이 선호하던 견해였다. 귀족적인 출신이자 그런 생활을 했던 데카르트는 나름대로 최고의 덕은 관대함에서 성립한다고 했다. 그것은 우정과 유사한 영혼의 기질이며 다른 사람들을 자신보다 더 걱정하는 것과 관계된다. 전체가 희생 위에 기반을 두고 있는 기독교는 빠스깔에게 특별한 강력함으로 동일한 교리를 가르쳤다. 그가 말하기를 그러므로 자아를 감추는 것으로 충분치 않고 그것을 제거해야 한다는 것이다. 예절은 나를 감추지만, 종교는 그 자리에 신학이 자비라 부르는 것을 놓음으로써 그것을 소멸시킨다.

사람들은 빠스깔의 생애에서 그런 길로부터 멀어져서 한 선배에 대한 학문적 빚에 대해 그가 할 수 있었을 모든 고려를 하지 않았던 순간을 지적했다. 퓌-드-돔(Puy-de-Dôme)에서 그의 지시에 따라 행해졌으며 토리첼리의 추측을 입증하기 위해 위上가 빈 관 속의 액체의 상승을 공기의 무게에 의해 설명하는 것을 결정적으로 확립한 실험에 대해 출판한 글에서 빠스깔은 그 실험이 자신의 발명에 의한 것이라고 주장했다. 데카르트는 자신이 그 관념을 2년 전에 암시해 주었다고 확언했다. 모든 외관에 따르자면 두 위대한 인물들의 반대되는 주장들은 동일하게 진실한 것이다. 빨펌프 속의 물은 단지 어떤 높이까지만 올라간다는 사실과, 다음으로 더 무거운 액체는 비슷한 조건에서 덜 높은 높이에 달한다는 토리첼리에 의해 지적된 또 다른 사실을 알게 된 데카르트는 그 현상을 사람들이 그때 자연이 가진 것으로 생각한 진공에 대한 어떤 혐오에 의해서가 아니라 액체나 그것이 올라가는 관의 속성에 의해서나 그 액체를 밑으로 누르는 무게에 의해 설명해야 한다고 추측했다. 그가 빠스깔과 가진 대화 중 하나에서 그런 방식으로 빠스깔에게 오베르뉴의 한 산에서 다양한 높이로 옮기면 공기 기둥이 더 높거나 낮아지면서 무게가 달라질 것이 틀림없으므로 그런 식으로 자신의 마지막 가설을 확인하라고 충고했음에 틀림없다. 빠스깔은 그 시대에 데카르트가 아마도 믿지 않았던 진공의 혐오에 대해 듣고 게다가 데카르트의 몇몇 물리학 이론을 싫어했기 때문에 그의 충고에 거의 주의를 하지 않았거나 심지어는 아마도 그것을 듣지도 않았을 수 있다. 다른 한편 데카르트는 그가 결정하지 못하고 있던 세 가정 중 두 가정을 물리친 퓌-드-돔의 실험의 성공 후, 그 실험을 하라고 한 충고에 다른 충고와 그것에 동기를 주는 이론들을 섞었다는 것을 쉽게 잊고 그리하여 그가 실제로 빠스깔에게 전해준 것보다 불분명한 점의 섞임 없이 더 많은 빛을 빠스깔에게 전해주었다고 스스로 믿었을 수도 있을 것이다. 반대로 토리첼리는 액체의 상승이 공기의 무게의 효과라는 추측만을 완전히 순수하게 제안했던 것으로 보인다. 거기에 충격 받은 빠스깔은 아무것도 빚졌다고 믿지 않았고 아마도 플로랑스의 물리학자에게가 아니라면 실질적으로 빚진 것이 아무것도 없었을 수도 있을 것이다. 게다가 반성의 결과 데카르트는 빠스깔이 그 점에 관해서는 그에게 거의 빚지지 않았음을 인정했다고 가정하는 것이 허락된다. 왜냐하면 그는 빠스깔에 대해 어떤 분노를 보이기는커녕 그가 옮겨간 스웨덴으로부터 나중에 그들이 예전에 함께 대화했던 그 동일한 공기의 무게의 주제에 관한 실험들에 대해 그가 빠스깔과 서신을 교환하는 것을 볼 수 있기 때문이다. 마지막으로 진공에 대한 자연의 혐오라는 그의 옛 믿음을 없애고 특히 학문과 그것으로부터 약속 받은 영광을 단념하였을 때, 빠스깔은 이제부터는 거의 유일하게 선과 악이라는 분명 더 중대한 문제에만 몰두하고 점점 더 신중해지는 의식의 불안 속에서 회개에 의해 생애의 모든 허물을 씻어내려는 항상 더 강해지는 욕구에 가득 차서, 예전에 아무리 작더라도 그 위대한 철학자에게 받을 수 있었던 어떤 감사를 혹시 경시한 적은 없었는지, 그리고 그것으로부터 인격의 정신이라는 이 못난 충고자를 위해 그가 그토록 많은 힘을 기울여 생각해내고 표현했던 염오厭惡가 증가되는지를 스스로 묻기에 이르렀다고 가정할 수 있다.

어쨌든, 그리고 그 가정이야 어떠하든, 신동이라 할 만큼 조숙했던 어린 시절은 세기의 최고 정신들을 포함하여 그것을 본 모든 이를 매혹시켰으며 그의 빠른 경력에서 지금까지 나온 천재 중에 가장 방대한 천재의 관념을 준 사람보다, 스스로를 신격화하는 최고의 유혹을 누가 더 잘 알았으며, 그에 따라 그것의 위험을 누가 더 잘 측정할 수 있었는가?

우리 속에서 자아는 신에 대립되는데, 우리가 미워해야 할 것은 오직 우리 자신이며 우리가 사랑해야 할 것은 오직 신뿐이라고 빠스깔은 복음의 이름으로 말한다. 더 멀리 나아가기 전에 빠스깔은 여기서 그의 평소의 열의를 가지고 복음의 의미를 좁히려고 힘쓰고 있다는 것을 지적하자.

복음은 스스로를 두려워하고 스스로를 미워하라고 권하지만 오직 신만을 사랑하라고 가르치지는 않는다. 복음은 성경과 일치하여 이기심을 대체해야 할 사랑 속에서 인간들을 신과 결합시키는데, 우리를 둘러싸고 있는 그 영혼들은 마치 보이지 않는 것(l'invisible)이 우리에게 드러나는 곳인, 눈에 보이는 신들 같기 때문이다. 그것이 고대 특히 희랍 고대가 이해한 것이며, 우리가 희생을 배우는 우정(amitié) 속에서 완전성의 길을 보여주었다.

마찬가지로 복음은 동양의 회교 탁발승(fakir)이 들어앉으며 빠스깔이 매혹되었던 맹렬한 고독을 처방한 것은 아님을 지적하자. 예수 그리스도는 자신을 사막에서 숲의 꿀(miel silvestre)과 메뚜기를 먹고 살던 선구자들과 비교하면서 자신은 먹고 마시는 자(manducans et bibens)라고 말한다. 즉, 자기는 인간들의 식탁에 자리 잡는 것을 경멸하지 않는다는 것이다. 그리고 그가 찬송의 노래 후에(hymno dicto) 고대 신비의 최고봉인, 신이 모두와 소통하는 최고의 의식을 세우는 것은, 자신의 삶이 그들의 삶과 섞여 있는 인간들에게 둘러싸여 그의 가장 가까이에 그가 모두 중에 (가장) 사랑하는 자를 앞힌 저녁의 식사 자리에서이다. 유사한 다른 지적이 있다. 빠스깔은 "나는 가난을 사랑한다, 예수 그리스도가 그것을 사랑했기 때문에." 라고 말한다. 그러나 부가 완전성의 가장 큰 장애임을 지적하면서 예수 그리스도는 절대적 방식으로 "가난한 자는 행복하다!"고 말하지 않았다. 그는 "마음이 가난한 자는 행복하느니라."라고 말했다. 그런 자는 즉 금이 든 가방을 짊어지고 피로해진 노예들을 보고 곧 그것을 버리라고 한 철학자와 같이, 부를 더 나은 무언가를 위해 경시하는 자이다. 지오토의 프레스코 화에 가난을 처로 삼은 성 프란시스코 다씨즈와 그들이 구걸한 것이 아닌 다른 빵은 원하지 않는 그의 제자들처럼 하지 않고─그것은 게다가 숭고한 무사무욕의 아름다운 상징이지만─'필요한 유일한 것'에 재산을 내놓는 자가 행복하다는 것이다. 따라서 그가 열망했고 생명이 때 이르게 그에게서 사라지지 않았더라면 아마도 그가 도달했을 복음적 이상을 그 모든 위대함 속에서 실현하기 위하여, 도덕적 완성을 감각과 상상의 영역에서의 이러저러한 특별한 존재의 형태에 종속된 것으로서가 아니라 전체가 심장과 의지의 상태에서 성립하는 것으로서 생각되는 관점, 예수 그리스도가 가리켰던 관점으로 빠스깔은 아직도 올라가야 했다. 게다가 "나는 가난을 사랑한다."고 말한 후에 그 자신이 이미 "나는 재산을 사랑한다. 그것은 비참한 자들을 도울 수단을 주기 때문에."라고 덧붙였다.

순수하게 정신적인 이상은 하여간 그의 사유가 향하며 그의 철학과 종교가 함께 달려가는 종착점이다.

그 원리로부터 떨어져 나왔기 때문에 타락한 인류를 다시 일으켜 세우기 위해서는 그 원리 자체가 인류에게로 내려와야 한다. 그것이 인류가 떨어진 곳으로 내려와서 그리하여 스스로 인류를 위해 매개자가 되고 재생된 인류를 인류가 만들어진 목적인 완벽의 극단으로 데려가야 한다. 그것이 육화나 대속으로 불리는 것이다. 자비를 어떻게 이해할 것인가? 대속을 어떻게 이해할 것인가? 빠스깔에 따르면 그것도 이해할 수 없고, 어떻게 영혼이 원천적으로 육체 속으로 던져졌는지―그의 표현에 따르면―도 이해할 수 없다.

"인간에게 자기 자신은 자연의 가장 기적적인 대상이다. 왜냐하면 그는 정신이 무엇인지도, 물질이 무엇인지는 더더구나, 그리고 육체가 어떻게 정신과 결합될 수 있는지는 무엇보다도 가장 이해할 수 없기 때문이다. 그것이 그의 곤경의 절정이나(즉, 그것이 그에게 모든 문제 중 가장 불투명한 것이다), 그럼에도 불구하고 그것은 그 자신의 존재이다." 그리고 그는 성 아우구스티누스를 인용하는데, 그 구절이 말하기를 "정신이 신체에 붙어 있는 방식은 이해할 수 없으나 그럼에도 불구하고 그것이 인간"이라는 것이다. 그리고 사실 모든 큰 철학자들과 함께 우리 본성의 열등한 부분은 우등한 부분인 정신에 그 근거와, 따라서 그 전형을 가지고 있다는 것을 확립할 수 있다면, 아마도 플라톤·플로티노스와 같은 사람들, 그리고 다른 이들의 발자취 위에 그 힘이 우등한 질서의 원리들을 자연적 존재로 내려오게 한 매력의 비밀의 무언가를 엿보는 것이 아마도 불가능하지 않다면, 어떻게 정신이 자연에 원천을 제공할 수 있으며, 어떻게 자연으로부터 인상을 받거나 그것에 운동을 새길 수 있는지를 세부적으로 보여주려 한 것은 헛된 일이었다. 데카르트는 그가 영혼에 대해 가지고 있던 높은 관념과 함께 수아레즈(Suarez) 이래로 물리적 영향이라 불리던 것에 의해 영혼이 육체로 말하자면 옮겨 담긴다는 것을 인정할 수 없었다. 그에 따르면 그것을 설명한다고 주장하지 말고 영혼이 육체와 내적이며 실재적인 교통 속에 있다는 것을 받아들여야 했다. 영혼과 육체라는 심히 이질적인 관념들 옆에 그것들로는 설명이 충분하지 못한 완전히 다른 제삼의 관념, 즉 그들의 결합이라는 관념을 인정해야 했다. 그것은 수동적인 감수성(sensibilité)과 능동적인 가동성(motilité)을 감싸는 것으로서, 전자는 고유하게 오성과 유사하며 후자는 의지와 유사하다. 그것은 인정해야 할 사실이었다. 괼링크스(Geulinx), 말브랑슈, 라이프니츠가 했듯이 전체의 요소들을 분리한 다음 그럭저럭 재결합시킨다거나 라이프니츠가 완전히 해결하지는 못하면서 그렇게 하려고 시도했던 것처럼 열등한 요소를 우등한 것의 단순한 외관으로 환원하고 그리하여 적어도 자연의 설명을 위해 완전한 관념론에 길을 열어 준다고 주장하지 말고서. 플라톤이 이미 자리를 내주기를 원했던 그 '비존재'인 부정적 요소는 이처럼 이론에 의해 제거됨에도 불구하고 여전히 경험이 다시 데리고 와서 되살아나며, 그것을 순수 착각의 결과로 환원시키면서 그 착각은 우리 밖에서 한정과 결여의 요소를 적극적 요소와 결합시키는 것이 그랬던 것처럼 우리 안에서 아직 신비로 남는다.

빠스깔이 데카르트와 마찬가지로 영혼이 어떻게 육체 속으로 던져졌는지를 탐구하지 않는다면, 어떻게 그것이 원천에서 죄를 지었는지는 더욱, 어떻게 죄나 죄지을 경향이 영혼에서 영혼으로 전해질 수 있는지는 더더욱 탐구하지 않는다.

문제를 밝히기 위해 성 아우구스티누스를 따라 장세니우스(Jansenius)가 어떤 노력을 했건 어떻게 신적인 의지가 그것을 치료하고 다시 세우기 위해 인간의 의지로 와서 결합한다는 것이 이루어질 수 있는지도 또한 그는 탐구하지 않는다. 그것은 사실이며, 그 사실이 설명하는 모든 것에 의해서는 확실하지만 그 자체는 설명할 수 없는 것이고, 모든 신비가 녹아 들어가는 마지막 신비이다.

"사물의 목적과 원리는 인간에게 뚫고 들어갈 수 없는 비밀 속에 철두철미 숨겨져 있다."

게다가 동일한 것에 불과한 시작과 원리는 진정한 어두움은 아니다. 빠스깔 이전에 플라톤, 아리스토텔레스, 데카르트가 일치하여 말하는 것처럼 그것은 오히려 순수한 빛이다. 다만, 순수한 빛은 우리의 약한 시각에게는 너무도 강하며 그것을 눈부시게 한다. 사물들의 원리들과 목적들에 대한 직접적 관계, 그것들의 시작들과 끝들은 그와 같지 않다. 반 헬몬트(J. B. Van Helmont)는 비유적 문체로 말했다. "사물들의 원리가 그 재능을 표현하는 방식을 나는 모른다."라고. 그것은 그 사이에 시간적 존재의 흐름이 포함된 시작과 끝의 신비에 대한 빠스깔의 사유이다. 그 신비는 모든 것을 설명하지만 그 자신은 전혀 설명하지 않는다. 거부할 수 없는 권위가 그것을 보증하는 것으로 충분하다. 그런 권위는 신이 말하는 심장의 권위이다.

빠스깔은 추론이 기독교의 진실을 확립하는 데 이용할 수 있는 모든 증거를 모으고 분류했다. 그런 증거는 기적들이며, 기적 중에 최고의 것은 예언들이다. 그가 내린 결론에 따르면 "종교보다 더 확실한 것은 아무것도 없다."는 것이다. 그러나 곧바로 그는 "종교는 확실하지 않다."고 덧붙인다. 그것은 기하학적 질서에서 정의로부터 출발하여 거부할 수 없는 확실성의 결론들을 획득할 수 있다면, 특히 증언에 의해서만 알려지는 사실에 관한 것이거나 사실들 사이의 비교를 통해 확립해야 할 관계에 관한 것일 때에는 동일하지 않기 때문이다. 여기서는 아무도 빠스깔보다 더 잘 그것의 위대한 영향과 위대한 용도를 알 수는 없었으나, 항상 확률과 의심에 자리를 내주기 위해 그가 또한 잘 알고 있었던 개연성을 넘지는 못한다. '편 가르기의 규칙'은 공정하게 판돈을 나누기 위해 도박꾼들이 따라야 할 규칙이다. 어디에서와 마찬가지로 종교에서도 거기에 따르는 것은 현명함이다. 절대적 확실성은 다른 데 있다. 심장만이 그것의 거처이며 엄밀하게 말하여 종교가 머무는 곳도 또한 거기이다. "종교는 심장에 민감한 신이다."

결론적으로 종교의 진정한 가르침, 다른 모든 것이 준비할 뿐인 것은 영감(inspiration)이다. 다음 구절에서 빠스깔이 우선 "계시"라 썼던 곳에 나중에는 이런 식으로라야 그의 사유를 더 정확히 번역한다는 듯 "영감"이라 썼다. "믿는 데는 이성, 관습, 영감이라는 세 가지 방법이 있다. 유일하게 근거를 가진 기독교는 영감 없이 믿는 자들을 자신의 진정한 자식들로 받아들이지 않는다. 그것은 이성과 관습을 배제하기 때문이 아니다. 반대로 정신을 증거에 대해 열고 습관에 의해 거기에 따라야 하지만, 겸손함으로 영감에 스스로를 바쳐야 한다. 오직 그것만이 참되고 구제받는 효과를 낼 수 있다."

추리의 유용성은 편 가르기의 규칙에 따라 비종교가 종교에 대립시키는 이성에 (그 이성과) 반대되며 더 강한 이성을 대립시키고, 그리하여 궤변을 좌절시키는(confondre) 것이다. 관습의 유용성은 빠스깔이 어디선가 말하는 것처럼 종교에 적합한 의례와 습관에 의해 "몸을 구부리게 하고(ployer la machine)", 자신을 모욕하는 것에 대항하여 항상 자기를 방어할 준비가 된 자아의 저항을 감소시키는 것이다. 그것이 『팡세』의 다음과 같은 유명한 구절의 의미이다. 거기서 그는 상상적 대화 속에서 "그렇다면 놀이의 근저를 볼 방법은 없는가? ─나는 내기를 걸어야 하며 자유롭지 못하다. 나는 믿지 않을 수 없도록 만들어져 있다."고 말하며 저항하는 자에게 확률론을 설명한 후, 따라서 신을 증명하는 논증에 의해서가 아니라 열정의 감소에 의해 확신을 갖도록 노력하라고 대답한다. ─"당신처럼 속박되어 있으면서 이제 그들의 모든 재산을 거는 자들에 대해 배우라. 그들은 당신이 따르기를 원하는 길을 알며 당신이 나으려는 병으로부터 나은 사람들이다. 그들이 시작한 방식을 따르라. 그것은 마치 믿는 것처럼 행하며, 축수祝水를 받고, 미사를 올리게 하며 등등이다. 자연스럽게 그것조차 당신을 믿게 하고 낮추게 할 것이다. ─그러나 그것이 내가 두려워하는 것이다. ─무엇 때문에? 당신이 잃을 것은 무엇인가? 그것은 큰 장애물인 당신의 열정을 감소시킬 것이다. 그쪽 편을 들면 당신에게 어떤 손해가 일어날까? 당신은 충실하고 정직하며 감사할 줄 알고 호의적이며 신중하게 될 것이며 진정한 친구가 될 것이다. 당신은 이 생에서 이길 것이며, 그 길에서 당신이 내딛는 걸음걸음에서 결국은 확실하고 무한한 것을 위해 내기를 걸었지만 그것을 위해 아무것도 내지 않았다는 것을 인정할 만큼의 승리의 확신을 볼 것이라고 나는 말한다." 그리고 마지막으로 "그 이야기가 당신 마음에 들고 강하다고 보이면, 그것은 이전에도 이후에도 무한하고 불편부당하며 그의 모든 것을 바친 존재에게 당신의 선과 자신의 영광을 위해 당신의 것 또한 바치기를 빌기 위하여 무릎 꿇었던 자에 의해 이루어진 것이며 그리하여 힘은 그런 낮음과 일치한다는 것을 아시오."라고 말한다. 즉, 그런 낮음을 대가로 신적인 힘이 얻어진다는 것이다.

그런 말들로 그는 사람들이 생각하듯 완전히 물질적인 의식儀式에 몰두하기 위해 지성을 단념해야 한다고 말하고 싶었던 것일까? 스스로 사유를 그렇게도 놀랍게 사용하는 것에 만족치 못하고 인간은 그의 모든 존엄성을 사유로부터 끌어내며 그것에 의해 우주보다도 더 위대하다고 말한 그가? 그가 말하고 싶었던 것은 사실 그가 다른 데서 말한 것처럼 종교의 사실에서는 자기 자신으로 완전히 가득 차 있으며 그에 따라 신에게 저항하는 영혼을 신으로 채운다는 목적에 도달하는 것이 결정적으로 문제이기 때문에 그와 같은 목적에 우리를 가장 가깝게 하는 수단은 겸허에 의해 그 반역을 깨버리는 것이라는 사실이다. 때와 관념들의 상태에 따라 그것들을 준비하기 위해 만들어진 최후의 사고로부터 이미 다소간 빌려온 의식들을 사용하더라도, 본질적인 것은 굴욕에 의해 영감을 받아들일 준비가 된다는 것이다. 겸허와 그에 따라 영감은 빠스깔에 다르면 기독교 전체이다.

고대 종교에서는 사람들은 또한 신과의 소통에 들어가기를 바랐다. 그것은 마찬가지로 철학들의 최고 목적이기도 했다. 그것들의 역사를 더 잘 알았다면 빠스깔은 그것들을 오직 두 체계, 즉 하나는 신 없는 인간의 위대성의 관념으로, 다른 하나는 그의 비천함으로 가득 찬 두 체계만으로 환원시키지는 않았을 것이다. 그러나 그가 거의 잘 몰랐던 큰 체계들에서 성 아우구스티누스처럼 그가 만났을 수도 있었을 모든 기독교와 유사한 시각 중 그는 성 아우구스티누스와 함께 상당한 흠결에 주목했을지도 모른다. 성 아우구스티누스는 나는 거기서 십자가에 박힌 예수 이외에는 모든 것을 발견한다고 말했다. 기독교는 도덕적 악에 대해 그 누가 가진 것보다 더 깊고 생생한 의식—다른 모든 것의 첫 번째 원천—과 다음으로 진정한 선에 대해 그 누가 가진 것보다 더 깊고 생생한 의식이라는 매우 유별난 특성을 가졌다. 그때 이기심의 악에 대한 더 강한 감정에, 영웅적 영혼들에 의해 항상 예감되던 덕, 즉 자비에 대한 더 강한 감정이 대응한다. 거기서부터 신 자신의 의도적인 헌신이라는 사고방식, 고대가 전혀 낯설어 한 것은 아니지만 기독교와 비교하면 모호하고 창백한 이미지밖에는 제공하지 못했던 사고방식이 나온다.

그런 사고방식이 빠스깔에게는 종교 전체이다. 추론이 할 수 있는 것을 할 때, 의식儀式이 저항하는 인격을 굴복시킬 때, 그것들은 아직 심장에 의한 계시를 준비할 수 있을 뿐인 것과 마찬가지로 기독교에서는 희생에 이르기까지 모든 것은 유일한 진리의 준비, 비유에 불과하다. 유일한 진리란 신이 자비 속에서 심장에 스스로를 준 것이다. 예수 그리스도 자신이 결국 비유 없이 모든 진리를 가르칠 어떤 부름 받은 자나 소환된 자가 그의 후에 오리라고 말하지 않았던가? 그 다른 이는 신학이 사랑과 동일시하는 성신(聖神, Esprit divin)이다. 빠스깔의 모든 기독교는 그 부름 받은 자를 향해 나아간다. 그의 속에서 그는 완전하고 결정적인 진리를 보며, 그의 속에서 평화와 행복을 본다.

사람들은 빠스깔을 불치의 우울증을 앓아서 모든 것을 유감스런 눈으로 보는 사람으로 표현했다. 그러나 그는 "기독교도는 항상 행복하다."고 말했다. 끊임없이 아프고 그가 알았듯 때 이른 종말로 향하면서 그는 병을 은총으로 받아들이고 "나는 죽음을 평화 속에서 기다린다."고 썼다. 성 바오로처럼 "벌거숭이가 되는 것이 아니라 옷을 입을 것을 잘 알기에 나는 해체되기를 원한다."고 말한 것이나 거의 다름이 없다.

오래 사는 것을 그의 연구의 주목적으로 삼은 데카르트는 나중에 "생을 연장하려고 생각하는 대신에 죽음을 두려워하지 않는 쪽을 택했다."고 말하기에 이르렀다. 자신의 시대에 도처에서 확립되려는 경향이 있는 잘못되고 위험한 사유방식의 신호들을 본 것으로 생각한 라이프니츠는 그 신호 중 첫째 줄에 "죽음에 대한 혐오"를 놓았다. 빠스깔은 그것을 혐오하지 않았을 뿐만 아니라, 최고의 선을 향한 길처럼 말하자면 미리 즐겼다.

요약하자면, "모든 철학은 한 시간의 노력을 기울일 가치도 없다." 고 말한 사람을 그가 또한 "철학을 비웃는 것도 철학하는 것이다."라 고 말했을 때의 그 철학에 대해 적용하면서, 그를 지성의 경멸자로 치부하는 것은 잘못이다.[10] 반대로 아무도 지성의 본성을 더 잘 알 지 못했으며 그것의 힘을 더 높이 평가하지 않았다. 단지, 그리고 그 것에 따라 그는 그에 앞섰던 사유가 중의 가장 위대한 자들이 발자 국을 남긴 길을 더 멀리 나아가게 한 것뿐이며, 의지와 떨어진 지성 은 허공 속을 헤맨다고 생각했다. 반대로, 그는 완전한 이성과 거의 구별되지 않으며, 게다가 떨어질 수 없는 의지에, 다른 모든 실재가 종속된 최고의 실재에 도달하는 역할이 주어졌다고 믿었다. 그는 그 보금자리를 심장이라 보았으며 제일 원리를 사랑에서 찾았다.

세계가 빠스깔에게 악과 고통에 바쳐진 것으로 보였다고 상상하 는 것도 잘못이다. 그는 진정한 학문과, 그것과 전혀 다르지 않는 진 정한 종교는 영혼의 가장 뒤로 물러난 밑바닥에서 신성과 직접 소통 하게 하면서 영생을 기다리는 동안 금생부터 신적인 축복에 참여하 게 한다고 믿었다.

---

10 "모든 철학은 한 시간의 노력을 기울일 가치도 없다."고 했을 때의 철학은 좁은 지성에 의한 좁은 의미에서의 철학이며, "철학을 비웃는 것도 철학하 는 것이다."라고 했을 때의 철학은 더 넓은 지성의 더 넓은 의미의 철학이 다. 그가 의미하는 철학은 이처럼 두 가지의 다른 의미를 가졌음에도 불구 하고 좁은 의미에 대해 말한 것을 큰 의미에 대해서도 적용하여 결국 그는 지성을 경멸한 것으로 치부해서는 안 된다는 뜻.

빠스깔은 그의 옷의 겉감과 속감 사이에 8년 동안 옷을 바꿀 때마다 뜯어내고 다시 깁고 한 쪽지를 항상 지니고 다녔다. 따라서 그는 거기에 커다란 가치를 둔 것이다. 사람들이 "부적(amulette)"이라 부른 그 글은 그가, 최고의 진리가 초자연적인 섬광과 함께 그에게 나타나는 것을 본 것으로 생각한 두 시간의 매혹의 기억을 담고 있었다.

은총의 해 1654년.

11월 23일 월요일. 성 끌레망, 교황, 순교자와 순교자 명부의 다른 이들 등등의 날. 대략 저녁 10시 반에서 대략 밤 12시 반까지.

불

아브라함의 신, 이삭의 신, 야고보의 신,

철학자들과 학자들의 신은 아님.

확실성, 확실성, 느낌, 기쁨, 평화.

예수 그리스도의 신.

‥‥‥‥‥‥

기쁨, 기쁨, 기쁨, 기쁨의 눈물.

‥‥‥‥‥‥

신이여, 나를 떠나시렵니까?

영원히 당신과 떨어지지 않기를!

빠스깔이 항상 몸에 지니고 다니기를 원했던, 천상의 광경을 잊을 수 없게 증언하는 글을 신적인 '불'의 송가, 열정적 신앙과 부드러움과 행복의 송가라 부를 수 있다.

형이상학과 도덕

역자 해제

"형이상학과 도덕(Métaphysique et morale)"은 『형이상학과 도덕지 (Revue de métaphysique et de morale)』, t. 1, 1893에 실렸다. 이 글 은 자비에 레옹(Xavier Léon)이 창간한 이 잡지의 창간호의 소개문 바로 다음에 나오는 권두논문으로서, 잡지의 창간사이자 잡지의 이 름에 대한 설명의 역할을 한다. 실증주의와 비판론을 넘어 형이상학 은 필요한 것이자 가능한 것이고 아리스토텔레스 이후 항상 가능했 으며 제일 원리에까지 거슬러 올라가는 것임을 주장한다. 제일 원리 와 함께 도덕의 내용도 헌신과 관대함으로 드러남을 주장한 글이 다. 그 내용을 요약하면 다음과 같다.

최근 몇 세기 동안 개별 과학의 지식의 진보에 힘입어 철학은 그 범위가 점점 좁아져 결국은 사라져야 한다는 의견이 확립되려 하고 있다. 그것은 실증주의의 초기 주장이었다. 그에 의하면 실증적인 것은 육체적 감각에 들어오는 것과 삶의 이득을 얻기 위해 일정한 관계를 아는 것뿐이었다. 나머지는 상상적인 것으로서 인류의 초기 에는 그것을 자연의 다소 변덕스런 창조자로 만들었고, 다음으로 두 번째 시기의 형이상학자들은 추상적인 것으로 신을 대체했다. 세 번째인 현대는 종교뿐만 아니라 형이상학의 지배도 걷어내야 한다 는 것이다. 실증주의 이전의 비판론도 형이상학의 허무를 증명하려

했다. 우리는 그들의 판결을 돌이킬 수 없는 것으로 보지 않는다. 이미 칸트의 계승자들은 사변을 다시 시작했고 꽁뜨는 생의 후반기에 방황의 길로 접어들었다. 개별 과학은 규칙에 복종하고 일반화의 길을 따른다. 그 과학 밖에 그 규칙과 길에 대해 아는 학문이 필요하지 않은가? 다양한 인식의 영역을 한계 짓고 그들의 목적과 수단을 정의하는 학문은 다른 지식의 일이 아닌가? 개별 과학은 감각적 현상들 서로를 연결하는 다른 본성의 원리들에 호소하지 않을 수가 없다. 그 원리들을 검토하고 평가하는 다른 학문이 필요하지 않은가? 그 필요성을 증명해야 하는가? 철학을 해야 한다면 철학을 해야 하고 철학을 하지 말아야 한다고 해도 철학을 해야 한다.

형이상학이 허무로 돌아가면 도덕이 남는다. 도덕은 의무나 법에 대해 항상 존재하는 관념과 믿음에 기반을 두고 있다. 어떠한 존재에 대해서도 아무것도 알 수 없다면 우리는 무엇인가? 실증주의자에게는 감각적 사실이 전부이기 때문에 각자의 실천적 규칙은 자신의 감각적 이익밖에 없다. 그렇다면 우리 속에 있는 이익을 초월한 면은 어디에 적용되는가? 실증주의나 비판론은 지성에도 충분치 않을 뿐만 아니라 심장에는 더더욱 불충분하다. 그러므로 요즘처럼 많은 정신들이 큰 종교와 큰 철학에 따르려 한다는 것은 자연스러운 일이다. 아주 오래 전부터 사람들은 현상들을 드러내 놓는 보이지 않는 힘들이 자신을 둘러싸고 있다고 생각했다. 그들은 그 힘을 의지를 본떠서 생각했으며, 때론 두렵기도 하지만 호의적인 힘으로 생각했다. 그 힘은 인간들에게 존재를 부여했으며 그런 신적인 고향으로 돌아가는 최고의 선을 얻기 위한 실천들이 나왔다. 모든 것이 종속되어 있는 신성은 숨어 있었고 희랍인들은 신성으로 들어가는 것을 신비라 불렀다. 실천 중에 가장 완전한 것은 신을 모방하는 것이었다. 신은 모든 것을 주었고 어떤 신은 스스로를 바쳤다. 인간도 그래야 했다. 거기서부터 환대가 나왔다. 본능이 엿보았던 것을 명확하게 보려는 철학이 나왔다. 그것은 현상들의 제일 원인인 보이지 않는 능동이 필연적임을 중간항들 아래에서 보여주었다. 철학은 원인과 목적을 더 높이는 동시에 제2차적인 원리들의 연계를 더 정확히 보여준다. 철학은 종교를 파괴하는 것이 아니라 완전하게 한다.

비코에 따르면 지식에는 반성적 지식과 대중적 지식이 있다. 상상과 지성이라는 두 능력이 지배하는 동일한 발전의 두 단계에서 후자는 시적인 지식이었으며, 전자는 고유의 용어로 표현된다. 시적인 지식은 더 불분명하지만 더 많은 기능적 진실과 암시적 권능을 가진다. 그것은 희랍인들이 과학적 문화에 몰두하면서도 오르페우스나 잘목시스에 영감의 가장 풍부한 것들을 관계시킨 이유이다.

반성적 지식이 진보하면서 현상의 가시적 조건들을 현상의 원인으로 생각하게 된다. 그것이 가령 끌로드 베르나르가 해부적 요소들의 인식이 생리학적 현상들의 설명에 충분하다고 할 때 빠져든 잘못이었다. 그러나 그는 나중에 유기체를 설명하기 위해서는 더 상급의 원리가 필요하다고 했다. 소피스트들은 모든 것을 감각적인 것으로 환원함으로써 모든 확실한 행위의 규칙을 불가능하게 만들었고 생을 열정이나 하급의 관심으로 넘겨주었다. 소크라테스가 무질서 속에 있는 질서적인 것을 설명하기 위해서는 개인의 약점과는 독립적인 도덕적 자질의 유형이 필요하다는 것을 증명했다. 그는 사랑의 일 외에는 아무것도 모른다고 말했다. 그것은 형이상학의 모든 부분을 확립한 것은 아니었지만 그 근거를 주기에는 충분했다. 그 근거 위에 아리스토텔레스, 데카르트, 빠스깔이 형이상학을 앉혀야 했다.

플라톤은 보이는 것의 권역 밖에 그 자체로 존속하는 보이지 않는 질들을 소크라테스의 유형으로 간주했다. 그러나 후기에 그런 질들, 즉 이데아를 수로 환원시키면서 피타고라스주의로 되돌아갔다. 수로 돌아갔다는 것은 사물의 요소를 사물의 원리로 생각하는 유물론으로 돌아간 것이다.

아리스토텔레스는 전혀 달랐다. 플라톤의 오성은 대상을 분류하는 데 사용하는 방식을 대상의 원리로 간주했다. 실재 자체의 비밀을 발견하기 위해 그 내부로 뚫고 들어가는 대신에 그것의 외부에서 떼어 낸 실재에 머물렀다. 추상적 일반성을 실재라 간주하고 종을 개체보다 더 실재적이라 믿으면서 존재의 인식에서 앞으로 간다고 믿은 그만큼 항상 공허와 무를 향해 갈 뿐이었다. 사람들이 보는 반대는, 하나가 다른 것의 결여인 반대로서 비존재가 존재처럼 있다고 말한다. 하나가 다른 것보다 우위일 이유는 없으므로 반대자가 화해할 희망은 없다. 그것은 나중에 스콜라철학과 유사한 진행 방식이었고 공허한 형식성을 사변이 선호하는 대상으로 간주했다. 근대의 칸트는 보이지 않는 실재에 대한 어떠한 직접적 인식을 거부하면서 감각을 넘어선다고 상상할 수 있는 모든 것을 순수 형식성으로 환원했다. 거기서부터 자유, 영혼, 신에 대한 모든 앎이 배제된다. 실체도 원인도 없다. 피상적 외견과 피상적 법칙을 넘어서 더 이상을 알려는 모든 시도는 해결 불가능한 모순 외에는 어떤 다른 결과도 가능하지 않았다.

아리스토텔레스는 플라톤의 변증법적, 수학적 구성 뒤로 생명이 사라져버리는 일반화에 만족할 수 없었다. 자연은 모두 운동이며 운동은 일종의 생명이다. 존재자들을 설명하기 위해서는 영혼을 끌어들여야 했다.

아리스토텔레스의 철학을 지배하는 원칙은 가장 좋은 것이 첫 번째라는 것이다. 그의 철학의 수행방식은 모호한 일반성이 감추고 있는 다양한 의미를 구별하는 것이다. 존재는 다양한 의미를 가지고 있지만 고유한 의미에서의 존재는 주체 또는 실체이며 오직 그것만이 자체적으로 존재하고 다른 것들은 그것에 붙어서 존재한다. 그것이야말로 첫 번째이다. 고유한 의미에서의 존재는 작용하는 것이다. 그것이 모든 것의 목적이기 때문에 그것이 선이다. 그렇기 때문에 영혼은 실체이며 행동이며 육체는 잠재적인 것이다. 행동이 능력에 의해서 설명되는 것이 아니라 능력이 행동에 의해 설명된다. 아리스토텔레스는 영혼을 운동과 정지의 원리라고 한다. 이제 추상적 정신이 자연을 환원시켰던 화해될 수 없는 반대항들의 대립은 정도차를 가진 상이한 두 상태로 대체된다. 존재는 첫 번째 항이며 두 번째가 그 뒤를 따르고 다른 것이 또 뒤를 따른다. 각각이 앞서는 것에 대해서는 능력이며 뒤따르는 것에 대해서는 행동인 연쇄를 형성한다. 우주는 상이한 높이의 항들의 연쇄를 형성하며 유일한 원리의 내적 현존이 항들을 서로에게 연결시킨다. 행동과 능력은 어떻게 알려지는가? 유비에 의해서이다. 제일 원리는 선행하는 아무것도 가정하고 있지 않으므로 증명도 정의도 되지 않는다. 제일 철학은 유일한 방법으로 직관밖에 가지지 않는다. 모든 것의 근거를 요구해서는 안 된다. 그것이 오성의 약점이며 유비의 것들을 시선으로 감싸야 한다. 우리는 도처에서 가능과 현실을 보므로 그것이 무엇인지를 배운다. 제일 원리, 아리스토텔레스가 말하는 신은 순수한 행동이다. 행동이란 무엇인가? 사유이다. 지성과 의지를 포함한 사유이다. 다른 데서는 이해하는 것과 원하는 것이 다르지만 그 둘의 첫 번째 것은 같기 때문이다. 탁월한 의미에서의 지성은 순수행동이며 그런 행동은 사유이기 때문에 절대적 사유의 대상은 사유 자체이다. 신 안의 사유는 사유의 사유이다. 그런 사유는 영원히 자신을 사유하며 자신이 사랑하는 것을 영원히 소유한다. 그런 사유가 자연이 매달린 원리이다.

아리스토텔레스 이후 희랍 문명은 퇴락으로 기울어 더 이상 그렇게 높이 보지 않는다. 스토아철학은 가시적인 것의 권역을 벗어나는 것은 아무것도 받아들이지 않는다. 신은 이성이지만 동시에 불이다. 원초적 불의 긴장이 이완하여 점차 하강함으로써 모든 것을 낳는다. 신플라톤주의는 제일 원리에 발전의 능력을 부여하여 자신의 동일성 속에 두 대립되는 상태를 통일시킨다. 우리의 모든 인식능력을 넘어서는 제일 원리의 신비적 본성을 강조하여, 의지와 사랑을 지성보다 더 높은 곳에 놓는 이론과 중세의 신비주의로의 길을 연다.

중세는 거의 덧붙인 것이 없다. 우선은 관념을 실재로 생각하는 실재론이 지배한다. 그러나 아리스토텔레스의 철학과 신학의 영향 아래 유물론적 작업으로부터 사유를 방어하는 원리들이 보존된다. 데카르트가 정신의 활동을 알아차리고 제일철학의 축성이 이루어질 기반을 놓았으며 확실성의 기준, 학문의 상위 규칙을 보여주었고, 의지를 사유의 깊은 원천으로 보기 시작했다. 거의 곧바로 빠스깔은 심장이라 부른 애정의 원천을 지적했다. 심장은 의지의 기반이다. 지적인 사물은 감각의 사물보다 더 우위이며, 심장의 사물은 지적인 사물을 능가한다. 물질에서 사유가 나오게 할 수는 없으며 지적인 합성에서 자비가 나오게 할 수는 없다. 그것들은 다른 질서의 것들이다. 심장의 질서는 신비의 질서이다. 신적인 것은 우리에게는 너무 빛이 강하여 우리가 이해할 수 없다고 데카르트는 말했다.

어디서나 지식은 고대가 신비라 부르던 것과 유사한 것에서 끝난다. 인력과 친화력도, 생명체의 태어남과 성장도, 영혼의 육체에 대한, 육체의 영혼에 대한 영향도 신비이다. 사유하면서 사유한다는 것을 아는 것도, 의지가 자신을 움직이는 방식도 신비이다. 근대에는 무한에 대한 고찰로 신비와 가까워졌다. 빠스깔이 스승으로 생각했던 드자르그는 거리에 비례하여 크기의 차이가 사라지는 원근법의 관찰에 의해 어떻게 무한에서는 대립자들이 혼동되는지를 지적했다. 그의 반성은 무한성의 출발점이었다. 그러나 유대교와 기독교가 도입했던 신 관념이 거기에 어떤 부분을 차지하고 있었다. 고대는 무한 속에서 비결정성과 불완전성밖에 보지 못했다. 고대의 우주는 유한한 구였는데 아리스토텔레스는 그것의 운동의 영원성을 설명하기 위해서는 무한한 힘을 부여해야 한다고 했으며, 신플라톤학파도 신 안에 무한성을 놓았다. 유대교와 기독교의 유일신은 무한해야 했고 신이 창조한 세계도 그래야 했다. 대립들은 신적인 심오함 속에서는 오성이 이해할 수 없는 화해를 할 수가 있었다. 그것은 니콜라스 쿠자누스가 단호하게 말한 것이다. 자연은 이미 그런 예를 여럿 보여준다. 생명은 끊임없이 스스로를 창조하는 일종의 운동이 아닌가? 사유물은 사유하는 주체와 사유되는 객체로 이중화되지만 그것은 사유물로서 하나의 사물이 아닌가? 사유물의 의지는 다른 동인이 아니라 스스로 결정하는 것이 아닌가? 더 상위의 권역, 순수 지성과 순수 의지에서도 마찬가지가 아닌가? 동일한 유의 극단적 형태인 대립자들은 실재 세계에서는 현실성과 잠재성이라는 두 계기를 가진 동일한 사물이다. 잠재성은 현실성의 감소이며 현실성은 다른 방식으로나마 존속한다면 대립들이 동일성으로 녹아들면서 서로 혼융되는 것이 불가능하지 않음을 보여준다.

이상의 논의는 형이상학의 진행을 요약한 것이다. 거기서 초기의 본능적 사유가 가장 심오한 사상가들의 명상에 의해 긍정되어 되돌아온다. 종교의 이론들도 마찬가지로 재발견된다. 결국 정신들의 불화는 사물들의 다양한 측면에 따라 설명되며 오성은 사물을 밖으로부터만 생각하는 반면 직관적 지성은 안으로부터 사물에 도달하려 하고 적어도 신비스러운 심연이 엿보이는 문턱까지는 도달한다는 것을 인정해야 할 시대가 왔다. 빠스깔의 말처럼 인간은 습관과 열정에 따라 대상을 어느 측면에서 볼 뿐이지만 어려운 것은 모든 측면에서 보는 것을 획득하는 것이다.

개별 학문들은 그들 대상의 본성에 따라 나름의 설득력을 가지고 증명한다. 그러나 그들이야말로 가설 위에, 규약 위에 얹혀 있다. 형이상학에서는 증명도 정의도 하지 않는다. 형이상학은 단순한 대상을 가지기 때문이다. 그것은 참된 것을 확립할 방법이 없다는 것이 아니다. 소크라테스가 하는 것처럼 편견과 열정의 저항에도 불구하고 반성에 의해 각자의 의식 속으로 내려가는 것이 진리를 확립하는 철학의 방법이다. 거기서는 추론이나 계산이 내놓는 것과는 다른 질서의 저항할 수 없는 명증성이 나온다. 모든 것은 감정으로 되돌아온다. 거기가 모든 학문이 끝나는 곳이다.

애정·의지·사랑에 관계된 감정, 정신적 질서의 사물에 대한 감정은 심장이라 불리는 것이다. 모든 것에서, 특히 초자연적인 질서의 높은 권역에서는 심장에 최종적인 발언권이 속한다. 신적인 질서는 다른 것과 반대이다. 이해하기 위해서는 사랑해야 하며 심장이 가르치고 판단한다.

진정한 형이상학은, 따라서 식자들의 특권이 아니다. 그것은 가장 교육을 덜 받은 자들의 몫이기도 하다. 주로 지식을 감추는 데만 사용되는 기술적 용어들의 장치 없이 진술되고 공통의 언어의 표현으로 번역된 다음 교육에 의해 전파되었던 형이상학은 최고의 사상가들의 연속적인 명상으로부터 나온 것으로서 그것이 어째서 대중속으로 파고들지 못할지, 구원의 말들이 높은 서열의 사람들보다 더 자주 받았던 환영을 받지 못할지 이해되지 않는다.

스스로를 주는 데까지 주는 제일의 보편적 원리의 관념이 요약하는 형이상학으로부터 생의 영위에 그것을 적용하는 도덕이 나와야 한다. 형이상학을 허물었다고 믿은 어떤 사람은 도덕에 의해 무한과 절대의 길을 열기를 원했지만 그의 도덕도 내용이 빈 형식으로, 적용 없는 의무의 법칙으로 환원된다. 의무는 있다. 그것은 신을 닮는 것이며 신이 스스로를 주는 것이라면 우리도 우리를 주어야 한다. 그때 최고의 법은 관대함이다. 관대함은 고귀함이다. 관대함의 의지는 높은 곳에서 오며 개인을 넘어 자기 종류의 모든 이를 그런 것으로 생각하는 데로 이끈다. 관대한 자는 우정에 끌린다. 사랑이나 우정은 자기 자신보다 사랑하는 이를 더 고려한다. 그것이 도량이 큼이다. 그것이 형이상학이 실천의 영역에서 표현하는 이상이다. 그것은 태초가 지향했던 것이며 희랍·로마 문명이 제안했던 것이자 중세시대에 기사도가 내세웠던 것이다. 그것은 기사들의 대표자인 권력자(왕)가 실현해야 할 이상이었다. 그것은 약자들에게 헌신하는 것이 역할이었던 프랑스 왕의 권위를 높여주는 것이었다. 로마와 아테네가 위대했던 것은 그 도시를 모든 박해 받는 자가 달려오는 피난처로 만들었기 때문이다. 그것은 도시를 세우는 자들의 오래된 계획이었다.

그런 사고가 다시 밝혀지면 현시대의 난점들을 해결하는 데 기여할 것이다. 국가에서 정당들 사이의 분열과 적대적 감정에 불평한다. 상호 관대성이 아니라면 무엇이 그런 병을 치료할 것인가? 신비가 무엇인지 기억해야 할 것이다. 신과의 결합을 위해서는 우선 정결함이 필요하다. 그것이 명예이다. 명예에서 선으로 가야 한다. 그것은 관대함의 실천이다.

가능성과 현실성은 도덕 완성의 두 단계에서도 발견된다. 정결함·명예는 기질이며, 동정·선함은 작동이다. 형이상학에서는 좋은 것이 항상 먼저이기 때문에 작동이 능력의 원천이며, 도덕에서는 선이 순수함이나 아름다움의 원천이다. 심장이 우선 정결해야 하는 것은 희생이 가능할 수 있기 위해서이다.

미학에서도 비슷하게 말할 수 있다. 최상의 아름다움은 우아함이고 그것은 운동에 속하며 운동의 포기에서는 사랑의 표현이자 감각적 형태와 같다. 우아함이 가능하기 위해서는 조화로운 비율이 필요하며 비율에서 고유하게 이름다움이 성립한다.

모든 것에서 우선적인 것은 완전한 것, 선한 것이다. 그것은 자신의 존재를 자신에게만 빚지고 있다. 그 다음에야 그것의 호의로부터 나오며, 그것이 놓은 덕에 의해 정도 차를 두고 그것으로 거슬러 올라간다.

형이상학과 도덕

최근 몇 세기 동안 수학적·물리학적·역사적 지식의 진보가 너무도 커진 데 힘입어, 철학은 점점 더 좁아드는 경계 안으로 쪼그라들고 결국에는 사라져야 한다는 의견이 적어도 다수의 사람들에게서 확립되려고 하고 있다. 특정하자면 그것은 그 자신이 실증주의라 불렸던 체계의 주창자가 특히 초기에 주장하던 것이다. 그가 생각하기에 실증적인 것, 즉 확증된 것은 육체적 감각(les sens physiques) 안에 들어오며, 삶을 영위하는 데 이득을 얻기 위해 동시성과 계기성의 일정한 관계들을 아는 것만이 문제인 것밖에는 없다는 것이다. 나머지는 시효가 다한 상상들로 환원된다. 그 나머지란 우선 초자연적 존재들이나 신들이었으며, 유아기의 인류는 그것들을 자신을 둘러싸고 있는 모든 것의 다소간 변덕스러운 창조자로 만들었었다. 다음으로는 추상적 존재자들이었는데, 두 번째 시대에는 형이상학자들이 그것들로 신들을 대체했다. 세 번째 시대, 즉 현대의 책무는 첫 번째 시대뿐만 아니라 두 번째 시대의 유령을 걷어내고 그리하여 종교의 지배뿐만 아니라 형이상학의 지배에 종말을 고하는 것이어야 했다.

이미 실증주의의 출현 조금 전에 비판론의 저자는 형이상학의 무(néant)를 증명할 길을 모색했고 이론 철학을 인식 능력의 분석으로 환원했으며, 그에 따라 인식능력은 물리적 인식의 지평을 넘어서는 데에는 무기력함을 납득할 수밖에 없었다.

우리에게는 칸트와 오귀스뜨 꽁뜨에 의해 언도된 판결이 돌이킬 수 없는 것으로 보이지는 않는다. 독일에서 칸트의 계승자들은 거의 즉시 그가 단죄했던 사변을 다시 시작하여 더 멀리 밀고 나아가려 했으며, 꽁뜨는 생애의 후반기에 그가 영원히 피하기를 원했던 것과 유사한 방황의 길(errements)로 그 자신이 접어들었다. 그리고 오늘날 점점 더 많은 수의 지성들이 비판론과 실증주의가 닫아버렸다고 주창했던 경계를 넘어서기를 원하는 것을 본다.

우리를 둘러싸고 있는 사실들을 연구하는 개별 과학은 규칙에 복종하고 일반화의 길을 따른다. 그 과학 밖에 그 규칙과 그 길에 대해 아는 학문이 있어야 하지 않는가? '방법서설'이나 '과학 철학'에 관한 논문을 쓰는 것은 어떤 특수학문에 속할 것인가? 다양한 인식의 영역을 한계 짓고 그들의 목적과 수단을 정의하는 것은 어떤 종류의 다른ㅡ더 우위가 아니라면ㅡ지식의 일이 아닌가? 두 번째로 개별 과학은 감각적 현상들의 조합으로 환원되기를 원하면서도 그 사실들 서로를 연결하는 다른 본성의 원리들에 영원히 호소하지 않을 수가 없을 것이다. 그 원리들을 검토하고 평가하는 다른 학문이 필요하지 않는가? 그것을 증명하기 위해서라도 그런 학문을 사용해야 하는데 그것이 헛된 상상에 불과하다고 증명해야 할까? 어느 고대 사람이 말했듯, 철학을 해야 한다면 철학을 해야 한다. 철학을 하지 말아야 한다고 해도 철학을 해야 한다.

칸트가 말하기를 이론을 제쳐두면 실천이 남는다고 했다. 형이상학이 무로 돌아가면 도덕이 남는다. 그리고 도덕은 이루어야 할 의무나 법에 대해 우리에게 항상 존재하는 관념과 거기서 도출되는 믿음—과학이 없다면—에 기반을 두고 있으며, 자기 충족적이다. 그리고 어떠한 존재에 대해서도 아무것도 알 수 없다면 그 '우리'는 무엇인가? 법이 무엇인지도 심지어 그것이 있는지조차 모르는 사람에게 그 법은 도대체 무엇일 수 있을 것인가? 그리고 불모의 일반성으로 환원되는 그런 법 자체는 무엇인가?

실증주의에서는 감각적 사실이 진실의 전부이기 때문에 '의무' 대신에 각자에게 실천적인 규칙은 자신의 감각적 이익밖에 없다. 그리고 그럼에도 불구하고 우리의 성향(penchants) 자체 속에 있는 이익을 초월한 면은 어디에 적용되는가? 그 체계는 우리 속에 있는 가장 좋은 것을 언급하지 않는다. 비판론과 실증주의가 지성이 요구하는 것에 충분하지 않은 것으로 보인다면 심장이 요구하는 것에는 더욱 더 충분하지 않다는 것이 보인다.

따라서 우리가 요즘 보는 것처럼 많은 정신들이 자발적으로 큰 종교와 큰 철학들이 따르는 길을 다시 취하고 새로운 노력을 통해 그들이 향하던 목적에 도달하려고 열망하는 것을 보는 것보다 더 자연스러운 것은 없다.

아주 오랜 시간 전부터 온갖 방향에서 사람들은 자연이 내놓는 현상들로 발현되는 보이지 않는 힘들로 둘러싸여 있다고 믿었다. 그런 힘들을 그들은 자신 속에서 발견한 힘인 의지를 본떠서 생각했다. 게다가 그들은 그것들이 비록 자주 가공可恐할 만하고 보복적이기는 하지만 일반적으로 호의적이라 믿었으며 자연의 완전성이 그것을 증명하는 것으로 보았다. "자연의 경이로움이 상위의 원리를 생각하게 한다."고 라이프니츠는 말했다. 그들은 결국 그 힘들이 가사자可死者들에게 존재를 부여하여 그들 자신이 살던 거처로부터 그들을 나오게 했고 지상에서의 체류 후에 그 거처로 되돌아가는 것이 인간의 운명이라고 믿었다. 거기서부터 그들이 받은 선에 감사하면서 그것을 다시 얻고 특히 신적인 고향으로 되돌아가는 최고의 선을 얻기를 희망하는 의식들(pratiques)이 나왔다.

이러한 개념체계 속에서는, 모든 것이 종속되어 있는 신성(divinité)은 일종의 밤 속에 숨어 있었다. 종교의 중요한 의식儀式들은 신자들을 신성으로 뚫고 들어가게 하는 목적을 가진 것이었다. 그것이 희랍인들에게 그것들을 '신비'라 부르게 한 것이다.

결국은, 그리고 분명하게 이해하지 못하고 사람들은 고대부터 실천 중에 가장 가치가 있는 것은 그 완전성의 가장 높은 점에서 신들을 모방하는 것이라 생각했다는 것을 덧붙이자. 신들은 모든 것을 주었다. 그들 중 어떤 신은 스스로를 바쳤다. 그들의 예를 따라 주고, 또 스스로를 주어야 한다. 거기서부터 때로 최초의 가족들의 본질적 성격으로 만들어졌던 상호 증오 대신에, 호머에서 거지를 쥬피터의 대표자처럼 접대하게 했으며, 몇몇 야만 종족들에게서는 가지고 있는 가장 귀한 것을 희생하게 했던 환대(hospitalité)가 나왔다.

그와 같은 것이 원시 종교의 기반을 이루는 관념의 도덕적 확립(consécration)이며 그 관념에 따르면 모든 것이 부와 자유로움의 소모되지 않는 밑천으로부터 나왔다.

본능이 엿보았던 것을 더욱 명확하게 보려고 모색하는 철학이 도래했다. 그것의 기초를 놓은 사람들에게 그것의 작업은 나중에 유물론이나 실증주의의 노력이 그러했던 것처럼 현상들의 제일 원인인 보이지 않는 능동(action invisible)을 제거하는 것이 아니라, 오히려 그것이 필연적임을 일련의 중간항들 — 그것들을 통해 그 원인이 자신의 목적으로 향하는 — 아래에서 보여주는 것, 그리고 그것과 중간항들을 구별하는 것이었다.

그렇게 하여 라이프니츠의 이론은 과거에 의해서보다 더욱더 분명하게 감각적 외양과, 지성이 그 외양 아래에서 발견하는 숨어 있는 힘을 구별하기에 이르렀다. 현상들 속에서 그것들의 출현의 선행조건인 운동이 이어진다면, 각 운동 속에 그리고 각 순간에 거기서 발견되는 실재적인 것인 비밀스런 경향이 있으며, 나머지는 표피적인 관계의 변화일 뿐이라고 라이프니츠는 말했다.

로마의 오래된 종교에서는 현상들의 각 연속적 국면에서 특수한 신이 작용한다. 철학이 도래하여 그것을 바꾼다. 자연에서 반인격화된 이차적 힘들의 지역을 축출하고, 그들의 불규칙적인 작동 대신에 보이는 사실들 — 그것들을 통해 보이지 않는 힘이 최종적인 배열로 나아가는—의 항상적인 연쇄를 대체함으로써.

그리고 철학은 원인들과 그 원인들이 향하던 목적을 더욱 높이는 동시에 방법을 완전하게 함으로써 갓 태어난 학문이 제일 원리로의 모든 (도움의) 호소와는 별도로, 제2차적 원리들과 그것들의 연계를 항상 더 큰 정확성을 가지고 결정하도록 도운 것도 철학이다. 소크라테스에게로, 플라톤에게로 귀납과 분석은 거슬러 올라간다.

그런 이중적 작업에서 철학은 종교를 배제하지 않으며, (다만) 거기에 섞여 방해를 하던 우상숭배는 제거한다. 철학은 고대의 믿음을 파괴하는 것이 아니라 완전하게 한다. 철학이 상상은 충족시켰지만 지성은 충족시킬 수 없었던 반신半神들에게서 제거한 것을 더 깊은 원천으로 넘겨준다. 그것이 무엇보다도 먼저 희랍철학의 창시자인 탈레스가 모든 것은 신으로 가득 차 있다고 말하면서 표현했던 것이다.

비코가 말하기를, 모든 민족에게 유사한 관념발전의 시대들을 최초로 구분함으로써 역사철학의 기초를 세운 사람이 있으며, 두 종류의 지식이 있다고 했다. 즉, 철학자의 지식인 반성적 지식(sapienza riposta)과 그가 대중적(volgare) 지식이라 부르는 자발적 또는 본능적 지식이 그것이다. 그 두 종류의 지식 또는 학문은 서로 반대가 아니다. 그것들이 다른 것은 상상과 지성이라는 두 능력이 연속적으로 지배하는 동일한 발전의 두 단계로서이다. 첫 번째 학문은 시적인 형태이다. 그것은 두 번째 학문이 고유의 용어로 표현하는 것을 비유적·은유적 용어로 표현한다.

그 두 학문 중 첫 번째가 더 불분명하다면 역으로 더 많은 기능적 진실과 암시적 권능을 가진다. 그것이 바로 희랍인들이 그들의 과학적 문화에 완전히 사로잡혀 있었음에도 불구하고 오르페우스나 잘목시스 같은 이방인들에게 그들 영감의 가장 풍부한 것들을 관계시켰을 때 그들이 이해하고 있다고 보여주는 것이다.

반성적 학문의 진보 자체의 결과로 일어나지 않을 수 없었던 것은 그것이 탐구하고 발견하는 현상들의 가시적 조건들이 자주 그 현상들이 결과로 나오는 원인으로 간주된다는 것이다.

그와 같은 것이 가장 최근의 시기에서 예를 빌리자면 위대한 생리학자 끌로드 베르나르가 생리학적 현상들의 설명에 해부적 요소들의 인식이 충분할 것에 틀림없다고 말할 때 빠져든 의견이었다. 그것은 그가 유기화를 설명하기 위해서는 더 상급의 질서의 원리가 더 필요하다고 고백하면서, 그리고 특히 생애의 종반에 동물을 설명하는 것은 인간이라고 덧붙였을 때 자신이 부정한 의견이다.

아름다움의 고찰, 즉 우리가 본 것처럼[1] 라이프니츠의 판단으로는 최초의 종교들이 나오게 되는 고찰은 어떤 민족보다 그런 고찰에 민감했던 희랍인들에게 우선 철학을 가장 높이, 그리고 가장 멀리 짚어지고 가게 한 고찰이기도 했다. 피타고라스학파 사람들은 크기의 관계인 비율(proportion) 없이는 아름다움도 없다는 것을 알고 수와 그것의 척도인 단위를 보이는 것의 보이지 않는 원리로 삼았다. 그

---

1   위의 352쪽.

러나 그것은 나중에 더 높은 원리가 발견될 아름다움을 그것의 조건일 뿐인 수학적 요소로 환원시키는 것이었다. 일반적으로 그것은 감각을 넘어서는 것은 사실이지만 아직 상상이 섞인 오성으로부터 나온 요소들로 사물을 환원시키는 것이지, 감각적이거나 가시적인 아무것도 섞이지 않았음을 의미하기 위해 데카르트가 순수 지성(intellection pure)이라 불렀던 것으로 환원하는 것은 아니었다.

그러나 소피스트들의 주장은 모든 것을 감각적인 것으로 환원하는 이념의 이름하에 그 주장이 처하기 쉬운 모든 종류의 변용들과 함께 모든 확실한 행위의 규칙을 불가능하게 만들었고 생을 열정과 하등의 관심들로 넘겨주었다. 영웅적 영혼의 한 사람이 와서 무질서 속에 있는 질서적인 것을 설명하기 위해서는 개인적인 약점과는 독립적인 도덕적 자질의 유형들이 필요하다는 것을 증명했다. 그가 바로 소크라테스였고, 질서의 정령인 아폴로의 신탁이 그를 희랍인 중에 가장 현명하다고 경의를 표했으며 그러나 그는 사랑의 일 이외에는 아무것도 모른다고 말했다. 그러나 그것은 형이상학이나 제일철학의 모든 부분을 확립하는 것은 아니지만 적어도 그것에 근거를 주기에는 충분했다.

그 근거 위에 아리스토텔레스, 데카르트, 빠스깔이 형이상학을 앉혀야 했다.

플라톤은 보이는 것의 권역 밖에 그 자체로서 존속하는 보이지 않는 질들을 소크라테스에 의해 지시된 유형들로 간주했다. 그 질들이나 형태들, 즉 '이데아'들은 그 아래에 물질이 흔들리고 있는 것으로서 진정한 존재자들이었고, 모든 다른 것들은 그 변동성 속에서 그 것들의 불완전한 모사물에 불과했다. 그리고 그의 가르침의 마지막 시기에 그 질들을 양, 즉 수로 환원시키면서 플라톤은 여러 유보점 (réserve)에도 불구하고 피타고라스주의로 되돌아갔다. 아리스토텔레스를 제외하고 그의 제자들은 그를 따랐고, 아리스토텔레스는 오늘날 모든 철학은 수학이 되어 버렸다고 말할 수 있었다.

수로 되돌아간다는 것은 관념론을 유물론자들의 관점, 즉 사물이 포함하고 있는 요소들을 사물의 원리로 생각하는 관점으로 낮추는 것이었다. 아리스토텔레스가 말하기를 '이데아'들은 모든 자연이 성립하는 운동을 설명할 수 있게 해 줄 아무것도 제공하지 않는다고 했다. 그것은 오히려 부동성의 근거일 것이다. 그때서부터 사람들은 거기서 피타고라스주의자들이 그들의 수를 그렇게 했듯이 사물의 원인보다는 재료를 보아야 했다. 어디선가 플라톤이 말하기를 세계는 이데아들의 섞임이라는 것이다.[2]

아리스토텔레스의 관점은 전혀 달랐다.

제일철학이 겨누어야 할 목적은 존재의 속성이나 우연이 아니

---

2 아리스토텔레스주의자이었던 라베쏭은 항상 플라톤을 관념론자나 수학적 추상론자로 생각하여 실재의 운동을 사유했던 아리스토텔레스보다 낮게 평가한다. 그러나 전체적으로 보아 그가 생각하는 형이상학적인 원리도 플라톤이 최초로 밝힌 '자기 운동자(heauton kinoun)'와 다르지 않다. 형이상학자로서의 플라톤에 대한 정당한 평가는 오히려 한국의 박홍규를 참조해야 할 것이다.

라 존재 자체를 인식하게 하는 것인 바, 그런 목적에 도달하기에 아직 성공하지 못했다면, 그것은 아리스토텔레스에 따르면 순수 개념(λόγοι)의 고찰에 의해 진행했기 때문이다.

아직 신참인 오성은 대상들의 부속물과 같고 대상들을 분류하는 데 사용되는 방식들을 대상들의 원리로 간주했다. 오성은 존재의 개체성, 즉 그것의 실재 자체의 비밀을 발견하기 위해 그것의 내부로 뚫고 들어가는 대신에, 그것의 외부에서 떼어 냈으며 그것이 존재, 즉 분리된 실체로 세웠던 것에서 멈추었다. 그것은 오성의 기술의 창조물을 사물의 원리로 간주하는 것이었다.

거기에는 추상이라는 완전히 새로운 작업과 함께 시에 고유한 인격화(personnification)라는 고대적 절차의 잔여물 또한 있었다. 이처럼 공허한 사고방식에 실재 존재의 외양이 주어졌다. 아리스토텔레스가 생각하기에 그것은 이성 대신에 시적 비유를 만드는 것이었다.

추상적 일반성을 실재로 간주하면서, 유를 종보다, 종을 개체보다 더 실재적이라 믿으면서, 존재의 인식에서 항상 더 앞으로 뚫고 들어간다고 믿는 그만큼, 참으로 항상 공허와 무를 향해 걸어갈 뿐이었다. 그것은 소유학파 케살피니의 심오한 지적이었다.

게다가 사람들은 자연에서는 어디서나 반대를 보지만, 실재에서는 그중 하나가 다른 것의 결여인 항들로 이루어진 반대이다. 추상적 일반성에서는 그것이 더 추상적인 만큼 대립자들은 서로에 대해 대등한 입장에 있는 것처럼 나타난다. 즉, 비존재(non-être)에 대해 마치 존재에 대해 말하는 것처럼 그것이 있다고 말한다. 하나가 다른 것보다 우위일 이유가 어디에 있을 것인가? 거기서부터 반대자가 화해하는 것을 볼 희망은 없으며 적대는 치유할 수 없는 것으로 보이는, 세계를 생각하는 방식이 나온다.

그런 진행과 보는 방식은 나중에 스콜라철학과 유사한 방식이었다. 그것 또한 자주 오성의 논리적 산물인 공허한 '형식성(formalités)'을 사변의 선호하는 대상으로 간주했다. 그리고 자주 그 지지자들은 다음과 같은 명명을 받을 만했다.

Gens ratione ferox et mentem pasta chimaeris(자신의 이성에 의해 오만하고, 환영으로 그 정신의 양분을 받은 자들)

근대에 칸트는 보이지 않는 실재에 대한 어떠한 직접적 또는 직관적 인식을 거부하면서 스콜라철학자들보다 더 엄격하게 감각을 넘어선다고 상상할 수 있는 모든 것을 순수 '형식성'으로 환원했다. 거기서부터 인간의 자유와 함께 영혼과 신에 대한 모든 앎의 배제가 이루어진다. 실체도 원인도 없다. 인식의 피상적 외견과 그에 못지않게 피상적인 법칙을 넘어서서 지성이 도달할 수 있을 것은 아무것도 없다. 그리고 그에 대해 더 이상 알려는 모든 시도에 대해 일련의 해결 불가능한 모순 이외의 어떤 다른 결과도 가능하지 않다.

아리스토텔레스는 모든 실재와, 자연과 역사, 생물학적·윤리학적·정치적 학문들과 친숙했다. 플라톤주의의 변증법적·수학적 구성, 즉 그 뒤로 생명이 사라져버리는 일반화는 그를 만족시킬 수 없었다. 자연은 모두 운동이며 '운동은 일종의 생명'이다. 존재자들을 설명하기 위해서는 관념이나 수가 아니라 영혼을 끌어들여야 했다.

　하나의 원칙이 그의 철학을 지배한다. 그 원칙은 그의 선구자 중 가장 위대한 자들, 특히 플라톤이 몰랐던 것은 아니지만 그가 최초로 보편적 규칙으로 만든 것이다. 그것은 모든 것에서 '가장 좋은 것'이 '첫 번째'라는 것이다.

　철학의 첫 번째 수행방식은 개념이나 용어의 모호한 일반성이 감추고 있는 다양한 의미들을 구별함으로써 오성과 언어에 의해 도입된 애매함을 벗어나는 것이어야 한다. **존재**라는 용어는 매우 다양한 의미를 가지고 있으며, 단지 그 자체로서 존재하는 것뿐만 아니라 다른 것 속에만 존재하여 추상만이 떼어 낼 수 있는 것에도 적용된다. 질이 그러하며, 특히 피타고라스주의나 플라톤주의가 존재의 원리를 발견한다고 믿은 양이 그러하다. 고유한 의미에서의 존재는 주체 또는 실체이며, 오직 그 속에서만 양상들이 존재하고 오직 그것만이 자체적으로 존재한다. 그것이야말로 '첫 번째'의 것이다. 그것과 상대적이거나 그것에 의존하는 모든 나머지는 이차적이다.

　고유한 의미에서 존재란 도대체 무엇인가? 아리스토텔레스가 답하기를 그것은 작용하는(agir) 것이라 했다. 그를 따라 다른 이는 "Quod enim nihil agit, nihil esse videtur(왜냐하면 아무 작용도 하지 않는 것은 아무것도 아닌 것으로 보이기 때문)"이라고 말할 것이다. 작용은 선이다. 왜냐하면 그것이 모든 것의 목적이기 때문이다. 그렇기 때문에 그것은 모든 것을 앞선다. 그렇기 때문에 영혼은 참된, 유일한 실체이다. 육체는 잠재적인 것이며, 영혼은 그것의 목적인 행위(acte)이고 목적은 또한 원리이다.

플라톤 이후 그 학교의 우두머리였던 자[3]와 함께, 생명체는 행동할 수 있는 능력으로부터 정도의 차를 가지고 에너지와 행동으로 이행하고 그 결과 선과 아름다움은 먼저 나타나는 것이 아니라 끝에서만 나오는 것이니까, 배아 속에서는 잠재적인 것이 앞서고 현실적인 것은 나중에 온다고 말할 것인가? 배아는 자신의 종에서는 완벽한 성체의 생명체로부터 나온다고 아리스토텔레스는 대답한다. 그것의 행동이 배아에 새겨져서 그 역시 정도의 차를 가지고 그 배아가 자신의 제작자와 닮게 되는 완전태로 그것을 이끈다. 그러므로 어디서든 항상 우선성은 행동(action)에 속한다.

그도 그럴 것이 단순한 가능성으로부터 도대체 어떻게 행동이 나올 것인가? 라이프니츠가 말하듯이 벌거벗은 가능성은 존재할 수조차 없다. 어떤 현실적 경향 없이, 즉 모종의 행동의 시작도 없이 실재적 능력은 전혀 없다. 행동이 능력에 의해 설명되는 것이 아니라 반대로 행동만이 능력을 설명할 수 있다. 능력은 감소되거나 제한된 행동에 불과하다. 그리고 아리스토텔레스가 그것을 드러내 놓고 가르쳐주지 않았다면, 가능적인 것에 원천을 찾아주지 않고 현실적인 것이 그것에 선행한다고 말하는 데에 그쳤다면, 아리스토텔레스적인 원칙이 받아들여졌을 때 가능적인 것들을 그것들이 포함하고 있는 현실적인 것과 함께 제일 원리에 의한 그것의 본질적인 활동성의 일종의 경감의 결과와는 다르게 생각할 수 있다는 것은 이해되지 않

---

3   Speucippos.

는다.*¹ 그와 같은 생각에 영감을 받아 플로티노스는 나중에 "신은 자기 자신의 존재의 주인"이라 말하게 될 것이다. 아리스토텔레스는 자연 또는 존재자들의 영혼을 운동과 정지의 원리라고 부르지 않는가? 플라톤에서나 아리스토텔레스에서나 하등下等의 사물들이 고등의 사물들과 동일한 관계, 그리고 아리스토텔레스의 표현에 따르면 동일한 차이를 제공하는 이 방대한 우주 어디에서나, 스토아학파 사람들이 말할 것처럼 생명체 속에 일과 휴식, 잠과 각성이 형성하는 긴장과 평온(rémission)의 교차(alternatives)를 보지 않는가?

이처럼 추상적 정신이 자연을 환원시켰던 화해될 수 없는 반대항들의 대립은 상이한 두 상태, 두 정도를 가진 존재에 의해 대체된다. 양상들은 인간의 오성이 절대적으로 양립 불가능한 것으로 서로 대립시킨 반대항들을 가진다. 존재는 그런 것들을 전혀 가지지 않는다. 그것은 첫 번째 항이며, 두 번째가 그것을 따르고 다른 것들이 또 그것을 따른다. (그리하여) 각각이 그것을 앞서는 것에 대해서는 능력이며 뒤따르는 것에 대해서는 행동인 연쇄를 형성한다. 어떻게 대립이 결국은 단일성으로 해소될 수 있는지를 생각하게 하는 이론이다. 우주는 거기서 서로서로 다양함과 동시에 유사한, 그리고 상이한 높이의 항들의 연쇄를 형성하며, 유일하면서도 동일한 원리의 내적 현존이 그 항들을 서로서로에게 연결시킨다.

---

*1　『19세기의 프랑스 철학』, 제2판, 278~281쪽과 비교하라.⁴

4　거기에 설명된 것은 물질이나 가능성이 제일 원리 또는 진정한 활동성이 감소된 것이라는 사실이다.

모든 것을 설명하는 존재의 그 두 상태, 즉 행동과 능력은 어떻게 알려지는가? 아리스토텔레스가 말하기를 그것은 유비(analogie)에 의해서이다.

행동과 능력은 정의되지 않는다. 그것에 대해 시도할 수 있는 정의는 서로에게로 되돌려질 뿐이다. 그것은 제일 원리들은 그것들을 끌어낼 수 있는 선행하는 아무것도 가정하고 있지 않으므로 증명되지도 정의되지도 않기 때문이다. 제일 철학은 엄밀하게 말하여 유일한 방법으로 직관밖에 가지고 있지 않다. 아리스토텔레스의 말에 따르면, "모든 것의 근거를 요구해서는 안 된다. 그것이 오성의 약점이며, 유비의 것들을 시선으로 감싸야 한다." 우리는 도처에서 가능과 현실을 예로서 본다. 그러므로 그것이 무엇인지 충분히 배운다. ─나중에 반성의 진보와 함께 데카르트가 그때까지 누가 한 것보다 더 정신으로 하여금 자기 자신에 대해 반성하고 그처럼 그에게 고유한 내적 의식의 놀라운 능력을 사용할 것을 호소했을 때, 행동이 무엇이고 능력이 무엇인지를 우리 속에서, 우리의 내밀한 경험 속에서 찾고 그리하여 그것을 이해가 아니라면 인식할 것을 외적인 유비들은 우리에게 간청한 것일 뿐임을 인정해야 할 것이며, 오늘날에는 그 점을 완전히 밝혀내는 것이 문제일 것이다.

이상의 논의로부터 제일 원리, 즉 모든 것이 종속되는 존재, 논리학자들의 추상적이고 일반적인 존재와는 완전히 다른 것, 다른 말로 하면 신─왜냐하면 아리스토텔레스가 그것을 신이라 말했기 때문에─은 그 자체 열등한 아무것도 섞이지 않고 어떤 물질성도 없는 순수 행동에 불과하다는 결과가 나온다. 그렇다면 이제 행동이란 무엇인가? 아리스토텔레스가 말하기를 그것은 사유라고 했다. 즉 지성과 함께 의지를 포함한, 한마디로 데카르트가 이해한 것과 같은 사유이다. 왜냐하면 다른 데서는 어디에서나 이해하는 것과 욕망하는 것, 사유하는 것과 원하는 것이 다른 것이라면, 그러나 아리스토텔레스가 자신의 견해를 밝힌 것처럼 그 둘의 '첫 번째 것들은 같기 때문'이다.

그 본질적 동일성 속에는 그러나 여전히 차이가 있으며 결국 우선권은 의지에 속함을 인정하는 것은 철학의 새로운 진보일 것이다. 그것은 새로운 발걸음이지만 행동의 이론은 이미 그 약속을 포함하고 있었다.

또한 덧붙일 것은 탁월한 의미에서의 지성적인 것은 불완전하고 상대적인 방식으로만 지성적인 것과는 다르게 모든 물질성으로부터 벗어난 순수 행동일 수밖에 없고 그런 행동은 사유이기 때문에 절대적 사유의 대상은 그런 사유 자체라는 것이다. 신 안에서 사유는 그 자체 자기 자신의 대상이며, 그것은 '사유의 사유'이다. 그것은 우리 사유가 자기 자신을 지각하는 곳, 우리가 우리 자신 속에서 발견하는 것의 우월한 유형이다. 항상 살아 있고 깨어 있는 지성은 영원히 자신을 결정하고 자신을 명상하며, 그리하여 마치 그것이 사랑하는 것을 영원히 소유하고 있는 것처럼 몇 순간이라도 인간에게 존재가 주어져서 영원히 행복한 바, 그러한 지성이 따라서 자연이 매달린 것 같은 원리이며, 그 원리를 향해 사랑은 자연을 높이며, 그것을 모방함으로써 끊임없이 자연을 그것에 접근시키려고 짊어지고 간다. 왜냐하면 영혼들이 거기서 스스로를 되찾고 특히 거기서부터 영혼들에게 빛과 힘이 오는 상위의 지성, 그것 자체에 의해 영혼들 속에 신적인 불멸성을 놓는 지성을 되찾기 위해 스스로에게로 물러가는 운동은 그것의 모방이기 때문이다.

아리스토텔레스 이후 희랍 문명은 퇴락으로 기운다. 더 이상 그렇게 높이 보지 않는다. 스토아철학은 가시적인 것의 권역을 완전히 벗어나는 것은 더 이상 아무것도 받아들이려 하지 않는다. 그들의 신은 이성이나 그것은 또한 불이기도하다. 순수 행동 대신에 그 원초적 불의 물리적 긴장이 이완하여 점차 하강하는 일련의 점진적인 조악함을 통해 공기, 물, 흙이 되고 이렇게 모든 존재자를 낳은 다음에는 자신의 원래 상태로 되돌아간다. 그것이 그들이 '경제(économie)' 또는 '분배(dispensation)'라 부르는 것이다. 이 표현은 (나중에) 기독교 신학이 신적인 육화에 적용할 것이다.

고대의 마지막 세기들에 자신의 본질적 부동성에서 나오지 않으면서도 피조물에게 스스로를 내주는 신의 관념이 지배하던 유대교와 기독교의 신지학의 영향 아래에 태어난 새로운 플라톤주의가 플라톤의 체계에, 아리스토텔레스주의와 스토아철학이 거기에 대항하여 내놓은 이론들을 통합시키려고 시도하기 위해 도래했다. 그것은 플라톤주의가 아무 말도 하지 않았던 발전의 능력을 제일 원리에 부여하고 플라톤주의를 말하자면 자신의 원초적인 단일성 밖으로 나아가게 하면서도 그러나 거기서 벗어나지는 않게 하며(προήλθεν καὶ οὐ προήλθεν), 그리하여 인간의 오성은 싫어할지라도 자신의 동일성 속에 두 대립되는 상태를 통일시킨다. 그에 의하여 신플라톤주의는 우리의 모든 인식 능력 또는 적어도 이해 능력을 넘어서는 제일 원리의 신비적 본성을 이전 체계들이 했던 것보다 더 강하게 강조하고 그리하여 중세의 신비주의와, 그 신비주의와 유사하면서도 지성보다 더욱더 높은 곳에 의지와 사랑을 놓을 이론들로의 길을 연다.

중세시대에는 스콜라가 그런 진보에 덧붙인 것은 거의 없다. 오랜 세기 동안 자연의 사물들에 거의 주의하지 않았던 오성은 논리적 기술의 기만적인 산물인 인격화된 추상들을 원리로 세우는 오래된 작업을 되풀이한다. 거기서는 실재에 대한 단순한 관념들을 만들어서 라이프니츠의 말에 따르면 용어의 지푸라기를 사물의 알곡으로 간주하는 '실재론'이 지배한다. 그러나 거기서는 소유학파의 철학과 기독교 신학의 이중적 영향 아래, 감각과 상상의 지평을 넘어서며 더 깊은 탐구를 기다리면서 사유를 유물론의 작업으로부터 방어하는 원리들에 그런 대로 도움을 얻어 전통이 보존된다.

학문과 예술이 고대가 걷던 길로 다시 들어서자마자 데카르트가 와서 정신이 자신의 고유한 활동에 대해 알아차리는 내밀한 의미에서 더욱 굳건한 제일 철학의 축성이 새롭게 세워질 기반을 놓았으며, 거기에 그 밑바닥을 밝혀줄 신적 완벽성의 관념이 현존하고 있고 그 관념 속에는 모든 진리의 유형, 모든 확실성의 기준, 모든 학문의 상위 규칙이 있음을 보여주었다.

아직 더 다가올 시대에는 영혼이 포함한 모든 것, 자연이 전개하는 모든 것이 어떻게 신적 완전성의 다소간 가깝거나 먼, 명백하거나 불분명한 모방에 불과한지를 보여주는 일이 남아 있을 것이다.

스스로를 의식하는 사유를 철학이 사물에 근거를 주기 위해 자리 잡아야 할 일종의 가시적可視的인 집으로 만드는 동시에 데카르트는 의지를 사유 자체의 깊은 원천으로서 엿보게 하기 시작했다. 의지로부터 판단이 진행되어 나왔다.

거의 곧바로 사랑과 신적인 것을 동일시하던 종교에 침잠하여 빠스깔은 가장 탁월한 점에서의 지성과 특히 의지의 밑바닥을 이루는 것으로서 사람들이 심장(coeur)이라 부르는 애정의 원천을 지적했다. 그가 말하기를 지성에서는 원하는 만큼의 수많은 추론 뒤에는 모든 것이 감정으로 되돌아온다고 했다. 그것은, 증명은 결정적으로 직관을 준비할 뿐이라고 설명할 때, 데카르트가 다른 용어로 가르쳐 준 것이다. ─ 더 강한 이유에서 심장은 의지의 기반이다. 지적인 사물은 감각적 사물보다 더 우위의 세계를 형성한다. 심장의 사물은 마찬가지로 지적인 사물을 능가하는 제삼의 세계를 형성한다. 물질의 합성으로부터 사유를 나오게 할 수는 결코 없을 것이며, 지적인 합성으로부터 자비(charité)의 운동을 나오게 할 수는 없을 것이다. "그것은 다른 질서의 것이다."

우월한 제삼의 사물의 질서는 신비가들이 애착하던 질서이다. 그것은 신비적 사물의 질서이다.

데카르트는 이미 신적인 사물의 이해불능성에 주목했다. 그가 말하기를 그것은 결코 거기에 빛이 없기 때문이 아니라, 빛이 우리 시선에는 너무 강하기 때문이라는 것이다. 아리스토텔레스는 이미 너무도 강한 밝음 앞에서의 우리는 해 앞에서의 야행성 새와 같다고 말하지 않았던가?

신적인 완전성의 관념과 거기에 포함된 결과들에 대해 "모을 수 있는 진리에 대한 고찰로 넘어가기 전에 그 완전한 신에 대한 명상에 잠시 머물러 그 경탄스러운 속성들의 무게를 느긋하게 달아보고 그 방대한 빛의 견줄 곳 없는 아름다움을 고찰하고 감탄하고 사랑하는 것이 매우 적합해 보인다."고 말한 다음, 데카르트는 "적어도 거기에 말하자면 황홀해 하고 있는 내 정신의 힘이 허락하는 만큼."이라고 덧붙인다.

어디서나 지식은 뚫고 들어갈 수 없어 보이는 어두움에서, 달리 말하면 고대가 신비라고 부르던 것과 유사한 무언가에서 끝난다. 인력引力과 친화력(affinité)도 신비요, 모든 생명체가 태어나서 성장하는 것도 신비이며(반 헬몬트(J. B. Van Helmont)는 나는 어떻게 종자의 원리가 그들의 능력을 표현하는지를 모른다고 말한다), 영혼의 육체에 대한, 또 육체의 영혼에 대한 영향도 신비요, 우리가 부인할 수 없는 경험을 가진 사유도 신비이다. 라이프니츠에 따르면 그것은 '뭔지 모를 것'이다. 우리가 사유하면서 사유한다는 것을 아는 방식도 신비요, 의지가 자기 자신을 움직이는 방식도 신비이다. 데카르트는 하등下等의 질서, 즉 육체적 감각과 상상의 질서의 현상들에서 빌린 것에 불과한 외견적인 설명 중 어떤 것도 시도하지 않으면서 그런 사실들의 대부분을 긍정한다. 라이프니츠가 육체와 영혼 사이의 예정조화에 의해 그들의 실재적인 결합을 대체하고, 그 자체 실재적이라기보다는 외견적인 물체계의 기계론*2을 정신적인 영역에 이전시

---

*2 『19세기의 프랑스 철학』, 제2판, 270쪽을 보라.5

키는 동기들의 비중에 의해 의지의 자유로운 결정을 설명하려고 시도한―그것도 헛되이 시도한―것은 아마도 사유의 질서가 가지고 있는 특별하고도 우월한 것에 대해 그처럼 심오하게 의식하지 못했기 때문이다.

철학이 측량할 길 없는 심연으로 뚫고 들어가기 위해서가 아니라면 적어도 우리가 가진 것과 같은 능력이 허락하는 만큼 거기에 접근하기 위해 도처에서 자신에게 제공되는 신비적인 것과 취해야 할 길에 대한 것을 완전히 의식하기에 이를 시간이 철학을 위해 앞당겨졌으며, 그 시간은 아마 오늘날에도 거의 멀어지지 않은 것으로서, 그런 앞당김에 고대에는 거의 친숙하지 않았던 무한의 관념에 대한 고찰보다 더 기여한 것은 근대 세계에서 아마 아무것도 없을 것이다.

빠스깔이 자신의 최초의 수학적 발견들을 빚졌다고 고백한 위대한 기하학자 드자르그는 아마도 그가 새로운 학문으로 만들었으며 멀어지는 것과 비례하여 크기의 차이가 사라지는 것을 볼 수 있는 원근법 현상의 관찰에 의해 어떻게 무한에서는 대립자들이 (같은 것으로) 혼동되게 되는지를 지적하게 되었다. 그가 말하기를 우리의 이해능력이 진리의 척도는 아니기 때문에 그것을 이해할 수는 없지만 받아들여야 한다는 것이다.

그에 따르면 "기하학에서는 양에 대해 그것이 현실적으로 실제 존재하는지 단지 가능적으로 존재하는지를 구별하고 추론하지 않으

---

5   거기서는 물리적 필연성은 도덕적 필연성을 내포하고 있음이 논해지고
     있다.

며, 자연의 일반자에 대해서도 그 속에는 오성이 이해하지 못하는 아무것도 없다는 결정을 하고 추론하지 않는다.”는 것이다. 그리고 서로 무한히 수렴하는 선들에 관해, “오성은 그 양들이 너무도 작아서 대립되는 두 극단이 서로 통합된다고 결론을 내린다. 오성은 그 두 종류의 양 중 어느 하나도 자연 속에 없다고 결론을 내릴 근거가 없으면, 그중 어느 하나도 이해할 수 없다고 느낀다. 오성이 그들 각각에 대해 결론을 내리는 근거가 있는 속성들도 마찬가지로 없다. 그것들이 (모순을) 포함하고 있는 것으로 보일지라도 어떻게 오성이 추론에 의해 결론을 내린 대로 그것들이 존재하는지를 이해할 수 없을 것이기 때문”이라고 말한다.

드자르그의 반성은 현대 수학에 그토록 새롭고 그토록 방대한 지평을 열어준 무한성의 출발점이었음에 틀림없다. 그러나 유대교와 기독교가 도입했던 신 관념이 거기에 어떤 부분을 차지하고 있었다는 것을 짐작하는 것은 그럴 듯하다.

고대는 무한 속에서 비결정성과 불완전성밖에는 거의 보지 못했다. 고대에서 세계는 일반적으로 유한한 크기의 구球였다. 그러나 아리스토텔레스는 그가 인정했던 그런 구의 운동의 영원성을 설명하기 위해서는 제일 동자에 무한한 힘을 부여해야 한다고 지적했으며, 신플라톤주의는 다른 자격으로이지만 자신의 신 안에 힘과 함께 무한성을 놓았다.

유대교와 기독교는 신적인 자연의 다양한 속성들의 대표자인 여러 정령들 대신에 다신론이 분산시킨 것을 자신 속에 집중하고 있는 유일한 신으로 대체시켰다. 거기서부터 그 신이 한계가 없다는 관념과, 따라서 그것이 창조한 세계에 대해서도 마찬가지라는 관념 또는 데카르트와 함께 좀 더 정확한 언어를 사용하자면 신이 가진 절대적이고 초월적인 무한성을 세계는 시공 속에서 모방해야 하고 아무것도 그것을 한정시키게 허락하지 않으며 따라서 그것을 무한정하다고 불러야 한다는 관념까지는 한 발자국이다. 그리고 대립들은 신적인 심오함 속에서는 인간 오성이 이해할 수 없었던 화해를 발견할 수 있었다. 그것이 명상가 니콜라스 쿠사누스가 어떤 다른 이들보다 단호하게 말한 것이었다. 자연은 이미 그런 예를 여럿 제공하는 것으로 보인다. 생명체가 끊임없이 스스로를 창조하는 일종의 운동이 아니라면, 생명은 우리에게 어떻게 보이는가?[6] 그리고 생명은 세계 어디서나 존재하지 않는가? 그것이 거기서 다가 아니라는 것조차 누가 아는가? 생물학은 점점 더 물리학의 뿌리에 자리 잡으려 하는 것처럼 보인다. 인간의 사유라는 더 높은 지역에서 그것은 더 이상 외견이나 개연성이 아니라 경험이요, 확실성이다. '사유물'은 자기의식에서 사유하는 주체와 사유되는 객체로 이중화되지만 그러나 그것들은 바로 사유물, 즉 하나의 유일한 존재에 불과하지 않는가?*[3] 특히 '사유물'에서 의지가 발견되지 않는가? 그런 의지는 그것을 설명하기 위해 그것을 말살시켜버리는 기계론이 긍정함에도 불

---

*3 「빅토르 꾸쟁 상에 대한 보고서」, 314쪽과 비교하라.[7]

---

6   여기서도 역시 베르크손의 스승임이 또 한 번 보인다.
7   거기서는 우리가 우리 스스로를 반성할 때 사유의 주체와 사유물이 하나로 결합된다는 것이 논해져 있다.

구하고, 의지 자신과 다른 동인들이 결정할 수 없는 것이며, 그러나 원인이자 결과인 전체로서 자기 자신이 스스로를 결정하는 것이다. 더 강한 이유로 아직 더 상위의 권역, 즉 완전히 순수한 지성과 의지의 권역에서도 마찬가지이어야 한다.[8]

인간의 오성에는 혐오스러운 대립자들의 그런 동일화, 즉 행동과 능력, 그리고 실재에서의 그들의 관계에 관한 아리스토텔레스의 이론은 어느 정도 그 비밀을 뚫고 들어가는 데 소용이 될 수 있는 것으로 보인다.

동일한 유의 극단적 형태인 대립자들은 실재계에서는 현실성과 단순한 잠재성이라는 두 계기를 가진 동일한 사물이다. 그리고 그것이, 그중 두 번째 것이 첫 번째 것의 감소이며 거기서는 첫 번째의 것이 다른 존재방식으로나마(ἕτερον τῷ εἶναι[3]) 존속하는 그런 두 상태라면, 어떻게 대립자들이 결국에는 다른 것 속으로 들어가서, 우리가 유한한 것을 넘어 탐측하는 심연 속에서는 대립들이 동일성으로 녹아들면서 서로 혼용되는 것이 불가능하지 않을 수 있는지를 이해할 수 있다.

이상 논의된 것은 형이상학의 진행을 시작서부터 오늘날까지 적어도 몇몇 주요 특징들에 대해서는 충분히 충실히 요약한 것으로 보

---

8   스스로를 창조하는 운동인 생명과 자기 자신이 스스로의 원인인 의지는 "동일하면서도 변하는" 베르크손의 지속과 그 존재방식은 완전히 동일하다. 여기서도 베르크손의 스승임이 엿보인다.

인다. 거기에서는 초기의 본능적 사고들이 가장 심오한 사상가들의 명상에 의해 긍정되면서 되돌아온다(비코가 말했던 것처럼). 종교 중 가장 위대한 것들이 내놓은 이론들도 마찬가지로 거기서 재발견된다. 사태가 이와 같다면, 아마도 다음과 같이 결론짓는 것은 허용될 것이다. 아직도 너무나 갈라진 정신들이 그들의 불화는 사람들이 사물을 생각하는 관점에 따라, 사물의 다양한 측면에 의해 설명됨을 인정하고, 이미 감각보다 더 철학자인 오성은 그러나 상상의 도움으로 사물을 거의 밖으로부터만 생각하는 반면, 직관적 지성(데카르트의 순수 지성)은 안으로부터 사물에 도달하려고 모색하면서 의식 속에서 신이 거주하는 저 성자 중의 성자까지는 아니지만 적어도 신비스러운 심연이 엿보이는 문턱까지는 도달한다는 것을 인정할 시대가 다가왔다고.

일반적으로 인간은 그가 보는 것에 대해서는 잘 판단하지만 그러나 그는 습관과 정열에 따라 대상을 거의 어느 측면에서만 볼 뿐이라는 것이 빠스깔의 지적이다. 어려운 것은 그가 대상을 모든 측면에서 보는 것을 획득하는 것이다. 그것이 이루어지면 인간들은 쉽게 일치할 것이다.

빠스깔의 다른 관찰에 부합하여, 오늘날 사람들이 자주 철학에 대해 하는 반대, 즉 철학은 증명할 수 없는 가설들만을 제안할 수 있을 뿐이며, 따라서 그것에 대해서는 일반적인 동의를 얻을 수 없을 것이라는 반대에 답변의 말을 덧붙이자.

개별 학문들은 그들 대상의 본성에 따라 크거나 작은 설득력을 가지고 증명한다. 그러나 그것들이야말로 가설 위에, 또는 오늘날 수학자들이 자주 말하는 것처럼 증명할 수 없는 '규약(conventions)' 위에 얹혀 있다고 말하는 것이 진실이다. 철학에서는, 특히 형이상학에서는 고유한 의미에서 말하자면 증명하지도 않고 정의하지도 않는다. 그런 방식은 복잡한 대상들에만 적용되지만 형이상학은 단순한 대상을 가지기 때문이다. 그것은 참된 것을 확립하는 방법이 없다고 말하는 것이 아니다. 진리, 즉 근본적인 진리를 확립하기 위한 철학에 고유한 방법은, 의식에서의 직관은 그것이 찾는 것을 제공하는 것이기 때문에 플라톤에서 소크라테스가 행하는 것을 보는 것처럼 편견과 열정의 저항에도 불구하고 반성에 의해 자신의 의식 속으로 내려가는 것을 각자로부터 획득하는 것이다. 거기서 부정에도 심지어 의심에도 접근을 허용하지 않는 빛이 모두를 위해 빛난다. 거기서 추론이나 계산이 내놓는 것과는 다른 질서의, 그러나 더 저항할 수 없는 명증성이 나온다. "모든 것은 감정으로 되돌아온다." 거기가 모든 학문이 끝나는 곳이다. 그것이 고귀한 철학이 유일하게가 아니라면 적어도 주요하게 의지하는 것이다.

정신적 질서의 사물에 대한, 애정, 의지, 그것의 근저인 사랑에 관계된 것에 대한 감정은 사람들이 심장(coeur)이라 부르는 것이다. 그러므로 빠스깔 또한 말한 것과 마찬가지로 모든 것에서, 그러나 초자연적 질서의 높은 권역에서는 탁월하게 최종적 발언권은 심장에 속한다. 같은 저자가 말하기를 이성에 의해서가 아니라 감정에 의해서 사람들의 인정을 받으려고 하는 것은 전혀 다른 방식으로 비난받을 만한 것이라고 한다. 신적인 질서의 진리는 반대다. 이해하기 위해서는 사랑해야 하며 심장이 가르치고 판단한다.

진정한 형이상학은 따라서 식자들의 특권이 아니다. 그것은 또한 가장 덜 교육받은 자들의 몫이기도 하다. 한 기독교 문헌이 말한다. 오, 신이시여, 당신에게 은총을 되돌려 드리겠나이다. 당신은 그것을 식자들에게는 감추고 단순한 자들에게는 드러내셨나이다. 라이프니츠가 가능한 한 사용하지 않기를 원했고 빈번히 없는 지식을 감추는 데만 사용되는 기술적 용어들의 장치 없이 진술되고 공통의 언어에서 빌려온 표현들에 의해 번역된 다음 교육에 의해 전파되었던*4 형이상학은 최고급의 사상가들의 연속적인 명상〔perennis quaedam philosophia(어떤 영원의 철학)〕으로부터 나온 것으로서 그것이 어째서 대중 속으로 파고들지 못할지, 또 거기서 예전에 구원의 말들이 높은 서열의 사람들에게서보다 더 자주 받았던 환영을 발견하지 못할지가 이해되지 않는다.

스스로를 주는 데까지 주는, 보편적인 제일의 원리의 관념이 요약하는 형이상학으로부터 생의 영위에 그것을 적용하는 것인 도덕이 나와야 한다.
모든 형이상학을 그 근거로부터 영원히 무너뜨렸다고 믿지만 가

---

*4   *Revue bleue*, 1887. 4. 23., 「교육」을 보라.

상의 형이상학만을 허문 것에 불과한 사람[9]은 도덕에 의해 무한과 절대의 길을 다시 열기를 원했다. 그러나 그가 상상의 형이상학이 그것으로 환원된다고 증명한 것처럼 그의 도덕도 또한 내용이 빈 형식으로, 결정할 만한 정당화나 적용이 없는 '의무'의 법칙으로 환원된다.

어떤 '의무'는 있다. 그러나 그 의무는 어떠한 것인가? 진정한 형이상학은 대답을 준비한다. 의무는 우리의 창조자이자 모범인 신을 닮는 것이며, 신이 스스로를 주는 것이면 우리를 주는 것이다. 그때 최고의 법은 데카르트가 제안한 한 단어, 관대함(générosité) 속에 있다.

관대함은 단어가 말하듯 고귀함(noblesse)[10]이다. 데카르트가 말하기를 관대한 자는 자신 속에 자유 의지를 의식하고 있는 자이며 그것에 의해 그는 사물들과는 독립적으로 자기 자신의 주인이라고 했다. 덧붙이자. 그 의지는 그보다 더 높은 곳에서 오며 그가 배타적이어서 이기적인 자신의 고유한 개인성을 넘어서게 하고 빠스칼의 말처럼 그를 "일반적인 것"으로 데려간다. 관대한 자가 자신 속에서 경험하는 그런 자유 의지를 그는 자기 '종류'의 모든 이, 그와 닮은 모든 이에게서 본성의 본질적 부분으로 인정한다. 그는 자기 자신에게서보다 그들에게서 더 잘 그 의지를 생각해 ─ 경험이 아니라면 ─ 내는데, 그가 자신 속에서 해로운 존재를 경험하는 열등한 요소들의 섞임을 그들에게서는 그것을 넘어서는 것을 보거나 본다고 믿기 때

---

9   칸트.

10   'noblesse'는 귀족, 귀족성도 의미한다.

문이라고 덧붙일 수 있다.

관대한 자는 따라서 우정에 끌린다. 사랑한다는 것은 큰 영혼들의 고유함이요, 사랑이나 우정은 자기 자신보다 사랑하는 것을 더 고려하게 한다.

데카르트가 말했다. "우리 자신이 겪는 나쁜 일은 우리 친구들이 겪는 것과는 전혀 비교할 수가 없으며, 다른 사람들이 겪는 아무리 작은 불행이라도 그것에 대해 연민을 느끼는 것은 덕인 반면에, 운에 의해 우리가 겪게 되는 어떠한 불행에도 비탄해 하는 것은 일종의 비열함이다.—두 사람이 서로를 사랑할 때… 그들 각각은… 친구를 자신보다 더 높이 생각한다."

그리고 그것은 고대가 한마디로 도량이 크다(magnaminimes)고 부른 자들의 성격이다. 데카르트가 말하기를 "자기 자신의 불행에는 거의 무감각하고 다른 사람들의 불행에는 아주 민감한 것은 영혼이 큰 사람들의 특성"이라는 것이다.

이와 같은 것이 가장 심오한 사상가들의 명상으로부터 나오는 것으로 보이는 대로의 형이상학적 이론이 실천의 영역에서 표현하는 이상이다. 그런 도덕적 이상은 태초의 시기가 지향했던 것이었으며, 희랍과 로마 문명의 위대한 시대들이 제안했던 것이자 특히 중세 시대에 주로 우리나라(프랑스)에서 기사도라 불렸던 제도가 제안한 것이었다. 그것은 무엇보다도 먼저 기사들이 그 대표자들[milites regis(왕의 군인들)]이었던 권력자가 실현해야 할 이상이었다. 그리고 그것은 약자들에게 헌신하는 것이 그 특별한 역할이었던 프랑스 왕의 권위를 높여 주는 것이었다. 게다가 로마와 아테네가 예전에 위대하게 되었던 것은 그 건립자가 그곳을 모든 박해 받는 자들이 달려오는 피난처로 만들었기 때문이다. 그리고 타키투스가 말하기를 그것은 vetus urbes condentium consilium(도시를 세우는 자들의 오랜 계획)이라고도 했다.

그런 사고가 다시 밝혀지면 악을 치료하고 현시대의 난점들을 해결하는 데 많은 기여를 함에 틀림없지 않을까? 나라의 큰 정당들 사이에 온갖 곳에서 부각되는 분열과, 정복된 자유를 완성해야 할 형제애 대신에 거기서 발전되는 적대적 감정들에 사람들은 불평한다. 대중들에게 퍼져 있으며 상호 존중과 호의를 포함하고 따라서 헌신과 희생까지도 나아가는 상호 관대성의 이론이 아니라면 그런 병을 치료하는 데 적합한 무엇을 상상할 수 있겠는가?

그와 같은 이론을 완성하기 위해 예전에 사회의 유대를 형성했던 위대한 종교들에서 최고의 목적이 인간을 신에 가깝게 결합시키는 것이었던 입문 또는 신비*5가 무엇이었던가를 기억하는 것이 아직도 적합할 것이다. 결합은 부자간 그리고 결국은 부부간의 것이어야 했다. 그것을 준비하기 위해서는 하나의 조건, 즉 정결함(pureté)이 필요했다. 신성한 결합에 예비적인 성사聖事는 더럽히거나 격하시키는 모든 것에 대한 절대적 포기를 형상화하는 세례였다. 우리의 기사도의 의식에서도 마찬가지였다. "Potius mori quam foedari(불명예보다는 죽음을)"이라는 유명한 주문이 요약하는 생각을 표현하는 것이 목적인 의례로 시작되었다. 정결함, 그것은 옛 시대에는 명

---

*5 『신비, 종교사 연구의 단편』을 보라.

예(honneur)라 불렸던 것이다. 그 말이 나온 라틴어에서 '명예'는 존엄성, 아름다움을 의미한다. 명예와 동정(compassion), 아름다움과 선함은 예전에 사람이 상승하는 두 단계였으며, 사람은 항상 영웅적 이상이라 부를 수 있는 것의 실현을 향해 상승할 것이다. "나는 악을 피하고 선을 찾았다."라고 엘로이시스의 입문자들은 노래했다. 악을 피한다는 것은 낮은 열정들의 겹쳐짐과 함께 이기심이 감염시키는 오염들을 정화하는 것이다. 선을 찾는다는 것은 항상 위대한 영혼들의 것인 영감에 복종하면서 고유하게 초인간적이며 신적인 덕, 즉 필요하다면 자신의 완전한 희생에까지 이르는 관대함을 실천하는 것이다.

마지막으로, 형이상학이 그것과의 관계 하에서 이전에 근거가 놓였으며 항상 놓여 있을 것으로 보이는 두 계기, 즉 사물의 실재성에서 이미 경향, 기질, 운동인 능력과 그것이 진행해가는 행동이 도덕적 완성의 두 단계에서 재발견된다는 것을 또한 지적하자. 정결함·명예는 기질이며, 동정·선함은 행동이다. 그리고 형이상학에서 가장 좋은 것이 항상 먼저이기 때문에 행동이 능력의 원천이요, 원인인 것과 마찬가지로 도덕에서는 선이 순수함이나 아름다움의 원천이자 원인이다. 심장이 우선 정결해야 하는 것은 희생이 가능할 수 있기 위해서이다.

미학이 문제라면 최상의 아름다움은 운동에 속하는 우아함(grâce)이며 그것은 운동을 포기하면 사랑의 표현이며 사랑의 감각적 형태와 같다고 그럴 듯하게 말할 수 있을 것이다. 그리고 우아함이 가능하기 위해 선결적으로 조화로운 비율이 필요하며 그 비율에서 고유하게 아름다움이 성립한다.

　모든 것에서 우선인 것은 완전한 것, 절대적인 것, 선한 것이다. 그것은 그 존재를 자신에게만 빚지고 있다. 그 다음이 그것의 관대한 호의로부터 나오며, 그것이 거기에 놓은 덕에 의해 정도의 차를 가지고 그것에까지 거슬러 올라가는 것이다.

펠릭스 라베쏭
(Jean-Gaspard-Félix Laché Ravaisso, 1813~1900)

22세에 이미 『아리스토텔레스의 형이상학에 관한 시론』을 써서 프랑스 아카데미의 상을 받았다. 이 책은 오늘날까지도 아리스토텔레스 연구가에게는 필독서이다. 26세에는 박사학위 논문으로 『습관에 대하여』를 썼는데, 불어로 된 36쪽의 이 짧은 논문으로 그는 대가의 반열에 올랐다. 젊은 나이에 철학에 대한 천재적 재능을 보인 것이다. 그리고 그는 또 하나의 재능을 가지고 있었으니 그것은 그림 그리는 소질이었다. 그리하여 그는 철학교수로서의 경력을 쌓는 대신, 도서관의 감독관이나 박물관의 관리직으로 활동하였고, 들라크루아, 앵그르 등과 같이 프랑스의 미술교육을 개혁하였으며, 루브르에서는 〈밀로 섬의 비너스〉와 〈사모트라스 섬의 승리〉를 오늘날 전시되어 있는 것과 같은 자세로 확정하였다. 동시에 철학에 관한 관심도 계속되어 아그레가숑의 철학부문 위원장으로 활동하였으며, 1867년에는 『19세기의 프랑스철학』이라는 유명한 보고서를 세계박람회를 위해 썼다. 철학적으로 그는 무엇보다도 베르크손의 스승이었으며, 베르크손이 나올 수 있는 기반과 분위기를 만든 사람이었다. 예술과 철학에 모두 재능을 가졌던 그는 철학과 삶과 예술, 즉 진·선·미가 궁극에 가서는 모두 사랑의 발현으로 서로 통한다는 것을 명확히 본 형이상학자였다.

최화(1958~)

서울대학교 법과대학을 졸업하고 서울대 대학원 철학과에서 석사학위를 받았다. 프랑스 빠리-소르본느대학교(빠리 Ⅳ대학)에서 플라톤에 대한 연구로 박사학위를 받았으며 1995년 이후 경희대학교 교수로 재직 중이다. 한국프랑스철학회 및 한국고전철학회 회장을 역임하였으며 현재는 한국서양고전학회 회장을 맡고 있다. 박홍규의 영향을 깊이 받은 그는 스승과 같이 플라톤과 베르크손의 형이상학을 연구하고 있으며, 새로운 한국철학을 위해 지각의 형이상학을 준비하고 있다. 역서로 베르크손의 『의식에 직접 주어진 것들에 관한 시론』, 저서로 『박홍규의 형이상학』 등이 있다.

(현대철학총서 1) 습관에 대하여

초판 1쇄 인쇄 2016년 7월 11일 | 초판 1쇄 발행 2016년 7월 18일
라베쏭 지음 | 최화 역주 | 펴낸이 김시열
펴낸곳 도서출판 자유문고

　　　(02832) 서울시 성북구 동소문로 67-1 성심빌딩 3층

　　　전화 (02) 2637-8988 | 팩스 (02) 2676-9759

ISBN 978-89-7030-099-3 03100
ISBN 978-89-7030-098-6 (총서)　값 17,000원
http://cafe.daum.net/jayumungo (도서출판 자유문고)